메시아 언약신학

―그리스도 중심의 복음적 관점에서 본 메시아 언약의 성취에 관하여―

*A study of the fulfillment of the Messianic covenant
from a Christo-centric gospel viewpoint*

מָשִׁיחַ * בְּרִית
θεολογία
εὐαγγέλιον
ἐν Χριστός

강은중 박사

Messianic covenant theology

도서
출판

너희는 이렇게 기도하라.

하늘에 계신 우리 아버지여
이름이 거룩히 여김을 받으시오며
나라이 임하옵시며
뜻이 하늘에서 이룬 것같이 땅에서도 이루어지이다
오늘날 우리에게 일용할 양식을 주옵시고
우리가 우리에게 죄 지은 자를 사하여 준 것같이
우리 죄를 사하여 주옵시고
우리를 시험에 들게 하지 마옵시고
다만 악에서 구하옵소서
(나라와 권세와 영광이 아버지께 영원히 있사옵나이다 아멘)
마태복음 6:9-13

오직 성령이
너희에게 임하시면
너희가 권능을 받고
예루살렘과 온 유대와 사마리아와 땅 끝까지 이르러
내 증인이 되리라 하시니라
행1:8

저자의 기도

주님 하나님의 엄청난 비밀을 조금씩 깨닫게 해 주심을 감사합니다.
미련한 저에게 하나님의 오묘한 말씀의 깊이와 넓이를 알게 하시고
전할 수 있도록 인도해 주심을 감사합니다.
특별히 메시아 언약 관점에서 보게 하심을 감사합니다.
이 모든 것이 주님의 은혜임을 거듭 찬양을 드립니다.
주님! 주님이 준비해 놓으신 응답들을 알기를 소원합니다.
주님이 말씀하시고 기뻐 하셨듯이
메시아 언약인 그리스도 복음을 널리 알리기를 소원합니다.

감사의 글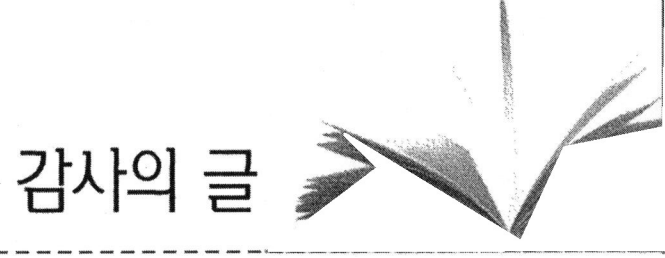

　나의 목자 되신 하나님의 은혜로 올바른 신학을 연구할 수 있도록 인도하시며 후학들을 양육하는 신학교에 봉직하게 하고, 미흡하지만 책을 쓰게 하시고 마칠 때까지 영성과 지혜와 총명과 건강을 주신 하나님께 감사를 드리며 앞으로도 계속 주님의 세밀한 인도를 받고 올바른 성경신학을 말하는 신학자가 되기를 기원합니다.

　나는 신학을 하면서 낙제를 하고 재시를 본 일이 있다. 교수는 훌륭했는데 나의 이해력 수준이 낮았다는 것을 알게 되었습니다. 하나님께 기도하니 성경말씀을 통해서 깨달음을 주셨다. 에베소서 1장 17절에 "하나님 아버지께서 지혜와 계시의 정신(靈, Spirit)을 주셔야 깨닫게 된다"는 사실을 알게 되었습니다. "지혜의 말씀의 은사와 지식의 말씀의 은사를 달라"(고전12:8)고 기도했습니다. 그 후 하나님의 은혜로 말씀을 읽고 연구할 때마다 마음에 기쁨과 뜨거움과 확신이 넘쳤고, 성령님의 역사를 체험하게 되었습니다. 말씀 전하는 것이 즐겁고 소망이 넘쳤습니다. 하나님이 정말 나를 쓰시는구나 생각하니 찬양이 마음 깊은 자리에서 나왔습니다. 특히 언약과 복음에 대하여 깨닫게 되었고 신학박사학위 논문을 「그리스도 중심의 복음적 관점에서 본 메시아 언약의 성취에 관한 연구」(A study of the fulfillment of the Messianic covenant from a Christo-centric gospel viewpoint)라고 쓰게 되었습니다. 논문을 읽은 분들이 문학적인 것은 좀 빈약하지만 내용이 너무 복음적이라는 과찬을 하면서 책을 출판하는 것이 좋겠다는 의견들에 의해 용기를 얻어 책을 출판하게 되었습니다.

영적지도자로 또 올바른 메시아적 언약과 복음을 깨닫게 하시고 성경적 전도방법을 가르쳐 주신 류광수 박사님께 감사를 드리며 기도하고 협력해 주신 총회신학교 이사장님과 교수님들과 모든 직원들에게 감사를 드립니다. 그리고 이 책을 잘 쓰도록 기도하고 협조한 남산동교회 모든 성도님에게 감사를 드립니다. 이 책이 출판되기까지 세밀히 교정을 봐준 김동명 교수님과 심은하 선교사님과 오미경 전도사님에게 감사를 드리며, 출판을 맡아 수고하신 영문출판사 김수관 사장님께 감사를 드리며, 평생 동반자로 기도하고 애쓴 아내(권정순)와 아빠가 목회를 하고 교수를 하는 것 자랑스럽게 여기며 기도한 나의 딸 주영이와 사위 박현식 목사와 아들 주호에게 감사를 드립니다.

성경을 읽고 연구하다 보면 풀리지 않고 이해가 잘 안 되는 내용을 많이 접하게 되는데 하나님은 전능자이시기 때문에 성경말씀을 통해 인간의 근본적인 문제의 원인을 말씀하셨고 인간의 모든 문제의 해답도 말씀하셨다는 것입니다. 바로 그 해답은 예수 그리스도이십니다. 성경은 언약이요 복음이기 때문에 죽어져 가는 영혼을 살려주고, 가슴에 상처 입은 것들을 치료해주고, 연약한 자들에게 힘을 주고, 실패한 자들에게 소망을 주고 반드시 신자가 기도하면 응답을 받도록 해답을 주는 책입니다.

끝으로 신학적으로 혼란한 시대에 이 책을 읽고 연구하는 모든 이들이 하나님의 정확한 언약을 알고 복음 전하는 일에 매진하기를 기원합니다.

2006년 2월
지은이 강 은 중

추 천 사

이 시대를 보면 사회가 혼란한데 그 이유는 교회가 사회에 올바른 답을 주지 못해서 그렇다고 봅니다. 근본적인 이유는 신학이 혼란하기 때문입니다. 심지어 '창세기는 하나님의 말씀이 아니다.' 라고 하는 신학이 나올 정도입니다.

지금 이 시대에 많은 신학자들이 책을 쓰고 있지만 성경이 말하는 핵심이 무엇인지 잘 말해 주는 책은 흔치 않습니다. 성경은 하나님이 우리 인간에게 주신 약속의 말씀이요 이 약속이 어떻게 성취되었는지에 대하여 금번 강은중 박사님이 「메시아 언약신학」에 대하여 책을 출판하게 됨을 감사하고 반갑게 생각합니다.

강은중 박사님은 평소에 메시아 언약과 복음에 관심이 많았고, 또 집중적으로 연구하는 모습을 보아왔습니다. 그리고 성경을 하나님의 말씀으로, 또 성경으로 잘 이해하는 지적인 능력을 갖춘 신학자로 여겨집니다. 그래서 책 내용을 보면 오늘날 현대 신학자들이 반드시 읽고 숙고해야 할 책인 줄 압니다.

이 책이 신학계와 교회에 많은 영향을 줄 것을 확신합니다. 이 책을 신학교 교과서로 사용하면 좋은 줄 알고 이에 추천합니다.

샌프란시스코 기독대학교 박사원장
오 세 택 박사(Th. D)

추천사

중요한 것을 중요하게 보는 눈

유대인들은 메시야를 기다리고 있었던 것은 분명하나 복음의 필요성, 즉 인간의 멸망 내용과 영적인 부분을 전혀 모르고 있었습니다. 그 결과 육신적인 것만 보는 신앙이 되었습니다. 생명보다 열심, 구원보다 선행, 인간의 근본문제보다 공로 등을 더 중요하게 보았습니다. 그러므로 메시야가 오셨는데도 그 분을 알 수가 없었습니다.

그런데 이 문제는 중세 교회에도 계속되었고 19-20세기 유럽교회에도 계속되었습니다. 물론 미국교회에도 계속되었습니다. 그 뒤에 한국에 복음을 전달했기 때문에 한국에도 그 문제는 계속 될 수밖에 없었습니다. 인간의 근본문제의 해결자와 그 내용, 갈수록 어려워지는 영적문제와 그 내용은 알 수가 없기 때문에 신앙생활이 점점 어려워지고 있습니다.

이 때에 강은중 목사님을 하나님이 전도초창기부터 부르셔서 지금까지 성경이 가장 중요하게 말씀하시는 것을 가장 중요하게 보시는 논문을 책으로 발간케 되어 하나님께 감사를 드립니다.

이 책의 내용이 시간이 갈수록 많은 사람들에게 영향을 줄 것을 기대하며 추천합니다.

總會神學校 學長
柳 光 洙 博士

CONTENTS

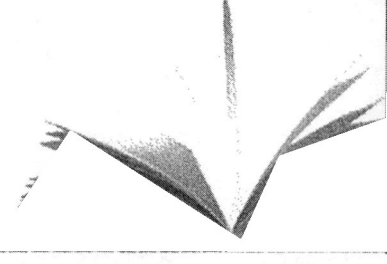

감사의 글 ·· 5
추천사/ 오세택 박사 ·· 7
추천사/ 유광수 박사 ·· 8
서   론 ··· 13

제 1 장 신학(神學) 개론(槪論) • 16

1. 신학이란? ·· 16
2. 신학의 구분 ··· 18
3. 신학과 철학 ··· 28
4. 신학과 과학 ··· 29
5. 올바른 신학 ··· 30

제 2 장 메시아언약과 성경에 관한 신학(神學) • 33

1. 언약(言約)이란? ··· 33
2. 언약(言約)과 계약(契約) ·· 35
3. 언약의 구분과 종류 ·· 37
4. 하나님은 언약의 하나님이시다 ·· 43
5. 우리는 언약(言約)의 백성(百姓)이다 ··································· 44
6. 성경은 하나님의 계시(啓示)이다 ··· 47
7. 성경을 기록한 목적 ·· 49
8. 성경의 내용(주제) ·· 50
9. 성경의 특징 ··· 60
10. 어떻게 하면 성경을 잘 이해하고 알 수 있는가? ··············· 64

11. 성경은 하나님(성령님)의 영감으로 된 책이다 ·· 67
12. 성경은 하나님의 언약을 기록한 책이기에 반드시 성취된다 ························ 68

제 3 장 구약성경에 나타난 메시아 언약(言約)들 • 75

1. 메시아 언약에 대한 정의 ·· 75
2. 창세기에 나타난 메시아 언약들 ·· 78
3. 노아 방주를 통해 주신 메시아 언약 ·· 93
4. 아브라함과 그 가문에 주신 메시아 언약 ·· 102
5. 출애굽에서 가나안 정복까지 나타난 메시아 언약 ·· 130
6. 여호수아에게 주신 메시아 언약 ·· 149
7. 왕으로 오실 메시아 언약(신17:14-20) ·· 150
8. 시가서에 나타난 메시아 언약 ·· 157
9. 선지서에 나타난 메시아 언약 ·· 164

제 4 장 구약성경에 나타난 메시아 언약(言約)이 성취된 신약성경의 그리스도 복음 • 207

1. 하나님의 모든 언약들은 예수 그리스도를 통해 성취 ···································· 207
2. 메시아 언약대로 성취된 그리스도 ·· 210
3. 유대인들이 오해하고 있는 그리스도 복음 ·· 232
4. 하나님이 그리스도를 이 땅에 보내 주신 목적 ·· 237
5. 그러므로 모든 축복이 예수 그리스도 이름으로 가능(可能)하다 ················· 248

제 5 장 그리스도 복음에 관한 우리의 신앙고백 • 253

1. 언약은 오직 그리스도를 통해서 성취 ·· 253

2. 그리스도 복음에 관한 우리의 신앙고백 …………………………………255
3. 베드로 사도는 스승인 예수님이 구약에 약속된 메시아이신 것을 고백함………261
4. 도마는 예수님이 메시아이심을 고백 ………………………………………263
5. 바울 사도의 기독관 ……………………………………………………266
6. 요한 사도는 나사렛 예수님이 메시아이심을 고백 ……………………273
7. 야고보 사도는 예수님이 메시아이심을 고백했다 ………………………275
8. 가나안 여자가 예수님이 메시아이심을 고백했다 ………………………275
9. 두 소경이 예수님이 메시아이심을 고백했다 ……………………………276
10. 수가성 여인이 예수님이 메시아이심을 고백했다 ………………………277
11. 마르다의 그리스도 고백 ………………………………………………283
12. 빌립 집사가 그리스도를 알고 전했다 …………………………………285

제 6 장 복음 증거를 위한 우리의 사명 · 288

1. 성경은 전도를 강조하고 있다 …………………………………………288
2. 주 예수 그리스도의 지상 명령이 전도다 ………………………………291
3. 복음 전도자의 자격 ……………………………………………………292
4. 복음 전도 내용 …………………………………………………………312
5. 복음 전도 방법 …………………………………………………………320
6. 전도자의 사명 ……………………………………………………………331
7. 복음전도를 위한 제자훈련 ………………………………………………332
8. 복음 전도자의 축복 ……………………………………………………336

제 7 장 결 론 · 343

참고서적 ……………………………………………………………………346

서 론

　　*이 책을 쓰게 된 목적*은 성경을 연구하는 신학자들과 목회자들에게 반드시 알아야 할 메시아 언약(계약)신학에 관한 지식을 돕기 위해서다. 그리고 성경은 하나님이 우리 인간에게 무엇을 알기를 원하신다. 그러므로 우리는 성경의 주제가 뭔지, 성경의 중심사상이 뭔지 알고 연구해야 할 것을 강조하려고 한다.

　　성경신학을 연구하고 이해하는 데 가장 중요한 열쇠는 언약(또는 계약, 약속)을 이해하는 일이다. 언약이란 하나님과 인간 사이에 맺어지는 약속(또는 조약)이다.[1] 그리고 이 성경이야 말로 하나님이 우리에게 주신 약속이기 때문이다.

　　이러한 이유로 성경을 「어떻게 연구하느냐」는 굉장히 중요하다. 왜냐하면 성경신학을 잘못 연구하면 이단이나 사이비 신학으로 초래될 수도 있고, 확신 없이 맹종으로 신앙생활을 할 수도 있기 때문이다. 또 우리가 구약을 구약대로만 보면 그 신학이 불확실해지고, 신약을 신약대로만 보면 뿌리 없는 줄기나, 기초가 견고하지 못한 집과 같이 되어 버린다.[2] 그래서 지금부터 이 책을 통해 구약에 약속된 메시

---

1) 신성종. 「엠마오 성경연구」-정음출판사. 1983. 10. 15. p. 32
2) 원용국 「구약예언서」 생명의 말씀사-1985. 5. 15. p. 31

아 언약이 신약 성경에 어떻게 성취되었는지를 열거하려고 한다.

　'성경을 어떻게 보느냐?'에 따라 기독교의 신앙사상과 삶은 달라질 수 있다고 생각한다. 「칼 바르트」는 "성경은 하나님의 말씀이 된다(become)"고 하였고, 자유주의 신학자들은 "성경에는 하나님의 말씀이 들어있다(belong)"고 외쳤다. 그러나 17세기의 정통주의자들은 "성경은 하나님의 말씀이다(is)"라고 확신했다.[3]

　우리는 바로 17세기의 정통주의자의 외침을 좇아 성경이란 "하나님의 말씀이다"라고 믿으며 그렇게 전한다. 그리고 하나님의 말씀인 이 성경은 구약과 신약으로 구성되어 있다. 여기서 구약은 옛 언약이라고 해서 Old Covenant(Old Testment)라고 하고 신약은 새 언약이라고 해서 New Covenant(New Testment)라고 한다. 그러므로 성경은 언약의 책이다. 우리는 하나님의 역사를 '구원 역사'라고 한다. 이 구원역사는 단순히 하나님의 일하심을 이어 놓음으로써 움직이는 것이 아니다. 이 구원역사를 만들어 가는 것은 '언약'이라고 할 수 있다.[4] 망망한 바다 한 가운데서 배 한 척이 침몰하게 되었다. 모두들 구명보트에 옮겨 탔지만 한 사람이 보이지 않았다. 절박한 표정으로 안절부절 못하여 성난 무리 앞에 급히 달려 온 그 선원은 꼭 쥐고 있던 손바닥을 펴 보이며 말했다. "모두들 나침반을 잊고 나왔기에 나침반을 가지러 다시 배로 갔다 왔습니다"라고 했다. 나침반이 없다면 끝없이 바다 위를 표류할 수밖에 없을 것이다.[5] 나는 생(生)의 바다를 항해하는 모든 이들을 위하여, 나는 그 나침반의 역할을 하고 싶다. 20세기 문명의 이기(利器)를 통하여 나를 구원하신 아름다운 주님을 널리 전

---

3) 전성구 「성경에 나타난 언약사상 연구」-1993년 p.1
4) Ibid.
5) 원용국 「구약예언서」 생명의 말씀사-1985. 5. 15. p. 32

하고 싶다.[6] 그런데 나침반이 고장 나면 어떡하나? 우리가 복음 메시지가 분명하지 못하면 하나님 떠나 표류하는 사람들을 살릴 수 없다. 하나님의 소원은 자기 백성을 구원하는 것이다. 딤전2:4에 "하나님은 모든 사람이 구원을 받으며 진리를 아는데 이르기를 원하시느니라"고 했고, 마1:21에도 "아들을 낳으리니 이름을 예수라 하라 이는 그가 자기 백성을 저희 죄에서 구원할 자이심이라 하니라"라고 했으며, 요3:17에도 "하나님이 그 아들을 세상에 보내신 것은 세상을 심판하려 하심이 아니요 저로 말미암아 세상이 구원을 받게 하려 하심이라"라고 했으므로 성경을 기록한 목적을 우리는 잘 알아야 하는데 그렇게 이해되지 못하는 경우가 많다.

때문에 우리는 성경을 읽거나 연구할 때 가장 주의해야 할 점이 있다. 바로 성경은 하나님의 말씀이기 때문에 하나님이 의도하시는 바 그 깊으신 뜻을 놓쳐서는 안 된다는 점이다. 그래서 나는 메시아 언약이 성취된 그리스도 복음에 관하여 연구 제시해 보고자 한다.

그리고 많은 참고 서적들이 있겠지만 본인은 그 동안 메시아 언약 신학에 관하여 약 20년 동안 연구해 오던 자료들과 특별히 성경 본문의 연구가 주핵심이다 보니 「디럭스 바이블」(컴퓨터 프로그램)을 많이 활용했고, 나침반출판사에서 발간한 「성경종합연구」를 많이 참고했다. 그리고 많은 설명보다 성경 본문에서 주로 내용을 많이 발췌하였다. 또 원어해석도 하면서 쓰고자 하는 핵심을 놓치지 않기 위해 성경중심으로 자료들을 분석 열거하였다.

---

6) Ibid.

신학(神學) 개론(槪論)

1. 신학(神學)이란?

1) 원어적 의미

신학(神學)을 헬라어로 θεολόγια(데오로기아)인데, 하나님을 의미하는 θεός(데오스)와 말씀을 의미하는 λόγια (로기아)의 합성어다.[1] λόγια(로기아)는 λόγος(로고스)에서 온 말(여성 단수)이다. λόγος(로고스)는 요1:1-14에 '말씀'으로 번역했다.

그러므로 '신학이란?' 하나님의 말씀을 목적으로 연구하고 그 말씀인 그리스도에 대하여 연구하고 가르치고 배우는 학문이다. 즉 하나님을 주제로 한 논의(論意 discourse)이다.

---

1) λόγια(로기아)는 λόγιον(로곤) ← λόγος(로고스, 말씀)의 중성 복수형이다.

2) 일반적인 의미

만물은 하나님(그리스도)을 통해 지은바 되었으며 지은 것이 그(그리스도)가 없이는 된 것이 없기(요1:3) 때문에 실로 하나님에 대한 우리의 관심은 우주(宇宙)에 존재하는 지식의 모든 영역과 관련되지 않을 수 없다. 그래서 바울은 "그리스도와 그의 십자가의 비밀만 알기로 작정했다(고전2:2)[2]"라고 말한다. 이것이 바울의 신학 중 중요한 내용이라고 볼 수 있다. 그리고 바울은 "그리스도 외에 다 버리겠다"(빌3:7-8)라고 말했다.

복음주의적 신학이 하나님의 계시인 성경이라는 객관적 기초 위에 근거함에 반하여 세속적인 철학은 인간 이성(人間理性, human reason)이라는 주관적 가정과 사색 위에 근거하고 있다. 신학과 철학의 관계는 계시(啓示)와 이성(理性)의 관계라고 할 수 있다.

엄격히 말해서 신학(神學)이란 하나님에 관하여 생각하고 말하는 것이다. 이처럼 신학이란 인간의 언어로 기록된 하나님의 계시인 성경 자체에 의해 주어진 것이다. 그러나 성경이 해석되고, 반영되고, 표상되기 때문에 이로부터 성경뿐만 아니라 교회의 신학이 존재하는 것이다. 신학이란 성경에 위배되는 것도 아니다. 우리가 간단히 검토하고자 하는 것은 바로 이러한 신학이다. 그런데 이 신학은 그것이 성경 규범에 얼마만큼 충실한가에 따라서 평가된다. 이와 같은 맥락을 볼 때 우리는 교부 신학, 스콜라 신학, 개혁 신학, 현대 신학이라는 역사적인 4대 신학을 개괄하여 관찰할 수 있다.[3]

---

2) 고전2:2 내가 너희 중에서 예수 그리스도와 그의 십자가에 못 박히신 것 외에는 아무 것도 알지 아니하기로 작정하였음이라.
3) Baker's 「신학사전」 신성종 역 서울: 엠마오. 1993. 7. 31. p. 472

2. 신학의 구분

신학구분은 4가지인데 성경신학, 조직신학, 역사신학, 실천신학으로 나눈다.

1) 성경신학

성경은 지금 어느 나라에도 번역되지 않은 곳이 없다. 세계에서 가장 오래 되었고 권위있는 책이 성경이다. 성경은 하나님의 특별한 계시다. 약 40명의 저자들이 하나님의 영감으로(딤후3:16)[4] 성경을 기록했다. 그래서 성경은 하나님의 말씀이다.

성경신학은 성경 속에 나타난 하나님의 자기 계시의 과정을 주경신학적(註經神學的)으로 다루는 학문이다. 성경신학은 주석을 통해 계시의 점진성을 찾아낸다. 그러므로 성경신학은 주경신학의 일부이다. 성경신학은 역사적 배경, 원어 등을 연구하여 해석학의 원리를 발견하므로 성경의 뜻을 이해케 하고, 성경 개론(저자, 기원, 저작 시기, 자료 등), 정경상의 문제 등을 취급하여 본문 해석을 돕는다.[5]

① 성경이란 무엇인가?

먼저 '성경(聖經 The Holy Bible)'이란 어원부터 살펴보면 헬라어

---

4) 딤후3:16 모든 성경은 하나님의 감동으로 된 것으로 교훈과 책망과 바르게 함과 의로 교육하기에 유익하니
5) 정순균 「기독교인의 생활백과사전」(The Christian Life Encyclopaedia) 하권 정원문화사. 1984. p.36
6) γραφη (그랍헤) '서류', 즉 '성경'(혹은 그 속에 있는 내용이나 진술) <롬 1:2 갈 3:8>여명. writing; 글, 쓰여진 것, 성경, 성경의 일부분

γραφή(그랍헤)⁶⁾ 또는 βίβλος(비블로스)⁷⁾에서 온 말인데, 고대 세계에 널리 사용되었던 갈대와 같은 식물(植物)의 속껍질을 가로 세로 서로 붙여 말려 필기 재료로 만든 것이다. 그러나 오늘날 우리가 사용하는 '성경'(the Holy Bible)이란 말은 헬라어 βίβλιν(비블리온)보다 훨씬 더 깊은 의미의 뜻을 갖고 있다. βίβλιν(비블리온)이란 말이 다소 중성적인 데 비하여⁸⁾ '성경'이란 말은 '탁월한 책'(the Book par excellence), 곧 하나님의 계시에 대해 인정되어진 기록이라 할 수 있다.

비록 '성경'이란 말의 의미가 교회적인 것이긴 하지만 이 말의 어원(語原)들은 구약으로 거슬러 올라간다. 단9:2(Lxx, 70인역)에 ταις βυβλοις(타이스 뷔블로이스)는 예언서를 가리킨다.

여러 책이 성경으로 집성되고 성경으로서의 그것들의 가치가 인정된 과정은 경전의 역사에 속한다. 즉 성경은 인간의 언어(言語)로 된 하나님의 말씀이다.

그리고 「책」이란 뜻이다. 성경은 책 중에 책이다. 책 중에 가장 으뜸 되는 책이 바로 성경이다.

성경이 성경임을 증명한다.⁹⁾

예수님은 "성경을 하나님의 말씀이라"고 주장하셨다.

---

7) βίβλος(비블로스) 본래적 의미로는 파피루스(papyrus): 예전에, 이집트에서 파피루스 풀줄기의 섬유로 만든 종이다. 사초과(莎草科, a sedge; turf 외떡잎식물)의 여러해살이풀. 높이는 2미터 정도이며, 잎은 퇴화하여 비늘처럼 되고 줄기 끝의 홀씨잎 사이에 작은 꽃이삭이 달린다. 뿌리와 줄기는 식용하며 관상용으로 재배한다. 8~9세기에 제지용으로 이용되었고 나일 강, 팔레스타인, 이집트 등지에 분포한다. 파피루스 문서. 식물의 내부 '껍질', 즉 (함축적으로) '종이' 또는 '책'의 '두루마리', 책 <눅 3:4 계 22:19> 증명. scroll, book; 기록된 책, 두루마리 책을 말한다.
8) 이것은 마술에 관한 책(행19:19), 혹은 신성한 책들은 물론 이혼 증서(막10:4)를 나타내는데 사용되었다.
9) 신6:6-9, 17-18, 수1:8, 시1:2, 사55:10-11, 렘15:16, 마5:11-16, 눅16:17, 요2:22, 5:24, 행17:11, 롬10:17, 고전2:13, 골3:16, 딤후2:15, 벧전1:23-25, 계1:2

요10:34 -35 예수께서 가라사대 너희 율법에 기록한바 내가 너희를 신이라 하였노라 하지 아니하였느냐? 성경은 폐하지 못하나니······.
눅24:44-45 또 이르시되 내가 너희와 함께 있을 때에 너희에게 말한바 곧 모세의 율법과의 글과 시편에 나를 가리켜 기록된 모든 것이 이루어져야 하리라 한 말이 이것이라 하시고, 이에 저희 마음을 열어 성경을 깨닫게 하시고
눅24:27 이에 모세와 및 모든 선지자의 글로 시작하여 모든 성경에 쓴 바 자기에 관한 것을 자세히 설명하시니라.
바울은 디모데에 말하기를 "성경은 하나님으로부터 계시된 영감의 말씀이라"라고 주장했다.
딤후3:16 모든 성경은 하나님의 감동으로 된 것으로 교훈과 책망과 바르게 함과 의로 교육하기에 유익하니

② 밖으로부터의 증명

성경은 구약 창세기부터 신약 요한계시록까지 1600년 동안 기록했다. 성경은 66권으로 되어 있는데 한 권으로 만들만큼 일맥 정신이 상통하고 내용이 서로 연결되고 통한다. 40명의 저자들 서로가 그 연속성과 일관성이 있어서 조금도 틀림이 없다.

또 성경은 천지만물(天地萬物)이 어떻게 지어졌으며 어떻게 조화되어 가고 있는지 말하고 있다. 우주와 시공간과 인간의 삶과 행복과 죽음을 말하고, 특별히 인간의 영적문제를 말하며 무엇 때문에 행복해야 할 사람이 불행한지 그 원인을 말하며, 이 땅에서도 행복하게 살 수 있고 영원히 행복하게 살 길과 인생의 해답을 성경은 말하고 있다.

③ 성경의 권위

「마르틴 루—터」(Martin Luther, 1483-1546)가 1517년에 면죄부 판매를 항거하여 95개조의 항의문을 내걸었다. 그 내용은 '성경보다 더

권위를 앞세울 것은 아무 것도 없으며, 성경을 그리스도교에 있어서 최고의 권위로 본다'는 것이다. 다시 말하면 교황의 말이 성경의 권위 위에 있어서는 안 된다는 것이 그의 주장이다. 그래서 그는 "믿음으로 의(義)롭게 된다"고 강조했다.

롬1:17 복음에는 하나님의 의가 나타나서 믿음으로 믿음에 이르게 하나니 기록된 바 오직 의인은 믿음으로 말미암아 살리라 함과 같으니라.

또 그는 로마 가톨릭(Rome Catholic) 교회가 잘 못되었다는 것을 발견하게 되었다. 성경의 권위 위에 교회나 전통, 교회 회의, 교권을 가진 교회 지도자가 결코 성경 보다 위에 있어서는 안 된다고 주장했다. 다만 성경이 이것들을 시정해주며 그 존재의 참 뜻을 밝혀 준다는 것을 강조했다.[10] 성경 말씀 앞에는 모든 사람이 벌거숭이이며 성경은 임금(왕), 학자, 정치가, 사업가, 군인, 학생, 남녀 모두의 거울이요 생명을 주는 하나님의 말씀이다. 또한 성경은 메시아 그리스도를 계시(啓示)하고 있다. 이는 바로 하나님을 사람의 몸으로 계시(啓示)한 것이다.

④ 개혁주의 성경신학

개혁주의 신학(神學)은 말씀의 신학이다. 개혁주의 신학자들은 절대주권자이신 하나님의 말씀을 항상 먼저 말하고 있다. 성경의 권위에 대해서는 칼빈의 사상이 루터와 쯔빙글리의 사상과 근본적으로 다를 것이 없다. 칼빈은 「기독교 강요」를 쓰게 되었고 그는 말하기를

---

10) "그들은 성경에서 자기들이 원하는 것을 마음대로 만들어 내기를 마치 밀초로 된 코를 마음대로 잡아당길 수 있는 것 같이 한다." (R Seeberg, A Test Book of Doctrines, BR. 2, p.228)

"성경이 가는 데까지 가고 성경이 멈추는 데서 멈춘다"라는 시대적인 메시지를 남겼다.[11] 그리고 그는 "하나님이 바로 성경의 저자이시다"[12]라고 했다.

성경은 하나님의 말씀이며, 하나님이 깨닫도록 하셔야 인간이 깨닫게 된다.

> 마11:25 그 때에 예수께서 대답하여 가라사대 천지의 주재이신 아버지여 이것을 지혜롭고 슬기 있는 자들에게는 숨기시고 어린 아이들에게는 나타내심을 감사하나이다.

> 마 13:11-16 대답하여 가라사대 천국의 비밀을 아는 것이 너희에게는 허락되었으나 저희에게는 아니 되었나니, 무릇 있는 자는 받아 넉넉하게 되되 무릇 없는 자는 그 있는 것도 빼앗기리라. 그러므로 내가 저희에게 비유로 말하기는 저희가 보아도 보지 못하며 들어도 듣지 못하며 깨닫지 못함이니라. 이사야의 예언이 저희에게 이루었으니 일렀으되 너희가 듣기는 들어도 깨닫지 못할 것이요 보기는 보아도 알지 못하리라. 이 백성들의 마음이 완악하여져서 그 귀는 듣기에 둔하고 눈은 감았으니 이는 눈으로 보고 귀로 듣고 마음으로 깨달아 돌이켜 내게 고침을 받을까 두려워함이라 하였느니라. 그러나 너희 눈은 봄으로, 너희 귀는 들음으로 복이 있도다.

⑤ 성경의 주제는 예수 그리스도다

> 요5:39 너희가 성경에서 영생을 얻는 줄 생각하고 성경을 상고하거니와 이 성경이 곧 내게 대하여 증거하는 것이로다.

---

11) 존. 칼빈「기독교강요 1권」서울: 혜문사 1982. 역자: 김문제 p.143
12) Ibid. p. 153

예수 그리스도 밖에 주제는 다 이 목적과 주제에 종속된다. 하나님께서 목적하신 바는 예수 그리스도로 하여금 세상을 통치하게 하신다(시2:8-9).[13] 그리고 인간이 예수 그리스도를 영접하고 하나님의 자녀가 되는 것을 소원하고 계신다(마1:21). 예수 그리스도는 모든 자의 주(主)가 되신다.

그래서 칼빈은 "성경 없이는 모두 오류에 빠진다."[14]라고 했다.

성경신학 과목에는 크게 구약신학과 신약신학을 나누고, 히브리 원어와 헬라어 원어 및 석의, 주해, 구약총론, 신약 총론 등 각 권별로 연구하는 것을 말한다. 성경신학의 우선적인 관계는 분명 명백한 해설 형식으로 된 구약과 신약의 실제적 신학에 관한 것이어야 한다. 더욱 일반적으로는, 자체의 자료들을 성경에서 끌어내어 성경적인 규범에 충실하려고 하는 신학은 어느 것을 막론하고 성경 신학자가 되기 위해서는 이러한 표제를 채택할지도 모를 특별한 운동에 관계해서는 안 된다. 그와 동시에 우리는 현대신학에는 오직 해석만을 일삼지 않고 어떤 학파로서 어떤 형식적인 체계를 갖거나 자체의 사상 외에 다른 모든 것을 비성경적인 것으로 거부하지도 않으면서 성경신학처럼 보통 지평적인 특이한 경향이 있다는 것을 인정해야만 한다. 특별한 평가를 요구하는 것은 바로 이러한 경향을 추구하는 운동이다.

2) 조직신학

'조직신학'을 '교의신학'(Dogmatic Theology) 또는 '이론신학'

---

13) 시2:8-9 내게 구하라 내가 열방을 유업으로 주리니 네 소유가 땅 끝까지 이르리로다. 네가 철장으로 저희를 깨뜨리어 질그릇 같이 부수리라 하시도다.
14) 존. 칼빈 「기독교강요 1권」 서울: 혜문사 1982. 역자: 김문제 p.143

(Theoretical Theology)이라고도 한다.

조직신학이란 성경에 계시된 하나님에 대한 지식을 조직적, 포괄적, 체계적인 형태로 제시하기를 시도하는 학문이다. 교의신학이란 말은 주로 유럽 신학자들이 많이 사용한다. 또 신학을 대비하여 이론신학이라고 한다. 그러나 조직신학도 성경 위에 둘 수는 없다. 때문에 신학 중에 가장 기본신학이 성경신학이라고 할 수 있다.

「워필드」(Warfield)는 신학을 "하나님과 하나님의 우주에 대한 관계를 논(論)하는 학문(學文)이다"라고 했고, 「바빙크」(Bavinck)는 "하나님에 관한 지식의 학문적 체계, 특별히 기독교 입장에서 하나님이 자기에 관하여 자기의 말씀으로 교회에 계시하신 지식이다"라고 했고, 「카이퍼」(Kayper)는 "계시된 하나님의 지식을 연구의 대상으로 하여 그것을 통찰하여 부치는 학문이다"라고 했다.[15] 하나님은 우리가 연구해서 알 수 있는 학문적인 연구대상이 아니다. 그러나 하나님께서 자기를 말씀 중에 계시하신 한도 안에서 신학은 성립될 수 있다. 그러므로 「찰스 하지」(Charles Hodge)는 계시된 말씀을 "상호 내면적 관계에 의해서 수집, 인증, 배열, 전시하여야 한다"라고 하였다. 이렇게 볼 때 조직신학은 하나님의 계시인 성경의 진리와 사실들에서 하나님과 하나님의 우주에 대한 관계와 인간 창조, 섭리, 구속, 구원의 과정, 교회, 종말에 관한 일들을 논하는 학문이다.

조직신학의 과목들을 보면, 조직신학 서론 및 조직신학 개론이 있고, 요즈음은 조직신학 관점에서 보는 성경론도 있다. 그 외 조직신학의 과목들을 보면 다음과 같다.

---

15) 정순균 「기독교인의 생활백과사전」(The Christian Life Encyclopaedia) 하권 정원문화사. 1984. p.45

① 신론: 하나님의 존재, 속성, 삼위일체(三位一體), 작정, 창조, 섭리(燮理)에 관한 연구이다.
② 인간론: 인죄론이라고도 한다. 사람의 기원(起源), 원인(原人)의 상태, 타락과 죄악, 행위와 은혜계약에 관한 연구이다.
③ 기독론: 성자 예수 그리스도의 인격(人格), 신분, 직무, 구속사역에 관한 연구이다.
④ 구원론: 구원의 방법과 서정(순서)에 관한 연구이다.
⑤ 성령론: 그리스도께서 부활 승천하셔서 지금 우리와 함께 역사하시며, 성령님이 구원사역을 하신다.
⑥ 교회론: 교회의 시작, 성질, 은혜의 방편, 권세, 정치등을 연구하는 학문이다.
⑦ 종말론: 개인의 종말과 그리스도의 재림과 적 종말을 연구하는 학문이다.[16]

이러한 조직신학의 원천은 바로 성경이다.

---

16) 그리스도 재림을 잘못 깨달은 자들(비성경적임)
  1. 오리겐(185년, 알렉산드리아 학파) 주후 2000년
  2. 화이트 1855년 2월
  3. 제세례파의 멜키오 호프만 1533년
  4. 제세례파의 니콜라스 1734년
  5. 안식교의 밀러 1843년
  6. 안식교의 사무엘 스노우 1844년 10월 22일
  7. 여호와의 증인 촬스 럿셀 1944년
  8. 칠레의 천문학 박사 무수 2000년 5월 18일
  9. 칠레의 천문학 박사 휠라리 2000년 5월 18일
  10. 화이스 터빈 2026년 11월 13일
  11. 빌리 그래함(1968년 6월 11일 미국 알목 운동장 집회에서) 1972년 11월 13일
  12. 박동기(한국 1975년 10월 10일 예언) 1980년
  13. 이제명 목사 1953년 12월 23일
  14. 나운몽 1980년대가 끝이다.
    <박종수, 「종말에 되어질 사건. 서울: 교회교육연구원. 1988. p.44-45>

3) 역사신학

역사신학이란 기독교 역사의 그 발달 과정과 인류사회와의 관계에 있어서 하나님의 구원역사의 조직화를 주제로 하는 학문이다. 그것은 보통 교회사라고 부른다. 다시 말하면 예수 그리스도로부터 시작된 인류 구원의 섭리적 복음운동이 역사적으로 어떻게 발달되어 왔는가를 밝히고, 인류발전을 기독교적으로 탐구하여 체계화된 기독교적 연구 방법이다.

역사신학의 구성요소는 기독교 교리의 발전과 철학적이고 과학적인 제 요소와 문학, 음악, 미술, 조각 등의 예술적 요소까지도 포함된다.

더욱 중요한 것은 기독교의 시작은 사람에게서 시작된 것이 아니라 하나님으로부터 이룩된 것이기 때문에 절대적인 것이다. 그리고 동시에 기독교는 역사적인 것이다. 기독교의 역사는 단순한 사상과 교리의 역사로만 볼 수 없다. 기독교회라고 부르는 큰 공동체의 역사이기 때문에 이것을 교리사라고 부르고, 교회 공동체 밖에서 미치는 사상과 세력의 요소가 있기 때문에 기독교사(基督敎史)라고도 한다. 이것은 히브리 민족의 역사와 함께 신학의 한 과목이 되어 역사신학이라고 한다. 이러한 역사의 전 국면 위에 기독교가 차지하는 지위를 이해하기 위해서는 일반역사와 철학(哲學), 교육(敎育), 문명(文明), 도덕(道德), 정치(政治), 사회(社會), 미술(美術), 음악(音樂), 문화사(文化史)를 참고하며 연구해야 한다.

역사신학의 과목들을 보면 다음과 같다.
① 구약역사신학
② 신약역사신학

③ 한국교회사
④ 세계교회사
⑤ 고대교회사
⑥ 중대교회사
⑦ 근대교회사
⑧ 현대교회사
⑨ 성경배경사
⑩ 고대기독교사상사
⑪ 종교개혁사상사
⑫ 성경지리 등이 있다.

4) 실천신학

실천신학을 혹 봉사신학이라고 한다. 실천신학은 그리스도를 믿는 신앙과 그 생활과 관련하여 다양한 활동을 전개한다. 초대교회 때부터 선교와 회중의 교화, 공적예배 인도, 불쌍한 자와 가난한 자들을 도와주는 일들을 해왔다. 그래서 실천신학은 교회의 실제적 활동을 전반적으로 취급하는 신학의 한 분야라고 할 수 있다. 그 범위는 교회 내에 국한되는 것이 아니라 교회 밖과 세계에까지 파급된다.

실천신학에 대한 신학 과목들을 보면 다음과 같다.
① 목회학
② 예배학
③ 설교학, 설교연습
④ 전도학, 전도실습
⑤ 선교학, 선교신학

⑥ 기도학
⑦ 심방학
⑧ 상담학: 목회상담학, 상담심리학, 치유상담학
⑨ 교회교육학
⑩ 찬송학: 교회음악
⑪ 교회직분론
⑫ 교회정치(행정, 교회헌법)
⑬ 개척교회학
⑭ 비교종교학
⑮ 이단사이비연구 등이 있다.

3. 신학과 철학

　신학(神學)과 철학(哲學)은 모두 포괄적인 인생관(人生觀)과 세계관(世界觀)을 추구하고 있다는 면에서 그 목적을 같이하고 있다(Henry C. Thiessen). 그러나 논리(論理)의 출발에 있어서 신학과 철학은 그 개념을 달리한다.
　철학은 헬라문화에서 비롯된다. 철학은 인간과 세계에 대한 근본원리와 삶의 본질 따위를 연구하는 학문이다. 흔히 인식, 존재, 가치의 세 기준에 따라 하위 분야를 나눌 수 있는데, 자신의 경험에서 얻은 인생관, 세계관, 신조 따위를 이르는 말이다. 그리고 철학은 사람에서 시작했지만 신학은 하나님에게서부터 시작한 것이다. 하나님의 말씀인 성경이 기초가 되어 연구되는 것이 신학이다.

4. 신학과 과학

「진 슬로트 몰톤」(Dr. Jean Sloat Morton)은 말하기를 "성경은 과학적이 아니라 구원의 진리가 기록된 책이다. 그러나 성경에 언급된 과학적 사실들은 정확하다"[17]라고 말했고, 류광수 목사는 말하기를 "성경은 반과학이 아니고 초과학이다."[18]라고 했다. 우리는 뭘 알아야 하는가 하면 '성경이 과학적으로 안 맞는 일이 있다.' 하더라도 우리는 성경을 믿어야 한다. 왜냐하면 천지창조와 영적(성령, 사탄, 귀신, 천사, 사람의 영혼 등)인 것은 과학으로 증명이 안 되기 때문이다. 귀신 들려 어려움을 당하는 자를 과학으로 치료가 될 수 없다. 성경대로 믿고 예수 그리스도 이름으로 명령하면 귀신은 추방된다. 과학으로 풀리지 않는 불가사의(不可思議)한 신비(神秘, mystery)는 영적인 눈으로 보지 않으면 이해가 불가능하다.

또 예수님의 동정녀 탄생이나 바다를 잔잔케 하심, 신유, 부활 등과 같은 성경의 기적은 과학을 초월한 것이기 때문에 실제로 과학과 크게 마찰을 일으키지 않는다. 그러나 성경에서 기적이 아닌 여러 가지 자연 현상에 관한 기록들도 좀더 깊이 생각해 볼 때 과학과 마찰을 일으켜서는 안 된다. 이는 성경이 하나님의 말씀이고 자연도 하나님께서 만드셨으며 또한 친히 섭리 운행하시기 때문이다. 단지 지금 사람들이 말하고 있는 과학은 인간이 경험에 의해 만든 것이기 때문이다. 그러나 성경은 하나님이 주신 것이기 때문이다.

다음 성경을 보아서 우리는 알 수 있다.

---

17) Dr. Jean Sloat Morton *SCIENCE IN THE BIBLE* 「성경과학백과」 번역판 양승훈 역. 서울: 나침반사 1984. 머리말에서
18) 류광수 목사 강의 중에서

롬1:20 창세로부터 그의 보이지 아니하는 것들 곧 그의 영원하신 능력과 신성이 그 만드신 만물에 분명히 보여 알게 되나니 그러므로 저희가 핑계치 못할지니라.

그러므로 성경(신학) 안에서 과학을 보고 연구해야 할 것이다. 과학이 말하는 모든 만물을 하나님이 만드셨고 섭리하시고 계신다.

5. 올바른 신학

올바른 신학은 성경을 기본으로 하고 있다. 천지만물을 창조하신 하나님은 사랑하는 종 모세에게 말씀하시기를

신8:3 너를 낮추시며 너로 주리게 하시며 또 너도 알지 못하며 네 열조도 알지 못하던 만나를 네게 먹이신 것은 사람이 떡으로만 사는 것이 아니요 여호와의 입에서 나오는 모든 말씀으로 사는 줄을 너로 알게 하려 하심이니라.

그런데 오늘날 많은 신자들이 빵에 대한 걱정부터 먼저하고 빵에 대하여 먼저 구하고 있다. 이에 주님은 "무엇을 먹을까? 무엇을 마실까? 무엇을 입을까? 염려하지 말라. 이는 다 이방인(불신자)들이 구하는 기도 내용이다"(마6:25-34)라고 하셨다.

그러므로 앞서 말한 대로 올바른 신학은 하나님의 말씀 연구를 목적으로 하고 그 말씀인 그리스도에 대하여 연구하고 가르치고 배우는 학문이어야 한다. 즉 하나님을 주제로 한 신학(神學)이어야 한다. 아무리 신학을 열심히 오래 연구를 해도 성경이 말하는 올바른 주제

를 모르고 하나님의 계획과 언약을 모르면 다 헛된 학문이 될 것이다.

다시 말하면 구약의 주제는 '메시아를 보내 주시겠다' 는 하나님의 약속이고, 신약의 주제는 '메시아가 오셨고 십자가에 고난당하시고 3일 만에 부활하시고 승천하셔서 지금은 성령으로 우리(신자)와 함께 하시며, 장차 재림주로 오실 것이다' 는 신앙 고백을 할 수 있는 신학이 올바른 신학이다. 그리스도는 그를 믿는 우리 신자를 구원하실 뿐만 아니라 항상 함께 역사하시는 분이다. 특히 전도자와 항상 함께 하시는 분이다.(마1:23, 막3:13-15, 마28:16-20, 막16:15-20)[19]

한 사람이 파키스탄의 시골에서 진기한 광경을 목격했다. 검은 소 두 마리가 열심히 연자 맷돌을 돌리고 있었는데 이상하게도 소들의 눈을 새까만 보자기로 가려 놓은 것이었다. 그는 동행하는 현지인에게 물었다. "아무리 말 못하는 짐승이지만 주인을 위해 땀을 흘려 일하는데 왜 눈을 가렸습니까?" 그러자 현지인이 대답했다. "어리석은 짐승이라 눈을 뜨고 연자 맷돌을 돌리게 하면 제자리를 계속 도는 것에 지쳐 그만 주저앉게 됩니다. 하지만 눈을 가려놓고 회초리로 때리면 멀리 가는 줄 알고 열심히 뛴답니다." 오늘날 방향 없이 달려가는

---

19) 마1:23 보라 처녀가 잉태하여 아들을 낳을 것이요 그 이름은 임마누엘이라 하리라 하셨으니 이를 번역 한즉 하나님이 우리와 함께 계시다 함이라.
막3:13-15 또 산에 오르사 자기의 원하는 자들을 부르시니 나아온지라. 이에 열둘을 세우셨으니 이는 자기와 함께 있게 하시고 또 보내사 전도도 하며, 귀신을 내어 쫓는 권세도 있게 하려 하심 이라라.
마28:18 예수께서 나아와 일러 가라사대 하늘과 땅의 모든 권세를 내게 주셨으니, 그러므로 너희는 가서 모든 족속으로 제자를 삼아 아버지와 아들과 성령의 이름으로 세례를 주고, 내가 너희에게 분부한 모든 것을 가르쳐 지키게 하라. 볼지어다. 내가 세상 끝날까지 너희와 항상 함께 있으리라 하시니라.
막16:19-20 주 예수께서 말씀을 마치신 후에 하늘로 올리우사 하나님 우편에 앉으시니라. 제자들이 나가 두루 전파할새 주께서 함께 역사하사 그 따르는 표적으로 말씀을 확실히 증거하시니라.

많은 성도들을 보게 된다. 이것은 올바른 복음을 전해야 할 신학자들과 목회자들의 책임이다.

　노벨상 수상작가인 「헤밍웨이」는 "인생에는 목적이 없다. 그리고 인생이 어디서 와서 어디로 가는지를 물을 필요조차 없다"고 말했다. 그러나 그는 끝내 자살로 인생을 마감하고 말았다. 분명한 목적과 방향이 없이 달리는 인생들을 보면서 올바른 신학이 이를 살리고 해결해야 할 줄 확신한다.

　그리고 올바른 신학은 항상 예수 그리스도 중심으로 되어지며 항상 예수 그리스도 안에 일치하고 있다. 올바른 신학은 성경이 중심이 되어 있다. 그리고 성경의 원저자(原著者)이신 하나님께 있다. 그래서 올바른 신학은 항상 하나님의 약속, 언약인 말씀 안에서만 존재한다.

2장

메시아 언약과
성경에 관한 신학(神學)

1. 언약(言約)이란?

1) 언약의 용어와 용법(원어로 본 언약의 의미)

언약이란 히브리어로 בְּרִית(베릿트) '쪼갠다', '자르다' 라는 뜻을 가졌다. '계약 (고기 '조각들' 사이로 지나감으로 맺어지기 때문에) 은 동맹, 연합, 계약, 연맹, 언약, 협정, 맹세란 뜻이다. בְּרִית (베릿트)는 בָּרָה(빠라)에서 온 말인데 בָּרָה는 자르다, 여러 조각으로 나누다, 공평하게 먹는다, 함께 먹는다, 선택하다. 란 뜻이다. כָּרַת(카라트)는 '자르다' (베어내다, 베어 넘기다, 베어 조각내다); 함축적으로 '파괴하다' 또는 '소멸시키다' ; 특히 '언약을 맺다' (동맹과 계약을 맺다, 원래는 고기를 베어 그 조각들 사이를 지나가게 함으로서), 씹혀지다, 서로 연맹하다, 언약을 맺다, 베다(베어버리다, 베어내다)[1]라는 뜻을 가졌다.

---

1) 고영민 「성서언어 대사전」 기독교문사 1993. 5. 6. p.55-56

또 헬라어로는 $\delta\iota\alpha\theta\acute{\eta}\kappa\eta$(디아데케)인데 본래적 의미로는 '처분', 즉 (특별히) 계약, 특히 유증할 수 있는 유언, 배치, 배열, 협정, 언약(言約), 계약(契約)이란 뜻이다.[2] 사람과 사람과의 언약도 되지만 특히 하나님과 사람(민족) 사이의 언약을 말한다.

성경이 말하는 언약이란 아브라함에게 약속하신 것인데 곧 그리스도라고 한다. 갈3:15-16에 "형제들아 사람의 예대로 말하노니 사람의 언약이라도 정한 후에는 아무나 폐하거나 더하거나 하지 못하느니라. 이 약속들은 아브라함과 그 자손에게 말씀하신 것인데 여럿을 가리켜 그 자손들이라 하지 아니하시고 오직 하나를 가리켜 네 자손이라 하셨으니 곧 그리스도라"라고 한 것을 보면, 하나님이 주신 약속 중에 가장 중요한 약속은 예수 그리스도를 통해 구원하시겠다는 약속이다.

또는 주목할 것은 갈3:16에 「약속」이란 말이 헬라어 $\epsilon\pi\alpha\gamma\gamma\epsilon\lambda\acute{\iota}\alpha$(에팡겔리아)인데, 이는 영어의 복음을 $\epsilon\alpha\nu\gamma\epsilon\lambda$(에벤젤)과 유사함을 발견할 수 있다. 그렇게 볼 때 약속이 바로 복음이란 의미도 되는 것이다.

창22:18 "또 네 씨로 말미암아 천하 만민이 복을 얻으리니 이는 네가 나의 말을 준행하였음이니라 하셨다 하니라." 여기에서 「네 씨(זֶרַע 제라)」라는 말은 아브라함에게 주신 언약인 "예수 그리스도"를 의미한다. 「זֶרַע」(제라)는 씨, 식물, 파종기, 자손을 말한다. 즉 아브라함의 자손으로 오시게 될 메시아를 통해 천하 만민이 구원의 복을 얻게 된다는 말이다.[3] 언약에 관한 용법은 언약이 어떻게 사용되고

---

2) Ibid. p.88
3) Ibid.

있는지 알아야 그 의미를 알 수 있고, 그 의미를 알아야 언약대로 쓰임받고 기도할 때 오는 응답의 참 맛을 알 수가 있다. 그래서 언약과 계약의 의미를 좀 더 세밀히 포괄적으로 다루어 보고자 한다.

2. 언약(言約)과 계약(契約)

1) 언약과 계약을 비교로 생각해보면 다음과 같다.

언약이란 말로 표현된 히브리어 בְּרִית(베릿트)는 두 가지로 말할 수 있는데, 그것은 언약과 계약이다. 언약(covenant)은 사람 위주(person-oriented)로 되어 있고 계약(contact)은 물질 위주(thing-oriented)로 되어 있는 것을 말한다. 계약에 있어서는 서로가 만족할 때까지 상응관계가 될 수 있고 계약의 조건을 성취하는 데 있으며, 계약의 기간은 약속이 존속될 때까지 지속된다. 이런 계약을 동위 계약(parity treaty)이라고 한다. 그러나 하나님께서 허락하신 언약은 선물이므로 흥정의 대상이 아니며, 언약의 의무는 하나님 앞에 충성하는 것이요, 언약의 기간은 영원한 것이다.[4] 그리고 약속은 곧 그리스도다. 바울은 말하기를 갈3:16에 "이 약속들은 아브라함과 그 자손에게 말씀하신 것인데 여럿을 가리켜 그 자손들이라 하지 아니하시고 오직 하나를 가리켜 네 자손이라 하셨으니 곧 그리스도라"라고 했다. 계약이란 절대적인 하나님의 계명이며 지상명령이다. 반드시 지켜야 한다.[5] 우리가 얼마나 언약을 잘 지키는가? 이것이 성도들의 지상과제이다.

---

4) 오병세. 「구약성경신학」-개혁주의신행협회. 1999년 8월 31일 p. 141
5) 김기령. 「예수 그리스도의 이력서」 맥밀런 1987. 11. 25. p. 111

2) 약속의 성격

하나님의 약속의 성격은 인간의 것이 아니기 때문에 어김이 있을 수 없다. 왕상8:56에 "여호와를 찬송할지로다 저가 무릇 허하신 대로 그 백성 이스라엘에게 태평을 주셨으니 그 종 모세를 빙자하여 무릇 허하신 그 선한 말씀이 하나도 이루지 않음이 없도다"라고 했으니 결코 어김없이 하나님의 약속은 성취된다. 그리고 이 약속은 하나님의 능력으로 확실하게 된다. 바울은 이 약속에 대하여 롬4:21에 "약속하신 그것을 또한 능히 이루실 줄을 확신하였으니"라고 했다. 또 바울은 '그리스도 안에서 예가 되고 아니라고 할 수가 없다'라고 했다. (고후1:20 "하나님의 약속은 얼마든지 그리스도 안에서 예가 되니 그런즉 그로 말미암아 우리가 아멘하여 하나님께 영광을 돌리게 되느니라.") 그리고 약속은 무한한 가치가 있다. 베드로는 벧후1:4에 "이로써 그 보배롭고 지극히 큰 약속을 우리에게 주사 이 약속으로 말미암아 너희로 정욕을 인하여 세상에서 썩어질 것을 피하여 신의 성품에 참예하는 자가 되게 하려 하셨으니"라고 했다. 또 요한은 「영원한 생명에 이른다」라고 했다.[6] 요일2:25에 "그가 우리에게 약속하신 약속이 이것이니 곧 영원한 생명이니라"라고 했다. 하나님이 우리에게 주신 가장 귀중한 약속은 영생에 대한 약속이다.

3) 고난당하는 자에 대한 약속이 있다.

하나님께서 욥에게 다음 두 가지 사실을 확신시켜 주실 것을 원하

---

6) # 톰슨성경 p.308

고 있다. 욥11:6에 "지혜의 오묘로 네게 보이시기를 원하노니 이는 그의 지식이 광대하심이라 너는 알라 하나님의 벌하심이 네 죄보다 경하니라"라고 했다. 하나님의 지혜는 측량할 수 없는 것이다. 소발은 욥이 '하나님의 지식의 광대하심'을 깨닫도록 하나님께서 욥에게 하나님의 지혜의 많은 신비를 보여 주시기를 원하고 있다. 우리가 하나님에 관하여 알고 있는 것은 우리가 하나님에 대하여 알 수 없는 것에 비하면 참으로 아무 것도 아니다. '감추어진 것은 드러난 것보다도 훨씬 많다'(엡 3:9). 하나님께서는 우리가 알고 있는 것보다도 우리 자신의 악을 훨씬 더 많이 알고 계신다. "너는 알라 하나님의 벌하심이 네 죄보다 경하니라." 이 얼마나 놀라운 말씀인가! 어떤 사람들은 이것을 "하나님께서 네 죄의 얼마를 경감하셨도다"라고 읽기도 한다. 사55:3에 "너희는 귀를 기울이고 내게 나아와 들으라. 그리하면 너희 영혼이 살리라. 내가 너희에게 영원한 언약을 세우리니 곧 다윗에게 허락한 확실한 은혜니라"라고 했고, 막14:24에는 "가라사대 이것은 많은 사람을 위하여 흘리는 바 나의 피 곧 언약의 피니라"라고 했다.

3. 언약의 구분과 종류

언약에 대한 구분과 종류에 대하여 더욱 심도있게 살펴본다.

1) 창조 언약(창1:27-28)

① 창조의 원리(창1:26-28)
나무는 흙(땅)에 뿌리가 박혀야 살 수 있고, 물고기는 물 속에 있어

야 살 수 있고, 새는 하늘에 날아다니며 살 수 있듯이 사람은 하나님의 형상으로 지음을 받았기 때문에 하나님을 떠나서는 살 수 없다. 사람은 동물과 다르게 영혼이 있고 동물은 그 생명이 단회적이지만 사람은 영원한 존재로 지음을 받았다. 즉 동물은 육체만 가졌고 사람은 영혼과 육체를 가졌다.

하나님이 지으신 우주는 크고 너무나 놀라워 천문학자 「뉴―톤」(Newton)은 "천문학자로서 불경건한 자가 있으면 그는 미쳤다"라고 했다. 다윗은 하나님께 감사 제사를 드리며 말하기를 대상16:25에 "여호와는 광대하시니 극진히 찬양할 것이요 모든 신보다 경외할 것임이여"라고 했다. 여기 "광대하시니"는 히브리어로 גָדוֹל—גָדוֹל(까돌, For great)인데 인간의 두뇌로 다 측량할 수 없는 넓고 큰 상태를 말한다. 천문학자로서 최대 권위자 「케플러」(Kepler)는 그의 '하모니'(調和, harmony)란 책에 말하기를 "창조주(創造主)여 당신의 창조를 통하여 나에게 기쁨을 주셨사오니 감사(感謝)합니다"라고 하였고, 「뉴톤」 역시 하늘을 바라볼 때 무릎을 꿇어 하나님께 경배했다고 한다. 우주는 실로 넓고 경이롭다. 그래도 하나님의 존재가 믿어지지 않으니 금수(짐승)와 같은 자 아닌가.

② 창조의 언약(창1:27-28)

사람은 하나님의 형상(인간의 신분)으로 지음을 받았기 때문에 사람이 예수님을 영접하고 믿으면 성령님이 내주하시고, 인도하시고, 역사하신다. 사람은 하나님의 축복(인간의 권세)을 받게 되면 땅에 충만하고, 땅을 정복하고, 다스릴 수 있다. 그러나 하나님을 떠난 인간은 땅과 만물을 다스릴 수 없고 종노릇하고 만물을 섬기는 우상숭배의 죄를 범할 수밖에 없다. 우상숭배는 하나님이 제일 싫어하시는 죄이다. 우상숭배하면 나만 망하는 것이 아니고 나와 내 자녀들, 그리고 후손까지 망한다. 여기에 관한 말씀은 출20:4-5에 잘 약속되어 있다. (너를 위하여 새긴 우상을 만들지 말고 또 위로 하늘에 있는 것이나 아래로 땅에 있는 것이나 땅 아래 물 속에 있는 것의 아무 형상이든지 만들지 말며, 그것들에게 절하지 말며 그것들을 섬기지 말라. 나 여호와 너의 하나님은 질투하는 하나님인즉 나를 미워하는 자의 죄를 갚되 아비로부터 아들에게로 삼사 대까지 이르게 하거니와 나를 사랑하고 내 계명을 지키는 자에게는 천대까지 은혜를 베푸느니라.)

2) 행위 언약

창2:16-17에 "여호와 하나님이 그 사람에게 명하여 가라사대 동산 각종 나무의 실과는 네가 임의로 먹되 선악을 알게 하는 나무의 실과는 먹지 말라. 네가 먹는 날에는 정녕 죽으리라 하시니라"라고 하나님은 인간에게 행위 언약을 주셨다.

① 행위 언약의 의미 — 하나님이 인간에게 주신 신분과 권세는 행위 언약을 통해서 구체적으로 체험되게 된다. 그러므로 하나님과의 약속을 지킬 때 만이 인간은 살았다고 하는 것이다.

② 인간이 하나님께 불순종 하므로(창3:1-6) "죄"의 통로가 되었다. "죄"는 인간에게 재앙이 내려 고통당하게 하고, 영적 문제로 정신적 문제와 육체적인 아픔, 질병으로 고통당하다가 결국 죽음을 가져다 주었고 결국 지옥으로 가게 했다. "죄"는 인간의 신분(하나님의 자녀)과 권세를 상실하게 했다. 그래서 인간의 신분에 변화가 일어났는데 요8:44에 보면 "너희 아비 마귀"라고 나와 있다. 즉 불신자는 마귀의 자녀라는 말이다. 결국 인간은 세상 풍속과 육체의 욕심을 좇아 살고

(엡2:2-3), 본질상 진노의 자녀가 된다(엡2:3). 그래서 불신자는 이 세상에서도 온갖 저주와 고통과 실패 가운데서 불행하게 살다가 결국 하나님이 예비해 놓으신 지옥에서 영원토록 고통을 당하게 된다.

3) 은혜 언약(창3:15)

① 바로 이 은혜 언약이 성취된 것을 「구원」이라고 한다. 그리고 이 은혜 언약의 성취는 「여자의 후손」(창 3:15)을 통해서 이루어지는 것이다.

② 하나님은 사7:14에 '여자의 후손'이 누구인가를 가르쳐주고 있다. 그리고 마1:23에는 「임마누엘」하신 하나님이 바로 「예수 그리스도」라는 사실을 알려주고 있다.

③ 이 은혜 언약이 어떻게 성취되어져 가는가? 오직 예수 그리스도를 통해 성취되었다.

④ 구원사역의 역사적 성취 과정을 살펴보자.
   a. 성부시대(구약시대)—구원에 대한 하나님의 계획과 예언이 선지자들을 통해 주어졌다.
   b. 성자시대(신약시대)—예수님이 이 땅에 오셔서 십자가 사건을 통하여 직접 성취하시고, 12제자들에게 이 사실을 심어주었다(행1:4-5, 요엘2:28).
   c. 성령시대(오늘날)—마28:20 예수님께서 성령으로 세상 끝 날까지 항상 함께 하셔서 역사하신다. 행1:8의 적용과 성취는 그의 제자들을 통해서 성취되어졌고, 오늘날 전도자들을 통해서 성취되어지고 있다.

4) 시대적인 언약

요2:1-11의 말씀대로 예수님이 주인되실 때만이 역사가 나타난다. 행3:1-6 말씀대로 모든 사건, 사고, 문제 속에서 하나님의 계획과 언약을 발견할 때 하나님의 능력이 나타난다. 이 앉은뱅이의 사건을 통하여 예루살렘 복음화의 역사가 일어났다. 그러므로 내 삶의 모든 현장, 사건, 사고, 문제 속에서 하나님의 계획, 하나님의 언약을 발견할 때 하나님의 능력과 구원의 축복을 누리게 된다. 사람이 아무리 좋은 계획을 세운다 하더라도 그 결과는 하나님께 달려 있다(잠16:1). 사람이 마음으로 자기 길을 계획할지라도 그 걸음을 인도하시는 분은 하나님이시다(잠16:9).

예수 능력을 누린다고 하는 것은 해답(언약)을 이미 붙잡고 어떤 환경에서든지 예수께서 모든 문제의 그리스도(해답)되심을 확인하고 체험하는 것이다. 믿기 때문에 "될 대로 되라!" 하는 것은 누리는 것이 아니라 "버티는 것"이다. 그러므로 내 삶의 사건, 사고, 문제에 대한 나의 생각이 바뀌어야 한다(롬12:2-3).

5) 언약의 흐름

창3:15의 언약은 오실 그리스도를 말한다. 구약에 나타난 그리스도의 모델은 양의 피, 방주, 유월절, 놋 뱀, 도피성, 성막, 혈통(장자)이다. 그래서 메시아가 가나안에 오는 것이 중요한 언약이다. 신약의 모델은 십자가이다. 그리스도께서 십자가에서 완벽한 성취를 이루신 것이 언약이다. 오늘날은 그리스도가 재림하는 것이 언약이다. 재림하실 때까지 "그리스도"의 이름을 사용하도록 되어 있다. 오직 "그리스도"의 이름을 사용할 때마다 "기도 응답"하시는 것이 하나님의 계획이며 약속이다. 창3:15 언약(여자의 후손)은 바로 그리스도다(갈3:16). 창3:15의 성취의 의미는 창1:27-28의 회복(하나님의 형상)이고, 창2:17의 해결(선악과를 따 먹는 날에는 반드시 죽게 된다)이고, 창3:1-6의 문제 즉, 하나님의 말씀인 행위 언약보다 사탄의 말을 더 믿고 범죄하게 되어 저주받게 되고 사탄의 노예가 되게 된 상태에서 해방받는 것이다. 이 사실을 발견했을 때 예수 그리스도를 믿고 영접하면(요1:12) 성령님이 내주하게 된다. 이 때 에덴동산의 축복들을 회복하게 되어 누리게 된다. 우리가 분명히 알 것은 이 축복은 영원토록 누릴 수 있는 것이다. 그리고 취소될 수 없는 축복의 언약이다. 이 모든 것이 오직 그리스도를 통해서만 가능하다(요14:6). 엡4:30에 "하나님의 성령을 근심하게 하지 말라 그 안에서 너희가 구속의 날까지 인치심을 받았느니라"고 했다. 구약시대에는 이 언약을 외적으로 받아들였기 때문에-결국 율법에 매이게 되었다(히8:13, 히7:19, 히7:22). 신약시대에는 이 언약을 "심비(深秘)"에 새겨 버렸다. 이것을 영접으로 볼 수 있다(요1:12). 그러므로 영접을 마음으로 하는 것이지, 머리에 하는 것이 아니라고 생각한다(롬10:9-10). "하나님의 거할 처소"를 인간에게 만들어 놓았는데 그곳이 바로 "마음"이다(잠4:23, 렘31:31-34, 히8:8-13). 그러므로 "영접"한 자는 "성령의 전"을 이루게 된다(고전3:16).

6) 언약의 성격

먼저 성경에 나타난 언약의 성격을 살펴보자.
① 사40:8 언약은 영원하다-그러므로 언약을 붙잡아라(히13:8).

② 엡2:7 후손들에게도 증거로 성취된다.
③ 마24:35 하나님의 언약은 우주의 생명 - 그러므로 언약을 붙잡아라.
④ 사22:22-23 하나님의 언약은 반드시 응답되고 성취된다(사 55:11).

그러므로 언약과 그리스도는 하나님의 모든 계획이며 하나님의 모든 목적이다. 그러므로 언약을 가졌다는 것은 하나님의 모든 계획이 내 안에, 하나님의 모든 목적이 내 안에 있다는 사실을 믿는 것이다. 그렇기 때문에 모든 인본주의, 수단, 방법을 뽑아버려야 한다. 인본주의는 쓰면 쓸수록 실패하게 되는 것이다. 왜냐하면 인본주의는 하나님을 믿는 것이 아니고 나를 믿는 것이다. 그래서 이 언약과 그리스도를 건성(虔誠)으로 받아들이게 되면, 인생 자체도 건성(虔誠)으로 끝나게 되고 만다.

4. 하나님은 언약의 하나님이시다

1) 하나님의 백성(People of God)

하나님의 백성이란 구약에서는 이스라엘 민족, 신약에서는 그리스도를 믿는 신자를 가리키고 있다.

① 구약에 있어서는 직접 「하나님의 백성」이라는 표현은 씌어져 있지 않은데, 대신에 「여호와의 백성」(the Lord's people)으로 표현되어 있다(민 11:29, 신 27:9, 삿 5:11). 이것은 주 하나님께 택함받은 백성으로서의 이스라엘을 가리키고 있다. 이 사상은 「내 백성」(출

3:10, 시 50:7), 「그 백성」(신 33:3), 「자기 백성」(시149:4), 「주의 백성」 (신 26:15) 등의 표현에 보이고, 이러한 것은 구약 전권에 번번이 나오고 있다.

② 신약에 있어서는 「하나님의 백성」(the people of God)이라는 표현이 씌어져 있는데, 구약의 이스라엘 백성을 가리켜서는 「내 백성」 (마 2:6), 「그 백성」(눅 1:68, 히 10:30) 등의 표현이 있다.[7] 그리스도인을 가리켜 「하나님의 백성」이라는 표현이 씌어져 있는 것은 신약의 특징이고, 그리스도교 신앙의 새로운 전개이다(히 11:25, 벧전 2:10, 계 21:3). 또 이러한 의미에서 그리스도인에 대하여 「내 백성」이라는 표현도 씌어져 있다 —(롬 9:25-26, 계 18:4).

5. 우리는 언약(言約)의 백성(百姓)이다

1) 하나님은 한 사람을 선택하시고, 그 가문과 민족에게 언약을 주셨다.

행3:25에 "너희는 선지자들의 자손이요 또 하나님이 너희 조상으로 더불어 세우신 언약의 자손이라 아브라함에게 이르시기를 땅 위의 모든 족속이 너의 씨를 인하여 복을 받으리라 하셨으니" 창17:9-10에 "하나님이 또 아브라함에게 이르시되 그런즉 너는 내 언약을 지키고 네 후손도 대대로 지키라. 너희 중 남자는 다 할례를 받으라. 이것이 나와 너희와 너희 후손 사이에 지킬 내 언약이니라." 그래서 아브

---

7) 디럭스 바이블—컴퓨터 프로그램

라함과 그 후손과 민족을 언약의 족속(백성)이라고 한다.

✽ 할례에 대한 특주(特註)

눅2:21 할례할 팔일이 되매 그 이름을 예수라 하니 곧 수태하기 전에 천사의 일컬은 바러라.

1935년 「담」(H. Dam)은 닭의 출혈을 방지하는데 유효한 음식물의 성분을 비타민(V. K.) 라고 이름을 지었다. 이 V. K.는 세균에 의해 인체의 소화관 내에서 합성된다고 알려졌으며 간에 의한 프로트롬빈(prothrombin)[8]의 합성에도 관여한다. 만일 V. K.가 결핍되면 프로트롬빈이 부족 되어 출혈이 계속된다. V. K.는 소화관 내에서 세균에 의해 합성되기 때문에 갓 태어난 아기는 특별히 V. K.와 프로트롬빈의 부족 증세로 고통을 받는다. 갓난아기는 세균에 오염될 기간이 없었기 때문에 면역이 없어 이런 현상이 생기는 것이다. 「스칸질로」(Nathan Scanzillo)는 V. K.와 프로트롬빈의 양(量)이 생후(生後) 8일경이 되면 최고에 달한다는 것을 보여주는 논문을 작성했다. 이 논문에서 그는 그 때에 할례를 행하면 가장 좋다는 사실을 지적했다. 프로트롬빈의 양은 생후 3일이 되면 30%에 달하고 8일째 되는 날 110%가 되었다가 그 후로는 100%를 유지한다. 따라서 출혈을 피하기 위해서는 8일째 되는 날이 할례하기에 가장 좋은 날이다.[9]

---

[8] 프로트롬빈(prothrombin) 〖화학〗 혈청 속에 들어 있는 단백질의 하나. 트롬빈으로 변하여 혈액을 응고시키며, 간에서 비타민 케이(K)의 작용으로 생성된다(성경과 과학).

[9] Dr. Jean Sloat Morton *SCIENCE IN THE BIBLE* 「성경과학백과」 번역판 양승훈 역. 서울: 나침반사 1984. p. 243-244

창21:4 그 아들 이삭이 난지 팔 일만에 그가 하나님의 명대로 할례를 행하였더라.

할례를 행하면 의학적으로도 몇 가지 좋은 점이 있다. 최근의 조사에 의하면 유대 여자들보다 다른 나라의 여자들이 자궁경부암의 발병률이 8.5%나 높았다. 이 사실을 주의 깊게 연구한 결과 치구균(恥垢菌, Microbacterium smudge)이 외부(外婦) 비뇨생식기(泌尿生殖器)의 요도관에 기생하는데 할례 받지 않은 남자들에게 증식하는 경향이 있다. 이 세균이 여자들에게 옮아가면 자궁경부암을 일으킨다.

성경에서 할례는 육체적(건강)인 의미뿐만 아니라 메시아 언약과 영적인 면에 큰 의미가 있다.

신10:16 그러므로 너희는 마음에 할례를 행하고 다시는 목을 곧게 하지 말라.
신30:6 네 하나님 여호와께서 네 마음과 네 자손의 마음에 할례를 베푸사 너로 마음을 다하며 성품을 다하여 네 하나님 여호와를 사랑하게 하사 너로 생명을 얻게 하실 것이며

2) 예수 그리스도를 영접하고 믿으면 어떻게 되는가?

누구든지 예수 그리스도를 영접하고 믿으면 하나님의 자녀가 되고(요1:12), 아브라함의 후손이 되는 것이다. 그래서 갈3:29에 "너희가 그리스도께 속한 자면 곧 아브라함의 자손이요 약속대로 유업을 이을 자니라"라고 했다. 다시 말하면 선택받은 육신적인 혈통으로만 구원받을 수 없고 반드시 예수 그리스도를 영접하고 믿어야 구원을 받게 된다. 즉 유대인(이스라엘)이라도 예수님을 영접하고 믿지 않으면

구원을 받을 수 없다. 바울 사도는 갈3:14에 "이는 그리스도 예수 안에서 아브라함의 복이 이방인에게 미치게 하고"라고 했다.

갈3:29에도 "너희가 그리스도께 속한 자면 곧 아브라함의 자손이요 약속대로 유업을 이을 자니라"라고 했다.

6. 성경은 하나님의 계시(啓示)이다

바울 사도는 딤후3:16에 말하기를 "모든 성경은 하나님의 감동으로 된 것으로 교훈과 책망과 바르게 함과 의로 교육하기에 유익하니" 라고 했다.

'성경은 하나님의 계시(啓示)다' 란 말을 일반적으로 말한다면, 하나님께서 자신을 나타내시거나 진리를 전달하실 때 다른 방법으로는 알려지지 못할 것을 그의 피조물들에게 보여주시는 행위인 것이다.[10] 성경은 인간을 향한 하나님의 뜻을 알 수 있게 기록한 계시의 책이다. 성경의 중심적인 주제(主題)는 예수 그리스도시다(요5:39, 딤전 3:16).[11]

「죠지 뮬러」(George Muller)는 이렇게 말했다. "우리의 영적 생활의 활력은 우리의 생활과 사상에 자리 잡은 성경의 비중에 달려 있다. 나는 이것을 54년간의 체험으로 담대히 말할 수 있다. 나는 처음 3년간은 하나님의 말씀을 무시했다. 그러나 말씀을 열심히 공부하기 시작한 후부터 축복은 놀라왔다. 나는 지금까지 성경을 100번을 통독

---

10) 「기독교인 생활 백과사전」 -정원문화사. 1984. 1. 25. p.703
11) 알란 스트링 펠로우 「책별 성경연구」 두란노서원. 2002. 5. 20. p. 1

했다. 그 때마다 성서가 항상 새 책인 것처럼 느껴졌고 기쁨을 더해 주었다.[12] 매일같이 계속해서 열심히 성경을 볼 때 나는 큰 축복을 받았다. 성경에 몰두하는 시간이 적을 때는 그 날을 잃어버리는 것 같았다."

「디 엘 무-디」(D. L. Moody)는 이렇게 말했다. "나는 믿음을 간구하며 언젠가는 믿음이 내려와서 나를 번개처럼 칠 것이라고 생각했다. 그러나 믿음은 오는 것 같지 않았다. 오늘 나는 로마서 10장 17절을 읽었다. '그러므로 믿음은 들음에서 나며 들음은 그리스도의 말씀으로 말미암았느니라.' 나는 성경을 덮고 믿음을 간구했다. 나는 또 성경을 펴서 읽었다. 그 후 나의 믿음은 점점 자랐다"[13]라고 했다. 그렇다면, 성도는 하나님의 말씀인 성경을 많이 읽고, 듣고, 묵상하고, 순종하고, 지키는 만큼 복을 받게 된다. 그래서 「성경은 복된 말씀이다」라고들 한다. 신28:1-2에 "네가 네 하나님 여호와의 말씀을 삼가 듣고 내가 오늘날 네게 명하는 그 모든 명령을 지켜 행하면 네 하나님 여호와께서 너를 세계 모든 민족 위에 뛰어나게 하실 것이라. 네가 네 하나님 여호와의 말씀을 순종하면 이 모든 복이 네게 임하며 네게 미치니 영원히 복 받기를 원하노라"라고 했다. 정말로 성경말씀대로 살면 복을 받게 되어 있다. 계1:3에도 "이 예언의 말씀을 읽는 자와 듣는 자들과 그 가운데 기록한 것을 지키는 자들이 복이 있나니 때가 가까움이라"라고 했고, 신5:29에도 "다만 그들이 항상 이 같은 마음을 품어 나를 경외하며 나의 모든 명령을 지켜서 그들과 그 자손이 영원히 복 받기를 원하노라"라고 했다.

---

12) Halley's 「BIBLE HANDBOOK (성서 핸드북)」-기독교문사 1980 5. 30. p. 4
13) Ibid.

7. 성경을 기록한 목적

성경을 기록한 목적은 바로 성경의 주된 목적을 말하는데 「하나님과 하나님의 아들 예수 그리스도를 아는 것이다」, '예수 그리스도를 올바르게 안다'는 것은 영생을 뜻한다.

요일5:20 또 아는 것은 하나님의 아들이 이르러 우리에게 지각을 주사 우리로 참된 자를 알게 하신 것과 또한 우리가 참된 자 곧 그의 아들 예수 그리스도 안에 있는 것이니 그는 참 하나님이시요 영생이시라.

하나님께서는 모든 사람이 하나님의 사랑과 용서를 받아들여 하나님과 인격적(人格的) 관계를 즐기기를 원하신다.[14] 예수 그리스도는 우리의 죄를 위해 자기 자신을 희생 제물로 드림으로 우리에게 영생을 주신 구주(救主)시다.

> 요20:31 "오직 이것을 기록함은 **너희**로 예수께서 하나님의 아들 그리스도이심을 믿게 하려 함이요 또 **너희**로 믿고 그 이름을 힘입어 생명을 얻게 하려 함이니라."

복음서 기자는 우리가 접하는 본문의 기록 의도를 우리에게 알려주고 있다. "너희로 예수께서 그리스도이심을 믿게 하려 함이요(31절). 또한 예수는 그리스도이시자 하나님의 아들이심을 너희로 믿게 하려 함이라"라고 했다. 그러므로 복음서를 기록한 자들의 의도는 본인에게나 다른 사람들에게 당면한 이익이 되는 어떠한 견해도 배제

---

14) 나침반「성경종합개관」나침반사 1991. 11. 1 p. 31

하고 오직 사람들을 그리스도와 천국으로 인도하고 그들을 믿도록 설득하기 위한 목적으로 복음서를 저술하였다. 그래서 복음서를 읽고 듣는 자들의 의무는 그리스도의 가르침을 믿고 영접하는 것이 신자들의 의무이다.[15] 우리가 믿어야 하는 위대한 복음의 진리는 「예수는 곧 그리스도시요 하나님의 아들이시다」라는 사실이다. 예수는 그리스도이시며 왕과 구세주로서 하나님의 기름부음을 받은 분이시다. 예수 그리스도는 하나님의 권능을 부여받고 하나님의 영광으로 칭함을 얻은 하나님의 아들이시다. 우리가 소망해야 할 위대한 복음의 축복은 그의 이름을 통하여 생명을 얻게 된다는 믿음인 것이다. 이것은 우리의 믿음의 방향을 지시해 준다. 우리는 그리스도를 통해서 얻은 생명이 우리의 기쁨을 충족시키는 것임을 인정해야 한다. 이것은 우리의 믿음을 격려해 준다. 인간은 어떤 커다란 이익이 기대될 때 모험을 감행하기도 한다. 그러나 생명의 말씀에 의해서 제공되는 이익보다 더 큰 이익이란 결코 있을 수 없다. 생명의 말씀은 영적인 생명과 영원한 생명 모두를 포함한다. 이 두 생명은 그리스도의 이름을 통해서 얻어지며, 모든 진실한 신자들은 결코 파기될 수 없는 이 두 생명을 확실히 얻게 된다.

8. 성경의 내용(주제)

주님은 요5:39에 "너희가 성경에서 영생을 얻는 줄 생각하고 성경을 상고하거니와 이 성경이 곧 내게 대하여 증거하는 것이로다"라고

---

15) 매튜헨리 「요한복음 주석」 – 디럭스 바이블 프로그램.

하셨다.

1) 신구약성경 66권은 그리스도의 관점(구속사적 관점)에서 기록되었다.

그리스도께서는 구약 성경을 언급하심으로서 구약에 호소하신다. "성경을 상고하거니와"[16] 이 구절은 다음 두 가지의 의미로 생각할 수 있다. 첫째로, "너희는 성경을 조사한다"라는 의미이다. 우리가 보기에는 조사하는 것은 현명한 처사이다. 그리스도께서는 실제로 저들이 성경을 잘 상고하고 있다는 점은 인정하고 계신다. 그러나 그 조사는 자신들의 영광을 위한 것이었다. 그렇기 때문에 이런 사람은 성경의 문자를 매우 학술적으로 부지런히 연구하면서도 성경의 능력과 힘에 대해서는 문외한이 되는 경우도 볼 수 있는 것이다. 둘째로, 그 구절은 성경을 조사해 보라는 의미라고도 볼 수 있다. 즉 예수께서는 성경에 호소하고자 할 때 성경을 찾아보는 것은 우리의 당연한 의무이다. 예수님은 우리에게 다음과 같이 말씀하고 계신다. 성경을 철저히 조사해 보아라. 이 구절과 저 구절을 비교해 보고, 저 구절에 의해 다른 구절을 설명해 보라. 이와 같이 우리는 성경을 밑바닥에서부터 또한 각 구절마다 조사해 보아야 할 뿐 아니라 그 구절들이 말하는 것처럼 보이는 내용이 아닌 진정 그 구절이 의미하는 내용을 보아야 한다. 우리는 항상 "내가 지금 무엇을 조사하고 있는가?" 되물어 보도록 해야 한다. 그러면서 금이나 은을 구하거나 진주를 구하러 광맥을 캐

---

16) "상고하거니와" $\dot{\epsilon}\rho\alpha\nu\nu\hat{\alpha}\tau\epsilon$ ←$\dot{\epsilon}\rho\epsilon\nu\nu\dot{\alpha}\omega$ Search, You search $\dot{\epsilon}\rho\epsilon\nu\nu\dot{\alpha}\omega$ '찾다', 즉(상징적으로) 조사하다', 살피다. 시험하다. to seek;

며 바다 속을 자맥질해 들어가듯 성경 속에 깊이 침잠하여야 할 것이다.

성경을 조사하는데 있어서 주목해야 할 두 가지 사실은 우리의 목표인 천국과 우리의 길인 그리스도에 대한 우리의 복음이다. "너희가 성경에서 영생을 얻는 줄 생각하고"라는 말씀과 같이 성경은 우리에게 우리 앞에 놓여 있는 영원한 상(賞)에 대하여 확신을 주며 그 상태 안에 있는 영원한 생명을 제공한다. 그러나 그리스도께서는 유대인들에게 "너희는 성경에서 영원한 생명을 얻는다는 것만 알고 있다"라고 지적하셨다. 유대인들이 단순히 성경을 읽고 연구함으로써 그 생명을 찾았다. 그러나 율법의 말씀을 지닌 자는 영원한 생명을 소유한다라는 말이 유대인들 사이에 일상으로 통용되었지만 실제로 그것은 그릇된 말이었다. 우리는 성경에서 이러한 영원한 생명으로 인도하는 새로운 길이요, 생명의 길인 그리스도를 찾아야 한다. 이 성경이 그리스도에 대하여 증거하는 위대하며 중요한 증거이다. 하나님께서 구약을 통하여 그리스도를 증거하셨다.[17] 유대인들은 구약이 메시아를 증언하고 있다는 사실을 매우 잘 알고 있었으며 그 길을 보이고 있던 구절들을 언급함에 있어서 비평적인 안목이 있었다. 그러나 그 구절들을 적용하는데 있어서는 부주의하였으며 한심할 정도로 무관심하였다. 그러므로 우리는 성경을 탐구해야 한다. 왜냐하면 성경이 그리스도를 증언하고 있기 때문이며 그를 아는 것이 곧 영원한 생명이기 때문이다. 그리스도는 성경이라는 밭에 감추어진 보화요, 성경이라는 깊은 샘 속에 있는 생명의 근원 샘물이다.

---

17) 매튜헨리 「요한복음 주석」 컴퓨터 프로그램

- **또 주님은 "모세가 율법서를 내게 대하여 기록했다"라고 말씀하신다.**

    요5:46에 "모세를 믿었다면 또 나를 믿었으리니 이는 그가 내게 대하여 기록하였음이라"라고 하셨다.

- **바울도 "그리스도는 율법(성경)의 마침이 되신다"라고 말했다.**

    롬10:4에 "그리스도는 모든 믿는 자에게 의를 이루기 위하여 율법의 마침이 되시니라"라고 했다.

성경은 십자가 사건을 중심으로 해서 이전을 구약성경이라고 하고, 이후를 신약성경이라고 한다. 구약성경은 옛 언약으로 오실 메시아를 예언한 기록이고, 신약성경은 오신 메시아 즉 그리스도의 탄생과 생애, 십자가 고난으로 우리를 구속하심과 3일 만에 하나님이신 증거로 부활하시고 40일 동안 계시다가 구름을 타고 승천하신데까지의 기록이다. 그 그리스도가 지금은 성령으로 교회를 다스리시고 성도와 함께 하시며 내주하고 계신다.[18] 그래서 구약시대는 오실 메시아를 바라보고 믿음으로 구원을 얻었고, 신약시대에는 오신 메시아와 다시 재림주로 오실 그리스도를 믿음으로 구원을 얻게 되는 것이다.

창3:15에 「여자의 후손」은 메시아 즉 그리스도를 말하고, 창6:13-22에 노아 시대 「방주」도 메시아 즉 그리스도를 말한다. 벧전3:20-21에 "그들은 전에 노아의 날 방주 예비할 동안 하나님이 오래 참고 기다리실 때에 순종치 아니하던 자들이라. 방주에서 물로 말미암아 구원을 얻은 자가 몇 명뿐이니 겨우 여덟 명이라. 물은 예수 그리스도의

---

18) Ibid.

부활하심으로 말미암아 이제 너희를 구원하는 표니 곧 세례라 육체의 더러운 것을 제하여 버림이 아니요 오직 선한 양심이 하나님을 향하여 찾아가는 것이라"라고 했다. 출12:22에「유월절 피」는 바로 메시아(그리스도)를 의미한다. 그래서 바울은 고전5:7에 "너희는 누룩 없는 자인데 새 덩어리가 되기 위하여 묵은 누룩을 내어버리라. 우리의 유월절 양 곧 그리스도께서 희생이 되셨느니라"라고 했다. 구약 출17:17에도「므리바」반석은 메시아(그리스도)를 의미한다고 바울은 고전10:4에 말한다(다 같은 신령한 음료를 마셨으니 이는 저희를 따르는 신령한 반석으로부터 마셨으매 그 반석은 곧 그리스도시라). 또 민21:8-9에 나오는「놋 뱀」도 메시아 즉 그리스도를 말한다. 그래서 주님은 요3:14-15에 "모세가 광야에서 뱀을 든 것같이 인자도 들려야 하리니 이는 저를 믿는 자마다 영생을 얻게 하려 하심이니라"라고 하셨다. 민35:9-15에 나오는 도피성도 역시 메시아 즉 그리스도를 의미한다. 그래서 주님은 말씀하시기를 마11:28에 보면 "수고하고 무거운 짐 진 자들아 다 내게로 오라 내가 너희를 쉬게 하리라"라고 하셨다.

그 외에도 많이 있지만 세분하여 소개한다면 다음과 같다.

- 사7:14   동정녀 탄생 = 그리스도
- 요1:14   성육신하신 하나님 = 그리스도
- 마1:21-23   임마누엘하시는 하나님 = 그리스도
- 마16:13-20   창3:15의 성취 = 그리스도
- 요19:30   완전한 완성(다 이루었다) = 그리스도
- 요14:16   길, 진리, 생명 = 그리스도
- 롬8:2   해방의 길 = 그리스도
- 요일3:8   사단 결박의 유일한 이름 = 그리스도

- 사53:5   모든 문제의 해결자 = 그리스도
- 고전15:3-4   성경대로 죽으시고 부활하신 이름 = 그리스도
- 요3:16   영생의 길 = 그리스도
- 롬10:13   유일한 믿음의 대상 = 그리스도
- 롬5:8   하나님 사랑의 증거 = 그리스도
- 마16:4   하나님이 주신 표적 = 그리스도
- 고전1:22-23   증거되어야 할 유일한 이름 = 그리스도
- 계3:20   초청자 되시는 이름 = 그리스도
- 롬10:9-10   구원에 이르는 유일한 이름 = 그리스도
- 요1:12   인간이 영접할 이름 = 그리스도
- 고전3:16   우리를 성전 삼으시는 이름 = 그리스도
- 살전5:10   함께 살게 하시는 이름 = 그리스도
- 행1:8   성령으로 역사하시는 이름 = 그리스도
- 마28:20   세상 끝날까지 함께 하시는 이름 = 그리스도
- 엡4:30   택하신 자를 인치시는 이름 = 그리스도
- 롬8:14-27   하나님의 자녀 삼으시는 이름 = 그리스도
- 막16:15-20   영권을 주시는 이름 = 그리스도
- 마24:14   재림의 시간표가 되시는 이름 = 그리스도
- 살전4:16-17   만왕의 왕으로 재림하실 이름 = 그리스도
- 계21:3-4   새 예루살렘의 문이 되시는 이름 = 그리스도
- 계22:20-21   반드시 재림하실 이름 = 그리스도

이 이상 더 많이 있지만 다 말할 수 없다. 따라서 성경은 그리스도에 대한 내용과 그리스도를 믿음으로 하나님의 자녀가 되게 하는 것에 관하여 기록하고 있다.

2) 신구약성경 66권은 예수가 그리스도임을 증거

이 사실은 눅24:25-27에 구체적으로 잘 말해주고 있다. "가라사대 미련하고 선지자들의 말한 모든 것을 마음에 더디 믿는 자들이여, 그리스도가 이런 고난을 받고 자기의 영광에 들어가야 할 것이 아니냐 하시고, 이에 모세와 및 모든 선지자의 글로 시작하여 모든 성경에 쓴 바 자기에 관한 것을 자세히 설명하시니라." 이 말씀은 부활하신 예수님이 「엠마오」로 내려가는 제자들에게 하신 말씀이다. 눅24:44 "또 이르시되 내가 너희와 함께 있을 때에 너희에게 말한바 곧 모세의 율법과 선지자의 글과 시편에 나를 가리켜 기록된 모든 것이 이루어져야 하리라 한 말이 이것이라 하시고"에 여기 모세의 글은 창세기, 출애굽기, 레위기, 민수기, 신명기이고, 모든 선지자의 글은 예언서와 역사서를 말한다. 그리고 시편은 욥기서, 시편, 잠언, 전도서, 아가서 등을 말한다. 결국 구약 전체가 "예수 그리스도 즉 오실 메시아"에 대한 예언(언약)이라는 사실을 말하고 있는 것이다.

모세 자신도 결국은 "오실 메시아(그리스도)"를 믿음으로 구원을 받는 것이다. 요5:46에 "모세를 믿었다면 또 나를 믿었으리니 이는 그가 내게 대하여 기록하였음이라"라고 했다. 그리고 아브라함도 "오실 메시아(그리스도)"를 믿음으로 구원을 받는 것이다. 요8:56에 말한다. "너희 조상 아브라함은 나의 때 볼 것을 즐거워하다가 보고 기뻐하였느니라." 로마로 호송된 바울 사도역시 유대인들을 청하여 일자를 정하고, 자신이 가지고 있는 소망, 이스라엘의 소망에 대해서 설명하면서 그 소망이 바로 "예수 그리스도"임을 증거하고 있다. 행28:23에 "저희가 일자를 정하고 그의 우거하는 집에 많이 오니 바울이 아침부터 저녁까지 강론하여 하나님 나라를 증거하고 모세의 율법과 선지자의 말을 가지고 예수의 일로 권하더라"라고 했다.

3) 신구약성경의 구성은 예수 그리스도의 3가지 중요한 직분을 말한다.

① 구약
a. 모세오경은 그리스도의 제사장직을 설명하고
b. 역사서는 그리스도의 왕직을 설명하고
c. 예언서는 그리스도의 선지자직을 설명하고
d. 시가서는 그리스도(메시아)를 믿음으로 구원받은 자가 하나님께 감사와 찬양과 영광을 돌리는 내용이 기록되어 있다.

② 신약
a. 복음서는 예수님이 「선지자, 제사장, 왕」이신 그리스도이시고
b. 역사서(사도행전)는 제자들이 예수가 그리스도이심을 증거하고, 그리스도의 영(성령)이 전도자와 함께 역사하신 사실에 대하여 기록하고 있다.
c. 서신서는 예수가 그리스도라는 구체적인 증거들을 제시하고 있다.
d. 계시록은 구원받은 성도들이 모든 환경 속에서 승리하며, 하나님의 은혜에 대하여 찬송과 감격으로 영광 돌리는 내용이 기록되어 있다.

4) 성경에 나타난 7시대와 메시지

① 족장시대(창세기)

물론 창세기에도 천지창조에 이어서 '구원이 무엇인가?, 저주가 왜 왔는가?, 전도와 선교는 왜 해야 하는가? 에 대한 내용들을 말하고 있다. 이 내용을 전달하는데 쓰임 받은 인물이 아브라함과 그의 아들인 이삭과 그의 후임인 야곱, 요셉이다.

② 애굽시대(400년 동안)
1년 된 수양(메시아를 상징)을 잡아먹고 문인방과 문설주에 양의 피를 바름으로 이스라엘 백성들은 애굽 사람에게 노예생활 하다가 구원받게 되었다. 여기에서 우리는 하나님께서는 그 백성이 하나님의 뜻을 깨닫고, 자신이 뜻을 정할 때까지 문을 여시지 않으신다 는 것을 알 수 있다.

③ 광야시대(40년 동안)
언약궤가 완성되는 날 언약궤를 메고 요단을 건너고, 광야를 지나 여리고 성을 정복했다. 몇 몇 사람이 하나님의 계획을 발견하고 뜻을 정했을 때 하나님은 언약대로 가나안의 문을 여셨다.

④ 사사시대
영적인 싸움을 계속한 것이다. 14명의 사사들은 무엇을 깨달았는가? 그 동안 약 400~500년 동안 가나안 땅에 들어와 있는 모든 우상을 제거할 시대임을 깨달은 사람들이다.

⑤ 왕정시대
하나님이 선지자, 제사장, 왕을 같이 세우셨다. 이 언약의 메시지는 참된 메시아(그리스도)를 기다리는 그림자이다.

⑥ 포로시대

　오실 메시아를 바라보라. 여기에 하나님의 계획을 알고 중대한 뜻을 세운 사람들은 성공했을 뿐만 아니라 하나님이 그 사람들을 통해 일하기 시작하셨다.

⑦ 로마시대

　구약성경에 약속하신 대로 그리스도께서 유대 땅 베들레헴에 태어나셨다. 그래서 세계 어느 곳에서나 성탄 축하는 세계적인 축제가 아닐 수 없다. 하나님은 이런 시대상을 제대로 깨달은 사람들을 통해서 세계복음화를 하기 시작하셨다.

5) 성경에 흐르는 맥(脈 pulse, pulsation.)

　그렇다면 성경에 흐르는 맥은 무엇인가?
　첫째, '멸망에 빠진 인간을 어떻게 구원할 것인가? 에 대한 내용이다.
　둘째, '죽을 수밖에 없는 인간의 원죄를 어떻게 해결할 것인가? 에
　　　　대한 내용이다.
　셋째, '저주받을 수밖에 없는 이유와 여기에서 어떻게 해야 빠져
　　　　나올 것인가? 에 대한 내용이다.
　넷째, '우리에게 어떻게 생명을 주셨는가? 에 대한 내용이다.
　창세기에서는 「씨」라는 단어가 48번이나 나온다.[19] 하나님은 선택하신 씨를 통해서 언약을 놓치지 않도록 하셨다. 그래서 창22:18에 또 네 씨로 말미암아 천하 만민이 복을 얻으리니 이는 네가 나의 말을 준

---

19) זֶרַע 제라 '씨'; 상징적으로 '열매', '식물', '파종기', '자손' :— 육체적으로 아이,
　　열매가 많은 파종

행하였음이니라"라고 하셨다.

9. 성경의 특징

1) 일반적인 특징

① 성경은 살아있고 운동력이 있는 말씀, 드러나게 하는 말씀이다. 히4:12-13에 "하나님의 말씀은 살았고 운동력이 있어 좌우에 날선 어떤 검보다도 예리하여 혼과 영과 및 관절과 골수를 찔러 쪼개기까지 하며 또 마음의 생각과 뜻을 감찰하나니, 지으신 것이 하나라도 그 앞에 나타나지 않음이 없고 오직 만물이 우리를 상관하시는 자의 눈앞에 벌거벗은 것같이 드러나느니라"라고 했다.

② 성경은 사람을 온전케 하는 말씀이다. 딤후3:16-17에 "모든 성경은 하나님의 감동으로 된 것으로 교훈과 책망과 바르게 함과 의로 교육하기에 유익하니 이는 하나님의 사람으로 온전케 하며 모든 선한 일을 행하기에 온전케 하려 함이니라"라고 했다.

③ 성경은 자유를 주는 말씀이다. 고후3:13-18에 "우리는 모세가 이스라엘 자손들로 장차 없어질 것의 결국을 주목치 못하게 하려고 수건을 그 얼굴에 쓴 것같이 아니하노라. 그러나 저희 마음이 완고하여 오늘까지라도 구약을 읽을 때에 그 수건이 오히려 벗어지지 아니하고 있으니 그 수건은 그리스도 안에서 없어질 것이라. 오늘까지 모세의 글을 읽을 때에 수건이 오히려 그 마음을 덮었도다. 그러나 언제든지 주께로 돌아가면 그 수건이 벗어지리라. 주는 영이시니 주의 영이 계신 곳에는 자유함이 있느니라. 우리가 다 수건을 벗은 얼굴로 거

울을 보는 것같이 주의 영광을 보매 저와 같은 형상으로 화하여 영광으로 영광에 이르니 곧 주의 영으로 말미암음이니라" 라고 했다. 하나님의 말씀은 우리에게 자유를 주시는 말씀이다.

　＊ 성경은 복음을 말한다. 복음은 바로 그리스도요 진리다. 그래서 주님이 말씀하시기를 요8:32에 "진리를 알지니 진리가 **너희를** 자유케 하리라"라고 하셨다. 그리고 주님이 우리에게 자유(自由)를 주셨다.

　갈5:1 그리스도께서 우리로 자유케 하려고 자유를 주셨으니 그러므로 굳세게 서서 다시는 종의 멍에를 메지 말라.

이런 말이 있다. 감옥과 직장을 비교해서 보니
감옥: 2.4×3m의 방에서 하루의 대부분을 보내지만,
직장: 1×2.4m 칸막이 안에서 하루의 대부분을 보낸다.
감옥: 하루 3끼를 꼬박꼬박 먹지만
직장: 아침, 저녁 굶기를 밥 먹듯이 한다.
감옥: 취미활동과 운동을 위한 시간이 충분하지만
직장: 취미고 운동이고 다 접어두고 야간근무만이라도 안하면 좋겠다.
감옥: 일을 안 해도 모든 시민의 세금으로 충당되지만
직장: 출퇴근 경비를 스스로 부담하고, 수감자를 위해 세금을 봉급에서 뗀다.
　그렇다고 감옥살이를 원하는 사람은 아무도 없다. 왜냐 하면 자유가 없기 때문이다. 우리가 '복음을 누린다' 는 것은 너무나 소중한데 대부분 신자들이 그 가치를 잘 모르고 있다.
　④ 주님은 영이요, 생명 되는 말씀이다(上同 고후 3:13-18).

⑤ 동일하게 역사하는 말씀이다. 히13:8에 "예수 그리스도는 어제나 오늘이나 영원토록 동일하시니라"라고 했다.

⑥ 성경은 완전하게 응답되는 말씀이다. 사34:16에 "너희는 여호와의 책을 자세히 읽어 보라. 이것들이 하나도 빠진 것이 없고 하나도 그 짝이 없는 것이 없으리니 이는 여호와의 입이 이를 명하셨고 그의 신이 이것들을 모으셨음이라"라고 했다.

⑦ 성경은 땅 끝까지 증거될 말씀이다. 마24:14 "이 천국 복음이 모든 민족에게 증거되기 위하여 온 세상에 전파되리니 그제야 끝이 오리라"라고 기록된 말씀을 보아서 하나님의 말씀은 땅 끝까지 증거될 말씀인 줄 알 수 있다.

2) 시대적인 특징

① 성경은 우리의 교훈을 위하여 기록된 말씀이다. 롬15:4에 "무엇이든지 전에 기록한 바는 우리의 교훈을 위하여 기록된 것이니 우리로 하여금 인내로 또는 성경의 안위로 소망을 가지게 함이니라"라고 말하고 있다.

② 성경은 말세를 만난 우리의 경계로 기록된 말씀이다. 고전10:11에 "저희에게 당한 이런 일이 거울이 되고 또한 말세를 만난 우리의 경계로 기록하였느니라"라고 했다.

③ 성경은 후세에 경건치 아니할 자들에게 본을 삼기 위해서 기록된 말씀이다. 벧후2:6에 "소돔과 고모라 성을 멸망하기로 정하여 재가 되게 하사 후세에 경건치 아니할 자들에게 본을 삼으셨으며"라고 했다.

④ 성경은 어느 시대든지 관계없이 모든 문제를 해결받는 유일한

길을 제시하는 하나님의 말씀이다.

요14:6에 "예수께서 가라사대 내가 곧 길이요 진리요 생명이니 나로 말미암지 않고는 아버지께로 올 자가 없느니라"라고 했고, 행4:12에는 "다른 이로서는 구원을 얻을 수 없나니 천하 인간에 구원을 얻을만한 다른 이름을 우리에게 주신 일이 없음이니라 하였더라"라고 했다.

3) 인쇄물로 본 특징

세계에서 가장 널리 퍼진 책은 당연히 성경이다. 성경은 303개 언어로 번역되었으며, 일부 내용은 1,581개 언어로 번역되었다. 이에 비해 레닌의 책은 222개 언어로 번역되었다. 1815년부터 1975년 사이에 약 25억 권의 성경이 인쇄되었으며, 그 중 15억 권은 성서공회에 의해 직접 취급되었다고 한다.[20]

다시 한번 말하지만 앞서 본 바와 같이 성경 66권 전체가 그리스도(메시아) 중심으로 기록되어 있다. 그러므로 성경을 읽을 때에는 그리스도 관점에서 해석하고 풀어 나가야 한다. 그리고 성경을 읽으면서 복음인 그리스도를 발견할 수 있어야 하고, 또 그리스도에 대하여 뭐라고 말하는지, 그리스도가 무슨 일을 하셨는지, 지금은 어디에 계시는지, 그리스도에 관하여 총체적으로 연구하고 익혀 나가야 할 것이다.

---

20) 폴임 「책 속의 책」 우리문학사 1995. 1. 20 p. 272

10. 어떻게 하면 성경을 잘 이해하고 알 수 있는가?

1) 하나님이 성경을 알게 해 주셔야 한다.

> 마16:17 예수께서 대답하여 가라사대 바요나 시몬아 네가 복이 있도다. 이를 네게 알게 한 이는 혈육이 아니요 하늘에 계신 내 아버지시니라.
> 요14:17 저는 진리의 영이라.
> 요14:26 보혜사 곧 아버지께서 내 이름으로 보내실 성령 그가 너희에게 모든 것을 가르치시고, 내가 너희에게 말한 모든 것을 생각나게 하시리라.
> 행16:14 두아디라성의 자주 장사로서 하나님을 공경하는 루디아라 하는 한 여자가 들었는데 주께서 그 마음을 열어 바울의 말을 청종하게 하신지라.
> 고전2:13 우리가 이것을 말하거니와 사람의 지혜의 가르친 말로 아니하고 오직 성령의 가르치신 것으로 하니 신령한 일은 신령한 것으로 분별하느니라.
> 엡3:5 이제 그의 거룩한 사도들과 선지들에게 성령으로 나타내신 것같이 다른 세대에서는 사람의 아들들에게 알게 하지 아니하셨으니
> 계2:7 귀 있는 자는 성령이 교회들에게 하시는 말씀을 들을지어다. 이기는 그에게는 내가 하나님의 낙원에 있는 생명나무의 과실을 주어 먹게 하리라. 〈이는 7교회에 공통적으로 하신 말씀이다.〉

엡1:17-18에 "우리 주 예수 그리스도의 하나님, 영광의 아버지께서 지혜와 계시의 정신을 너희에게 주사 하나님을 알게 하시고 너희 마음 눈을 밝히사 그의 부르심의 소망이 무엇이며 성도 안에서 그 기업의 영광의 풍성히 무엇이며"라고 했고, 요일2:20에 "너희는 거룩하신 이에게서 기름 부음을 받고 모든 것을 아느니라" 했고, 요일2:27에 "너희는 주께 받은 바 기름 부음이 너희 안에 거하나니 아무도 너희를 가르칠 필요가 없고 오직 그의 기름 부음이 모든 것을 너희에게 가

르치며 또 참되고 거짓이 없으니 너희를 가르치신 그대로 주 안에 거하라"라고 했다. 요일5:20에도 "또 아는 것은 하나님의 아들이 이르러 우리에게 지각을 주사 우리로 참된 자를 알게 하신 것과 또한 우리가 참된 자 곧 그의 아들 예수 그리스도 안에 있는 것이니 그는 참 하나님이시요 영생이시라"라고 했다.

2) 성경을 주야로 사모하고, 읽고 듣고 묵상해야 한다.

시1:1-2에 "복 있는 사람은 악인의 꾀를 좇지 아니하며 죄인의 길에 서지 아니하며 오만한 자의 자리에 앉지 아니하고, 오직 여호와의 율법을 즐거워하여 그 율법을 주야로 묵상하는 자로다"라고 했고, 시112:1에는 "할렐루야, 여호와를 경외하며 그 계명을 크게 즐거워하는 자는 복이 있도다"라고 했다. 그러므로 성경을 계속 사모하고 좋아하고 즐겨 읽고 묵상하면 복된 사람이다. 왜냐하면 하나님의 말씀은 복된 말씀이기 때문이다. 주님은 요15:7에 "너희가 내 안에 거하고 내 말이 너희 안에 거하면 무엇이든지 원하는 대로 구하라 그리하면 이루리라"라고 하셨다. 우리가 기도할 때도 응답의 조건은 말씀이 우리 마음에 담겨져 있어야 한다. 말씀이 묵상되지 않으면 응답이 와도 모르게 된다. 하나님은 언약의 말씀을 성취하시는 분이기 때문이다. 그래서 마5:18에 "진실로 너희에게 이르노니 천지가 없어지기 전에는 율법의 일점 일획이라도 반드시 없어지지 아니하고 다 이루리라"라고 주님이 말씀하셨다.

3) 성경 말씀을 자신의 마음에 받아야 한다.

시119:11에 "내가 주께 범죄치 아니하려 하여 주의 말씀을 내 마음에 두었나이다"라고 했다. 성경말씀은 실로 우리 인간에게 밝게 비춰주는 마음의 등불과 같다. 심령이 어두운 사람들은 말씀을 사모할수록 밝아질 것이다.

하나님의 말씀을 늘 가까이 하면서 살아가는 다윗의 모습이 표현되어 있다(11절). '주의 말씀을 마음에' 두었다는 것은 어떤 상황에도 그 말씀으로써 대처할 준비가 되어 있음을 뜻한다. 하나님의 말씀은 저장해 둘 가치가 있는 보물이다. 다만 그 보물은 각 사람의 마음 이외에 다른 장소에 두면 안전하게 간수할 수 없다. 만약 사람이 머릿속에 담아둔다 해도 곧 잊어버리게 된다. 반면 그 사람의 마음이 말씀의 틀 안에 거하며 영혼 깊이 감동을 받았다면 결코 잃어버리는 일 없이 보관할 수 있게 될 것이다.

4) 성경 말씀대로 행하여야 한다.

하나님은 자기 백성인 이스라엘을 가나안 땅에 들어가도록 예정하시고 약속하신 언약을 이루시기 위해 여호수아에게 이렇게 말씀하셨다. 수1:8에 "이 율법책을 네 입에서 떠나지 말게 하며 주야로 그것을 묵상하여 그 가운데 기록한 대로 다 지켜 행하라. 그리하면 네 길이 평탄하게 될 것이라. 네가 형통하리라"라고 했듯이 우리가 하나님의 말씀을 지켜 행하면 이보다 더 큰 축복은 없다. 그리고 우리 주님도 마7:24에 말씀하시기를 "그러므로 누구든지 나의 이 말을 듣고 행하는 자는 그 집을 반석 위에 지은 지혜로운 사람 같으리니"라고 하셨고, 눅11:28에도 "오히려 하나님의 말씀을 듣고 지키는 자가 복이 있느니라"라고 하셨다. 노아는 하나님의 시대적인 사명인 방주를 짓는 일을 맡았는데 하나님은 노아에게 은혜를 주시고(창6:8), 그리고는 노아는 창6:22에 "하나님이 자기에게 명하신 대로 다 준행하였더라"라고 했고, 아브라함도 자기 독자 이삭을 하나님께 드리니 하나님이 아브라함에게 엄청난 복을 주셨다. 창22:18에 "또 네 씨로 말미암아 천하 만민이 복을 얻으리니 이는 네가 나의 말을 준행하였음이니라 하셨다 하니라"라고 했고, 엘리야도 바알 선지자들과의 대결에서 왕상18:36에 "아브라함과 이삭과 이스라엘의 하나님 여호와여 주께서 이스라엘 중에서 하나님이 되심과 내가 주의 종이 됨과 내가 주의 말씀대로 이 모든 일을 행하는 것을 오늘날 알게 하옵소서"라고 간절히 기도했더니 그의 기도대로 하늘에서 하나님의 불이 내려왔다. 하나님의 말씀대로 준행했던 사람들은 하나님께 크게 쓰임을 받았다.

11. 성경은 하나님(성령님)의 영감으로 된 책이다

1) 성경 영감(靈感)의 성경적 증명

"모든 성경은 하나님의 감동으로 된 것으로……"(딤후3:16)라고 한 것처럼 모든 성경은 사람의 의지와 뜻을 전달하는 책이 아니고 하나님의 뜻과 섭리를 전달하는 책이다.

'하나님의 감동으로'(God-breathed)는 헬라어로 θεόπνευστος(데오프뉴스토스)인데, '신성(神性), 하나님, 매우'라는 뜻을 가진 θεός(데오스)와 '숨쉬다, (바람이) 불다'라는 뜻을 가진 πνέω (프네

오)의 합성어다.[21] 그래서 성경은 하나님의 말씀임에 분명하다.

2) 그래서 성경은 우리 신자의 표준(standard; 기준)이다.

성경 66권을 우리는 '정경'이라고 한다. 이 정경을 헬라어로 κανών(카논)이라고 하는데, 갈6:16에는 "규례"라고 번역했고, 고후 10:13에는 "한계(범위)"라고 번역했다. κανών(카논)의 원래의 의미는 '똑 바로 서도록 고정시킨 둥근 나무 막대기, 측량 막대기'를 말하는데, '자' 즉 믿음과 행함의 '표준'(標準 standard), 함축적으로 '경계'(境界), (행동의) '반경'(半徑), 선(線)이란 의미도 있다.[22] 그러므로 정경인 66권의 성경은 우리가 신자들이 신앙생활을 하는데 반드시 있어야 할 표준이요 기준이다. 아무리 역사가 일어나고 교회가 부흥해도 성경대로가 아니면 사탄의 역사로 볼 수 있고 결국은 지속하지 못하는 경우를 많이 본다. 이것은 교회 비대현상의 오류이다. 오늘날 마케팅(marketing) 전략으로 교회를 부흥하려는 양상이 얼마나 많은가?

12. 성경은 하나님의 언약을 기록한 책이기에 반드시 성취된다

먼저 성경에 나타난 근거를 살펴보자.
왕상8:56 여호와를 찬송할지로다 저가 무릇 허하신 대로 그 백성 이스라

---

21) Strong 「헬라어 사전」
22) 디럭스 바이블

엘에게 태평을 주셨으니 그 종 모세를 빙자하여 무릇 허하신 그 선한 말씀이 하나도 이루지 않음이 없도다.

롬4:21 약속하신 그것을 또한 능히 이루실 줄을 확신하였으니

1) 성경은 지금까지 약속하신 대로 이루어 졌고, 또 앞으로 이루어 질 것이다.

성경은 어김없이 성취되는 전능자의 말씀이다. 그래서 말씀대로 믿는 신앙이 가장 중요한 신앙이다.

솔로몬은 전도서에서 그의 훈계를 다 마친 후에 그 전체에 대한 결론을 내렸다. 그는 여기서도 마찬가지로 그의 긴 기도 후에 그렇게 하고 있다. 그는 자신이 이스라엘을 위해서 행한 그 큰일의 영광을 하나님께 돌린다. 말하자면 그는 이들 계약 증서들의 이면에 완전 영수(領收)하였음을 쓴 것이다. 그 선한 말씀이 하나도 이루지 않음이 없도다(왕상8:56).[23] 하나님의 말씀은 반드시 이루어진다. 왜냐하면 하나님은 전능하시기 때문이다. (창17:1 아브람의 구십 구세 때에 여호와께서 아브람에게 나타나서 그에게 이르시되 나는 전능한 하나님이라 너는 내 앞에서 행하여 완전하라.)

2) 바울의 성경변증

아브라함은 '하나님께서 약속하신 그것을 또한 능히 이루실 줄을 확신' 하였다(롬4:21). 즉 그는 '철저한 확신과 신뢰'를 가지고 인내했다. 이 말은 모든 돛을 다 달고 입항하는 배를 두고 사용하는 은유이

---

23) 매튜헨리 주석

다. 아브라함은 의심과 두려움의 폭풍우를 보았고 그 약속을 반대하여 일어나는 시험들을 당하였다. 그러나 아브라함은 하나님을 향해 사로 약속을 나침반으로 삼고 대담한 모험가처럼 바람과 구름에도 아랑곳하지 않고 오직 항해사의 지혜와 신실함만을 의지한 채 돛이란 돛을 다 달고서 용감하게 항구로 향하였다. 그는 의기양양한 승리자처럼 집으로 향하였다. 그의 전적인 확신은 '능히 이루실' 수 있는 하나님의 전능하심에 근거해 있었다.

우리의 동요는 주로 하나님의 능력에 대한 우리의 불신으로부터 일어난다. 우리는 하나님께서 신실하실 뿐만 아니라 또한 능히 이루실수 있는 분이라는 사실도 믿어야 한다. 그러므로 바울은 어떠한 믿음을 저에게 의로 여기셨느니라(롬4:22)[24]라고 했다. 주님께서도 "천지는 없어지려니와 내 말은 없어지지 아니하리라"라고 말씀하셨다. 지금도 하나님의 말씀은 성취되고 있다.

3) 하나님이 말씀하신 대로 이루신 약속들이 성경에 많이 기록되어 있다.

먼저 구약성경에서부터 그 근거를 살펴보자. 창18:19에 "내가 그로 그 자식과 권속에게 명하여 여호와의 도를 지켜 의와 공도를 행하게 하려고 그를 택하였나니 이는 나 여호와가 아브라함에게 대하여 말한 일을 이루려 함이니라"라고 했고, 시33:9에는 "저가 말씀하시매 이루었으며 명하시매 견고히 섰도다"라고 했으며, 삼상3:12에는 "내가 엘리의 집에 대하여 말한 것을 처음부터 끝까지 그 날에 그에게 다

---

24) Ibid

이루리라"라고 했고, 왕상2:4에 "여호와께서 내 일에 대하여 말씀하시기를 만일 네 자손이 그 길을 삼가 마음을 다하고 성품을 다하여 진실히 내 앞에서 행하면 이스라엘 왕위에 오를 사람이 네게서 끊어지지 아니하리라 하신 말씀을 확실히 이루게 하시리라"라고 했고, 왕상2:56에 "여호와를 찬송할지로다 저가 무릇 허하신 대로 그 백성 이스라엘에게 태평을 주셨으니 그 종 모세를 빙자하여 무릇 허하신 그 선한 말씀이 하나도 이루지 않음이 없도다"라고 했고, 왕하10:10에 "그런즉 너희는 알라. 곧 여호와께서 아합의 집에 대하여 하신 말씀은 하나도 땅에 떨어지지 아니하리라. 여호와께서 그 종 엘리야로 하신 말씀을 이제 이루셨도다 하니라"라고 했고, 왕하23:3에 "왕이 대위에 서서 여호와 앞에서 언약을 세우되 마음을 다하고 성품을 다하여 여호와를 순종하고 그 계명과 법도와 율례를 지켜 이 책에 기록된 이 언약의 말씀을 이루게 하리라 하매 백성이 다 그 언약을 좇기로 하니라"라고 했고, 사38:15에 "주께서 내게 말씀하시고 또 친히 이루셨사오니 내가 무슨 말씀을 하오리이까? 내 영혼의 고통을 인하여 내가 종신토록 행하리이다"라고 했고, 사55:11에 "내 입에서 나가는 말도 헛되이 내게로 돌아오지 아니하고 나의 뜻을 이루며 나의 명하여 보낸 일에 형통하리라"라고 했다. 사66:2 "나 여호와가 말하노라. 나의 손이 이 모든 것을 지어서 다 이루었느니라"라고 했고, 렘33:2에 "일을 행하는 여호와, 그것을 지어 성취하는 여호와, 그 이름을 여호와라 하는 자가 이같이 이르노라"라고 했고, 2:17에 "여호와께서 이미 정하신 일을 행하시고 옛날에 명하신 말씀을 다 이루셨음이여 긍휼히 여기지 아니하시고 훼파하사 원수로 너를 인하여 즐거워하게 하며 너의 대적의 뿔로 높이 들리게 하셨도다"라고 했다. 이상에서 본 바와 같이 하나님의 말씀은 반드시 이루어진다. 왜냐 하면 하나님은 전능자이시기 때문이고(창17:1), 절대자이시기 때문이다.

　신약성경에도 보면 마5:18에 "진실로 너희에게 이르노니 천지가 없어지기 전에는 율법의 일점일획이라도 반드시 없어지지 아니하고 다 이루리라"라고 했고, 마8:17에 "이는 선지자 이사야로 하신 말씀에 우리 연약한 것을 친히 담당하시고 병을 짊어지셨도다함을 이루려 하심이더라"라고 했고, 막13:30에 "내가 진실로 너희에게 말하노니 이 세대가 지나가기 전에 이 일이 다 이루리라"라고 했고, 눅1:20에 "보라 이 일의 되는 날까지 네가 벙어리가 되어 능히 말을 못하리니 이는 내 말을 네가 믿지 아니함이 어니와 때가 이르면 내 말이 이루리라 하더라"라고 했고, 눅1:45에 "믿은 여자에게 복이 있도다. 주께서 그에게 하신 말씀이 반드시 이루리라"라고 했고, 주님도 말씀하시기를 눅21:32 "내가 진실로 너희에게 말하노니 이 세대가 지나가기 전에 모든 일이 다 이루리라"라고 했다.

4) 어떻게 하면 말씀이 이루어지는가?

　① 오직 그리스도를 통하여(말미암아) 이루어진다. 히13:21에 보면 "모든 선한 일에 너희를 온전케 하사 자기 뜻을 행하게 하시고 그 앞에 즐거운 것을 예수 그리스도로 말미암아 우리 속에 이루시기를 원하노라 영광이 그에게 세세무궁토록 있을지어다. 아멘"이라고 나와 있다.

　② 언약잡고 기도-하나님의 방향(뜻)에 맞추어야 한다. 요15:7에 "……너희가 내 안에 거하고 내 말이 너희 안에 거하면 무엇이든지 원하는 대로 구하라. 그리하면 이루리라"라고 했다.

　말씀대로 성취된 증거들을 살펴보자. 히4:3에는 "이미 믿는 우리들은 저 안식에 들어가는 도다. 그 말씀하신 바와 같으니 내가 노하여 맹세한 바와 같이 저희가 내 안식에 들어오지 못하리라 하셨다 하였으나 세상을 창조할 때부터 그 일이 이루었느니라"고 했다.

5) 말씀이 성취되는 곳에 쓰임받은 자들의 시대적인 축복

① 아브라함이 하나님께 쓰임받은 사실을 알 수 있다. 창18:19에 "내가 그로 그 자식과 권속에게 명하여 여호와의 도를 지켜 의와 공도를 행하게 하려고 그를 택하였나니 이는 나 여호와가 아브라함에게 대하여 말한 일을 이루려 함이니라." 사라도 쓰임받았다. 창21:1에 "여호와께서 그 말씀대로 사라를 권고하셨고 여호와께서 그 말씀대로 사라에게 행하셨으므로"라고 했고, 히11:11에 "믿음으로 사라 자신도 나이 늙어 단산하였으나 잉태하는 힘을 얻었으니 이는 약속하신 이를 미쁘신 줄 앎이라"라고 했다.

② 모세가 하나님께 쓰임받았다. 출19:8에 "백성이 일제히 응답하여 가로되 여호와의 명하신 대로 우리가 다 행하리이다. 모세가 백성의 말로 여호와께 회보하매"라고 했다.

③ 한나도 하나님께 쓰임받았다. 삼상1:23에 "그 남편 엘가나가 그에게 이르되 그대의 소견에 선한 대로 하여 그를 젖떼기까지 기다리라 오직 여호와께서 그 말씀대로 이루시기를 원하노라"라고 나와 있다.

④ 사무엘도 하나님께 쓰임받았다. 삼상16:4에 "사무엘이 여호와의 말씀대로 행하여 베들레헴에 이르매 성읍 장로들이 떨며 그를 영접하여 가로되 평강을 위하여 오시나이까?"라고 나와 있는데, 이를 보면 장로들이 사무엘을 하나님과 같이 대했음을 알 수 있다.

대상11:3에 "이에 이스라엘 모든 장로가 헤브론에 이르러 왕에게 나아오니 다윗이 헤브론에서 여호와 앞에서 저희와 언약을 세우매 저희가 다윗에게 기름을 부어 이스라엘 왕을 삼으니 여호와께서 사무엘로 전하신 말씀대로 되었더라"라고 나와 있다.

⑤ 다윗도 하나님께 쓰임받았다. 대상11:10에 "다윗에게 있는 용사의 두목은 이러하니라. 이 사람들이 온 이스라엘로 더불어 다윗의 힘을 도와 나라를 얻게 하고 세워 왕을 삼았으니 이는 여호와께서 이스라엘에 대하여 이르신 말씀대로 함이었더라" 했고, 대상21:19에 "다윗이 이에 갓이 여호와의 이름으로 이른 말씀대로 올라가니라"라고 했다.

⑥ 솔로몬도 하나님께 쓰임받았다. 왕상5:12에 "여호와께서 그 말씀대로 솔로몬에게 지혜를 주신 고로 히람과 솔로몬이 친목하여 두 사람이 함께 약조를 맺었더라"라고 했다.

⑦ 유다 사람들도 하나님께 쓰임받았다. 대하 30:12에 "하나님이 또한 유다 사람들을 감동시켜 저희로 왕과 방백들이 여호와의 말씀대로 전한 명령을 일심으로 준행하게 하셨더라"라고 했다.

⑧ 엘리사도 하나님께 쓰임받았다. 왕상18:36에 "저녁 소제 드릴 때에 이르러 선지자 엘리야가 나아가서 말하되 아브라함과 이삭과 이스라엘의 하나님 여호와여 주께서 이스라엘 중에서 하나님이 되심과 내가 주의 종이 됨과 내가 주의 말씀대로 이 모든 일을 행하는 것을 오늘날 알게 하옵소서"라고 했다.

⑨ 마리아도 하나님께 쓰임받았다. 눅1:38에 "마리아가 가로되 주의 계집종이오니 말씀대로 내게 이루어지이다 하매 천사가 떠나가니라"라고 했다.

⑩ 사도 바울도 하나님께 쓰임 받았다. 골1:25에 "내가 교회 일군 된 것은 하나님이 너희를 위하여 내게 주신 경륜을 따라 하나님의 말씀을 이루려 함이니라"라고 나와 있다.

3장

구약성경에 나타난 메시아 언약(言約)들

1. 메시아 언약에 대한 정의

1) 메시아 예언이란?(Messiah Prophecies)

메시아 언약이란 예수 그리스도의 인격(人格, 神格), 일(使役)하심, 그 나라의 일을 말한 예언을 말한다. 구약성경 중에는 메시아(그리스도)의 출현을 예언한 것으로 볼 수 있는 곳이 많이 있다. 그 주요한 것은 다음과 같다.[1]

> 시2:2. "세상의 군왕들이 나서며 관원들이 서로 꾀하여 여호와와 그 기름 받은 자(משיחו)를 대적하며"
> 시18:50 "여호와께서 그 왕에게 큰 구원을 주시며 기름 부음 받은 자에 (למשיחו)에게 인자를 베푸심이여 영영토록 다윗과 그 후손에게로다."
> 시28:8 "여호와는 저희의 힘이시요 그 기름 부음 받은 자(משיחו)의 구원의 산성이시로다."

---

1) 김성호 「간추린 성서대사전」 성지사 1982년 1월 25일 p. 522

① 「메시아」는 히브리어로 מָשִׁיחַ(마쉬아흐 the Messiah)라 하는데, '기름부음을 받은', '성별된' 사람, 특히 「메시아」란 뜻이다.[2] 기름부음 받은 자(메시아, 이스라엘의 왕, 이스라엘의 대제사장)란 뜻이다.

מָשִׁיחַ(마쉬아흐)는 히브리어 동사 מָשַׁח(마솨흐)에서 온 말인데 מָשַׁח(마솨흐)는 기름으로 '문지르다', 즉 '기름을 바르다', 함축적으로 '성별하다'; 또한 '칠하다', 기름붓다, 바르다, 액체를 펴 바르다, 거룩하게 하다[3]라는 뜻이다.

מָשִׁיחַ(마쉬아흐)의 헬라어로는 Χριστός(크리스토스 the Christ; 그리스도)다. Χριστός(크리스토스)는 또 헬라어 동사 χρίω(크리오 khree'-o)에서 온 말인데 χρίω(크리오)는 "기름을 바르다, 또는 문지르다, 즉(함축적으로) 공직 또는 종교적 직무에 헌신하다' 〈행 4:27〉. το ανοιντς라는 뜻이 있다.[4]

Μεσσίας(멧시아스)는 히브리어 מָשִׁיחַ(마쉬아흐Messiah)의 헬라어 음역(音譯)인데, 그리스도의 이름이다. 신약성경에는 두 번 나오는데 그 첫 번째는 요1:41에 빌립이 자기 형제 시몬에게 찾아가 한 말이고("그가 먼저 자기의 형제 시몬을 찾아 말하되 우리가 메시아를 만났다하고 (메시아는 번역하면 그리스도라)" 또 두 번째는 요4:25에 수가성 여인이 한 말이다.("여자가 가로되 메시아 곧 그리스도라 하는 이가 오실 줄 내가 아노니 그가 오시면 모든 것을 우리에게 고하시리이다.")

② 메시아는 3가지 큰 의미가 있다.

---

2) 고영민 「성서원어대사전」 기독교 문화사 1973. 11. 15.
3) Ibid.
4) Ibid.

구약시대에 하나님께서는 선지자와 제사장과 왕의 직임이 너무 중요하기 때문에 기름을 부어 세우도록 하셨다.[5] 이는 곧 하나님이 세우셨음을 의미하는 것이다. 그리고 3가지 직임은 곧 메시아가 오셔서 행하실 일을 미리 보게 해준다.

- 선지자 : 하나님의 대변자로 인간이 하나님을 떠나 어려움을 당하니 하나님 만나는 길이 되신다(요14:6, 히10:20-21).
- 제사장 : 우리의 죄를 속하기 위해(요19:30, 롬5:8)
- 왕 : 하나님의 백성들의 공동체를 잘 다스리도록 하셨다. 인간이 마귀 사탄의 권세 아래서 영적으로 눌려(행10:38) 어려움을 당하고 있는데, 그 마귀의 권세를 깨뜨릴 권세를 주님이 가지신 것이다(마28:18). 그래서 우리 신자들도 마귀의 권세를 이길 수 있다 (요1:12, 막16:17, 눅10:20).

예수님께서 그리스도로 오셨고, 또한 '선지자, 제사장, 왕'의 직무를 다 하셨다. 그래서 성경의 주제는 바로 예수 그리스도이며(요5:39).성경이 말하는 이스라엘 역사나 윤리체계 같은 것은 단지 부수적인 내용이다. 성경의 근본적인 관심은 예수 그리스도를 통해 구원받기로 작정된 자(행13:48)들은 다 예수 그리스도를 믿고 구원받도록 기록된 것이란 점이다(요20:31). 그러므로 만일 우리가 구속사를 빼놓고 성경을 읽는다면 우리는 성경이 주는 메시지의 의미를 하나도 모른다는 말이 된다.[6]

구약성경 각 권에 나오는 메시아 언약들을 구약성경에서 살펴보면,
- 창세기에는 여자의 후손으로

---

5) 게라르드 반 그로닝겐 「구약의 메시아사상」 1999. 8. 31. p. 40-41
6) 원용국 「구약예언서」 생명의말씀사 2000. 1. 9. p.105

- 출애굽기에는 어린 양(피)으로
- 레위기에는 속죄의 제물로
- 민수기에는 쪼개진 바위로
- 신명기에는 선지자로
- 여호수아에는 여호와의 군대 장관으로
- 사사기에는 구조자로
- 룻기에는 하늘나라의 친척으로
- 사무엘에는 이상적인 왕 메시아로
- 열왕기, 역대기에는 약속의 왕으로
- 느헤미아에는 국가의 재건자로
- 에스더에는 옹호자로
- 욥기에는 구속자로 나와 있다.[7]

2. 창세기에 나타난 메시아 언약들

1) 하나님은 메시아 언약을 여자(처녀, 동정녀)의 후손으로 오실 것을 약속

창3:15 "내가 너로 여자와 원수가 되게 하고 너의 후손도 여자의 후손과 원수가 되게 하리니 여자의 후손은 네 머리를 상하게 할 것이요 너는 그의 발꿈치를 상하게 할 것이니라 하시고"

"그의"라고 한 것은 한 사람을 말한다. 히브리어로 תְּשׁוּפֶנּוּ(테쑤페

---

7) 빌리 그래함, 홍동근 역 「12시 3분전」 한명문화사 1969, p. 15-16.

누)인데, תְּשׁוּפֶנּוּ(테쑤페누)는 본동사 שׁוּף(슈프, 본래 의미는 '입을 크게 벌리다', 즉 '물어' 뜯다; 상징적으로 '압도하다' :— 깨뜨리다, 상하게 하다, 덮다, 타박상을 입히다, 으깨다, 무너지다, 부수다)이다. תְּשׁוּפֶנּוּ(테쑤페누)는 3인칭 남성(男性) 단수(單數)로 "그의"란 말은 한 사람을 의미한다. 즉 남자 없이 여자에게 태어난 한 사람을 말한다. 바로 처녀 마리아의 몸에서 태어나실 메시아(그리스도)를 말함이 분명하다. 그리고 창3:20에는 그는 "모든 산 자의 어미"라고 했는데, 아담 안에서 민족을 통일한 것은 그리스도가 구속하는 바탕이 되었다. 한 사람의 죄는 죽음을 초래했지만 한 사람의 죽음은 구속을 이루게 되었다(롬5:12-19).

창3:15 외에도 사7:14을 보면 "그러므로 주께서 친히 징조로 너희에게 주실 것이라 보라 처녀가 잉태하여 아들을 낳을 것이요 그 이름을 임마누엘이라 하리라"라고 했고, 렘 31:22에 "패역한 딸아 네가 어느 때까지 방황하겠느냐. 여호와가 새 일을 세상에 창조하였나니 곧 여자가 남자를 안으리라"라고 했으며, 미5:3에는 "그러므로 임신한 여인이 해산하기까지 그들을 붙여 두시겠고 그 후에는 그 형제 남은 자가 이스라엘 자손에게로 돌아오리니"라고 했다.

창3:15은 최초의 메시아에 관한 언약이다. 이 말씀의 내용을 살펴보면, 이것이 바로 "옛 뱀 사탄"(계12:9)에 대한 최후 통첩이라는 것을 알 수 있다. 하나님과 그의 피조물과의 교제는 아담의 불순종(불신앙)으로 깨어져 버렸다. 이와 같이 죄로 인하여 교제가 깨어졌기에, 하나님께서는 아담과 하와를 심문하셨다. 하나님께서 아담에게 "왜 선악과를 따 먹었느냐?"(창3:11)라고 물으시니 아담은 하와에게 "책임을 돌려버렸다"(창3:12). 하나님께서는 즉시 뱀에게 돌아서서 질문대신 "네가 하였으니"(창3:14)라고 꾸짖으셨다. 그리고 심판을 하셨는데, 이것이 바로 사탄에 대한 최후 통첩이었다(창3:15). 이 일이 그리스도께서 이 땅에 오셔서 십자가에 달려 죽으시므로 성취가 된 것이다. 그 증거로 바울은 갈4:4-5에 말한다. "때가 차매 하나님이 그 아들을 보내사 여자에게서 나게 하시고 율법 아래 나게 하신 것은 율법 아래 있는 자들을 속량하시고 우리로 아들의 명분을 얻게 하려 하심이라."[8] 하나님께서는 먼저 죄의 원인을 책하셨고, 그 다음으로 타락한 인간을 구원하셨다(창3:14-21). 이 사실은 예수 그리스도께서 십자가에 죽으시고, 장사된 지 사흘 만에 다시 부활하심으로 증명되었다.

2) 메시아 언약 사실대로 여자의 후손으로 오신 예수 그리스도

마1:23에 "보라 처녀가 잉태하여 아들을 낳을 것이요 그 이름은 임마누엘이라 하리라 하셨으니 이를 번역한 즉 하나님이 우리와 함께 계시다 함이라"라고 한대로 마1:18에 "예수 그리스도의 나심은 이러하니라. 그 모친 마리아가 요셉과 정혼하고 동거하기 전에 성령으로 잉태된 것이 나타났더니"라고 했고, 마1:20에도 "이 일을 생각할 때에 주의 사자가 현몽하여 가로되 다윗의 자손 요셉아 네 아내 마리아 데려오기를 무서워 말라. 저에게 잉태된 자는 성령으로 된 것이라"라고 한 말씀을 보면 메시아는 언약대로 이 땅에 오셨다는 사실을 분명하게 알 수 있다.

그리스도의 성육신의 신비는 꼬치꼬치 캐물어 알 수 있는 것이 아니라 경외할 수밖에 없는 것이다. 우리가 사람들을 지으시는 '성령의

---

[8] 나침반 「종합성경연구」 p. 51

방법을 알지 못하며 아이 밴 자의 태에서 뼈가 어떻게 자라는 것'(전 11:5)[9]도 알지 못할진대 하물며 영광스러우신 예수께서 어떻게 은총을 입은 처녀의 태속에서 형성되셨는가를 알 수 있겠는가! 우리 주의 모친 마리아는 요셉과 정혼하였는데, 이것은 완전히 결혼을 한 것이 아니라 약혼만 한 상태이다.

우리는 이 같은 경우를 신명기 20:7에서 보게 되는데, 거기에 여자와 약혼하고 아내를 취하지 않은 자에 대한 언급이 나온다. 그리스도는 처녀에게서, 다만 약혼한 처녀에게서 나셨다. 마리아와 요셉의 정혼 사실은 먼저 결혼을 존중히 여기고 무엇보다도 귀중한 것으로 여겨야 할 것을 보여 준다. 누가 정혼한 마리아보다 더 귀한 은혜를 받았겠는가?

요셉은 처녀 마리아의 명예를 지켜주었는데 그렇지 않았으면 그녀는 수치를 당하였을 것이다. 사실 그녀의 임신은 결혼에 의해서 마땅히 보호되어야 하고 또 그렇게 함으로써 세상 사람들이 보기에도 정당한 것이 되어야 했다.

마리아가 요셉과 동거하기 전에 성령으로 잉태된 것은 성령으로 잉태된 것이었다. 참으로 우리는 이 잉태의 사실이 이 처녀에게 얼마나 큰 당혹감을 불러 일으켰을 것인가를 충분히 짐작할 수 있다. 물론 그녀 자신은 이 임신이 하나님께로부터 나온 것임을 알았다. 그러나 어떻게 그 사실을 증명할 수 있겠는가? 잉태한 사실이 알려지게 되면 그녀는 창녀 취급을 받게 될 것이다. 그러나 하와의 딸들 중 마리아만큼 그렇게 고결한 성품을 가진 여인은 없었다. 그럼에도 불구하고 이

---

9) 전11:5 바람의 길이 어떠함과 아이 밴 자의 태에서 뼈가 어떻게 자라는 것을 네가 알지 못함 같이 만사를 성취하시는 하나님의 일을 네가 알지 못하느니라.

제 그녀는 가장 사악한 죄악의 누명을 뒤집어쓰게 될 곤경에 빠졌다. 그러나 우리는 그녀가 그 사실 때문에 괴로워하는 모습을 보지 못한다. 오히려 그녀는 자신의 결백을 알고 있기 때문에 걱정하지 않고 마음의 평온을 유지한 채 자신의 변호를 의롭게 판단하시는 하나님께 맡겼다.

요셉도 당혹은 마찬가지다. 요셉은 그렇게 착한 여인이 그런 엄청난 일을 범했으리라고는 전혀 생각지 않았다. 그러나 그 죄악이 도저히 용서받을 수 없을 만큼 사악하듯이 또한 그 사실도 도저히 부인할 수 없을 만큼 명백하였다. 요셉은 극단적인 해결을 피하려고 하였다. 그는 그녀의 일을 여러 사람들 앞에 드러내려고 하지 않았다. 그는 문제를 신명기 22:23-24의 법대로 처리할 수도 있었다. 요셉이 여기에서 보여 준 정신은 그와 비슷한 경우에 성급하게 '그녀를 끌어내어 불사르라' (창 38:24)는 가혹한 선고를 내린 유다의 정신과는 얼마나 판이하게 다른가! 요셉이 이 일에서 행한 것처럼 그렇게 일들을 신중하게 생각하는 태도는 얼마나 훌륭한가! 우리가 남을 비난하고 판단하는 일에 있어서 좀 더 신중을 기한다면 그런 일들에 좀 더 자비와 절제를 보이게 될 것이다. 물론 엄격한 기질을 가진 사람들은 요셉의 그런 관대한 처사를 비난할 것이다. 그러나 여기에는 오히려 그를 칭찬하는 말이 나온다. 즉, '그는 의로운 사람' 이어서 그녀를 드러내려 하지 않았다는 것이다. 그는 경건하고 착한 사람이었다. 그래서 그는 하나님이 그러하시듯이 자비를 베풀려고 하였고 용서받은 자답게 용서하려고 하였다. 우리들도 죄를 범했다는 의심을 받는 사람들에 대해서 관대해야 한다. 우리의 법의 준엄함을 조절하는 양심적인 법정을 공평한 법정이라고 부른다. 잘못이 드러난 사람들일지라도 어쩌면 잠깐의 실수로써 죄를 범했을 수가 있다. 그러므로 우리는 그런 사람들을 온유한 마음으로 대함으로써 그들이 정상적으로 회복되도록 해야 할 것이다. 이러한 극단적인 결과를 피하기 위해서 그는 한 가지 방법을 궁리해 냈다. 그는 '저를 드러내지 않고 가만히 끊고자' 하였다. 즉 두 사람의 증인 앞에서 그녀에게 이혼 증서를 써 줌으로써 그 문제를 조용히 끝맺으려고 하였다. 죄를 범한 사람들에 대해 부득이하게 행하여야 할 책망들은 소리 없이 치루어져야 한다. 그리스도적인 사랑과 사려 깊음은 허다한 죄를 가리울 것이며 아무리 큰 죄일지라도 계속해서 그 죄를 짓지 않는 한 덮어 줄 것이다. 요셉이 주의 천사로부터 설명을 들음으로써 이 곤경을 면한다(마1:20-21).

그가 이 일을 생각하며 어떻게 해야 할지를 알지 못할 때 하나님은 은혜를 베푸셔서 그에게 해야 할 바를 가르쳐 주시고 그의 마음을 평안케 하셨다. 하나님께서 인도하시는 사람은 경솔한 자가 아니라 생각이 깊은 자이다. 그가 곤경에 처해 어찌할 바를 모르면서 할 수 있는 데까지 스스로 그 문제를 깊이 생각하였을 때 하나님께서 오셔서 그에게 조언을 해 주셨다. 그의 백성들이 곤경에 처해서 어찌할 줄을 모를 때, 바로 그때가 하나님께서 그들을 가르치시기 위하여 오시는 때이다. 그 메시지는 주의 천사에 의해 요셉에게 전해졌다. 그의 백성을 곤경으로부터 구출해 내심에 있어서 하나님께서 어느 정도까지 보이지 않는 방법으로 천사들의 사역을 사용하시는지에 대해서 우리는 말할 수 없다. 그러나 우리가 확실히 말할 수 있는 한 가지 사실은 이것이다. 즉 천사들은 모두 하나님의 백성들의 선을 위하여 봉사하는 영들이라는 것이다. 이 천사는 요셉이 잠들었을 때 꿈속에서 그에게 나타났다. 우리의 마음이 평온하고 차분히 가라앉았을 그때가 하나님의 뜻을 알리는 통지를 가장 잘 받아들일 수 있는 때이다. 요셉은 여기에서 그의 약혼을 성사시키라는 지시를 받는다. 이 비천한 목수에게는 그의 고귀한 혈통을 생각나게 하는 것이 필요하였다. 즉 "요셉아 네 자신을 생각해 보라. 너는 바로 메시야가 나오게 되어 있는 다윗의 자손이다." 따라서 우리는 진실한 모든 신자들에게 이렇게 말할 수 있다. "두려워 말라 당신은 아브라함의 후손이며 하나님의 자녀이다. 당신은 당신의 고귀한 혈통을 즉 새로운 혈통을 잊지 말라." 그 다음에 요셉은 '네 아내 마리아 데려오기를 무서워 말라'는 천사의 말을 듣게 된다(마1:20). 요셉은 천사로부터 자신의 정혼한 아내가 거룩하게 임신하게 된 사실에 관하여 알게 된다. 그녀의 임신은 하나님으로부터 나온 것이다. 이 점에 관해서 그는 다음의 두 가지 사실을 듣는다. 첫째로 그녀가 잉태한 것은 자연적인 섭리에 의해서가 아니라 성령의 능력으로 말미암아 이루어졌다는 사실이다. 세상을 지으신 성령께서 이제는 세상의 구주를 잉태케 하셨으며, '보라 내가 임하노라' 고 구주께서 말씀하실 때에 그에게 약속된대로 '그를 위하여 한 몸을 예비하셨다' (히 10:5). 그는 본래 하나님의 아들이셨으나 모친의 본질을 함께 나눔으로써 '그녀의 태의 열매' 라고 불리셨다(눅 1:42). 알렉산더의 모친처럼 공연히 신적 능력에 의해 아이를 잉태한 듯이 꾸미는 여인들에 대한 이야기들이 우리에게 전해진다. 그러나 우리 주의 모친 외에는 결코 아무도 그러한 잉태를 하지 못했다. 우리는 처녀 마리아가 스스로 자기에게 내려진 명예를 선포하는 것을 보지 못한다. 오히려 그녀는 그 사실을 심중에 숨겼으나 하나님께서 천사를 보내어 그 사실을 증거하셨던 것이다. 두 번째는 그녀가 세상의 구주를 낳으리라는 사실이었다(21절). 이 사실은 그 아들에게 붙여질 이름에서 드러난다. "너는 그의 이름을 예수, 즉 구주라고 부르리라." 예수란 요수아와 같은 이름으로서 헬라어에 맞추기 위해 단지 어미가 변화된 것이다. 70인역(Lxx)에서 여호수아는 예수라고 불린다(행

7:45, 히 4:8).[10] 그리스도는 우리의 요수아로서 우리 구원의 대장이시며 우리 신앙 고백의 대제사장이시다. 즉 두 가지 이름 모두에서 그는 모세를 대신하여 '율법이 연약하여 할 수 없는 그것을 친히 우리를 위해 주시는' 구주이시다. 요수아는 호세아라고 불렸으나 모세가 여호와의 첫 음절을 따라 붙임으로써 '여호수아'(민 13:16)라고 이름을 고쳤다. 그런데 이 이름은, 그 이름을 가지는 자 곧 메시아는 여호와이시라는 사실을 암시한다. 그러므로 그는 자기 백성을 끝까지 구원하실 수 있으며 오직 그에게만이 구원이 있다. 또한 그가 구주시라는 사실은 그 이름을 부르게 되는 이유에서 암시된다. 이는 그가 자기 백성을 저희 죄에서 구원할 자이심이라. 그리스도께서는 자기 백성을 저희 죄에서 구원하시되 그의 죽으심의 공로로 말미암아 죄책으로부터 구원하시며 그의 은혜의 성령으로 말미암아 죄의 지배로부터 구원하신다. 그들을 죄로부터 구원하심에 있어서 그리스도는 그들을 진노와 저주로부터 그리고 이 세상과 저 세상의 모든 불행으로부터 구원하신다. 그러므로 자기 죄에서 떠나 그의 백성으로서 자신을 그리스도께 맡기는 자들은 구주께서 이루신 위대한 구원에 관심을 갖게 된다(롬 11:26). 하나님께서 보여 주신 징조는 메시아가 처녀의 몸에서 태어나리라는 것이다. 즉 '처녀가 잉태할 것이요', 그녀에 의해서 그가 '육신으로' 나타나실 것이라는 사실이다. 이 징조에 의해 입증된 진리는 그리스도는 하나님의 아들이시며 하나님과 사람 사이의 중보자라는 사실이다. 왜냐하면 '사람들이 그의 이름을 임마누엘이

---

10) 수1:1 여호와의 종 모세가 죽은 후에 여호와께서 모세의 시종 눈의 아들 여호수아에게 일러 가라사대 히브리어로는 יְהוֹשֻׁעַ(예호슈아) 혹은 יְהוֹשׁוּעַ(예호슈아)라고 하고, Lxx에는 τω ιησου 신약 성경 헬라어로는 행7:45에 「여호수아」를 Ιησοῦς(이에수스)라고 했다.

라 부를' 것이기 때문이다(23절). 그리고 요셉은 그에게 지시된 분부대로 '아이의 이름을 예수라 하였다.'[11] 그러므로 처녀의 몸에서 태어나지 않는 자는 메시아가 될 수 없다.

3) 바울도 구약에 나타난 메시아 언약이 여자의 후손으로 오신 그리스도이심을 확신

갈4:4에 "때가 차매 하나님이 그 아들을 보내사 여자에게서 나게 하시고 율법 아래 나게 하신 것은 율법 아래 있는 자들을 속량하시고 우리로 아들의 명분을 얻게 하려 하심이라"라고 했다.

＊마귀에 대한 선고와 은혜 언약의 수립(창3:14-15)
하나님은 즉시로 뱀에게 형을 선고하셨는데 그 이유는 그가 이미 하나님을 반역한 죄로 유죄 판결을 받았기 때문이다. 뱀이 시험하는 자에게 내려진 판결을 받은 것은 뜻 밖의 일이라고 생각할 수 있다. 그러나 마귀의 도구 노릇을 한 자들은 마땅히 마귀가 받는 형벌을 나누어 받아야 한다. 여기서 우리는 다음 두 가지 점을 볼 수 있다. 뱀은 여기서 하나님의 저주를 받는다. 네가 모든 육축보다 더욱 저주를 받아(14절) 성화되지 못한 교활함은 종종 사람에게 커다란 저주가 된다. 교활한 사람들이 악을 행할수록 더욱 더 큰 해악을 끼치게 된다. 뱀은 여기서 사람들로부터 치욕과 적대감을 받게 된다. 그는 앞으로 영원히 혐오스럽고 비열한 동물로 취급받게 되었다. 그가 저지른 죄는 하와를 유혹하여 그녀가 먹지 말아야 할 것을 먹게 한 죄였다. 그

---

11) 매튜헨리 「마태복음 주석」

가 받은 형벌은 그가 결코 먹고 싶지 않은 것을 어쩔 수 없이 먹어야 하는 것이었다. 네가 흙을 먹을지니라. 그는 독을 지닌 유해한 동물로서 마땅히 미워하고 싫어할 대상으로 영원히 간주되게 되었다. 뱀은 사람에게 해로운 동물로서 종종 사람의 발꿈치를 상하게 하는데 그 이유는 더 높은 곳은 물 수 없기 때문이다. 그가 발꿈치를 물어 뜯었다는 말씀을 기억하자. 그러나 사람은 뱀을 이기어 그의 머리를 상하게 하는데, 이 말은 즉 모든 독사들을 멸망시킬 목적으로 그에게 치명적인 상처를 입힌다는 것을 뜻한다. 뱀에게 선고된 이 판결은 하나님께서 그의 백성들에게 '네가 사자와 독사를 발로 누르리로다' (시 91:13)고 말씀하신 약속과 그리스도께서 그의 제자들에게 '너희가 뱀을 집으리라' (막 16:18)고 말씀하신 약속에 의해 더욱 강화되었다. 바로 조금 전까지만 해도 뱀과 여자는 아주 친밀했었고 금지된 열매에 관해서도 다정스럽게 얘기했으며 그들 사이에는 놀라운 합의가 있었다. 그러나 지금에 와서는 사이가 틀어졌다. 죄악된 우정은 이내 극단적인 불화로 끝나게 마련이다. 악으로 연합한 사람들은 그 관계를 오래 지속하지 못할 것이다. 이 선고는 마귀에게 내려진 것으로 간주될 수 있다. 그가 뱀을 자기의 도구로 사용하기는 했지만 사실상 그 자신이 장본인이었다.[12]

여기서 영속적인 비난이 하나님과 사람을 대적하는 큰 원수에게 씌워졌다. 뱀의 탈을 쓰고 숨어 있는 여기서 그는 하나님에게서 저주를 받고 타락하리라는 선고를 받았다. '너 아침의 아들 계명성이여 어찌 그리 하늘에서 떨어졌는고' (사14:12). 하나님 위에 올라서려 하고 그를 대항하여 반역의 머리를 들려고 했던 자가 여기서 공정하게

---

12) 매튜헨리 주석 「디럭스 바이블」 컴퓨터 프로그램

모욕을 받는다. 하나님은 스스로 겸손하려고 하지 않는 자들을 겸손하게 만드실 것이다. 그는 모든 인류에게 미움과 혐오를 받을 것이라고 선고받는다. 그는 여기서 전쟁 상태와 화해할 수 없는 적대의 상태에 떨어지도록 운명지워졌다. 마침내 그는 위대한 구속자에 의해 파멸하고 말 것이라고 선고받는다. 그의 머리를 상하게 할 것이라는 말이 이 사실을 의미한다. 그의 간교한 계략은 좌절될 것이고 그의 빼앗긴 권세는 완전히 분쇄될 것이다.[13] 여기서 사람들 가운데 발생하는 하나님의 나라와 마귀의 나라 사이의 영속적인 투쟁이 시작되었다. 다음의 두 가지 사실은 이러한 반복의 결과이다.

하나님 백성들의 마음 속에는 은혜와 타락 사이의 끊임없는 갈등이 있다. 또한 이 세상에는 악한 자와 경건한 자 사이의 계속적인 투쟁이 있다. 주님이 "원수가 네 집 식구니라"라고 말씀하셨다. 이 말은 네 집 안에 원수가 있다는 말씀이 되겠다 (마7:6, 10:36).

여기서 사단의 권세로부터 타락한 인류를 구출해 내는 자이신 그리스도에 대한 은혜로운 약속이 세워졌다. 이 약속은 우리의 첫 조상이 듣는 가운데 선언되었으므로 틀림없이 그들은 자기들 앞에 열린 소망의 문을 보았을 것이다. 이 때부터 복음 시대의 동이 트기 시작했다. 상처가 생기자마자 곧 치료제가 마련되고 계시되었다. 그들에게 그리스도에 관한 세 가지 사실이 계시되었다. 그리스도의 고통과 죽음은 사단이 그의 발꿈치를 상하게 하는 것, 즉 그의 인성을 상하게 하는 것을 의미하였다. 사단은 광야에서 그리스도를 죄에 빠지게 하려고 시험하였다. 어떤 사람들은 고통 가운데 있는 그리스도를 놀라게 하여 절망에 빠지게 하려 한 것도 사단이었다고 생각한다. 가롯 유

---

13) Ibid.

다의 마음에 그리스도를 배반할 생각을 집어 넣고, 베드로에게 그를 부인할 생각을, 대제사장들에게는 그를 박해할 생각을, 거짓 증인들에게는 그를 고소할 생각을 그리고 빌라도에게는 그를 정죄할 생각을 넣어 준 자도 바로 이 마귀였다. 그는 이 모든 일들 가운데에서 구주를 없앰으로 말미암아 구원을 파멸시키려고 꾀하였다. 그러나 반대로 그리스도는 죽으심으로써 사망의 세력을 잡은 자를 없이 하셨다(히 2:14). 그리스도의 발꿈치는 그의 발이 십자가에 못 박혀 찢겨졌을 때 상하였다. 그리고 그리스도의 고난은 성도들이 그의 이름을 위하여 받는 고난 속에서 계속되고 있다. 마귀는 성도들을 시험하고 옥에 가두고 박해하며 죽인다.[14] 그는 이렇게 해서 성도들의 고통 속에서 고통을 겪으시는 그리스도의 발꿈치를 상하게 한다. 그러나 지상에서 발꿈치가 상할지라도 그 머리는 하늘에서 안전하니 감사한 일이다.

 그리스도께서는 사단의 머리를 상하게 하심으로써 승리하셨다. 사단이 여기서는 여자를 짓밟고 모욕을 주었지만 장차 때가 차면 여자의 후손이 그를 이기기 위해서 일어나실 것이다(골 2:15). '여자의 후손이 그의 머리를 상하게 하리라' 는 것은 즉 그가 사단의 모든 계략과 권세를 파괴하고 그의 나라와 세력을 완전히 뒤집어엎어 버릴 것이라는 말이다. 그리스도께서는 사단의 시험들을 물리치셨다. 그는 죽으심으로써 마귀의 왕국에 치명적인 타격을 가하셨다. 즉 이 짐승의 머리에 도저히 치료할 수 없는 상처를 입히신 것이다.[15] 이 말씀 그대로 사탄의 머리는 박살나고 그리스도의 나라는 성취되었다.

---

14) Ibid.
15) Ibid.

요일3:8 하나님의 아들이 나타나신 것은 마귀의 일을 멸하려 하심이니라.
히2:14 자녀들은 혈육에 함께 속하였으매 그도 또한 한 모양으로 혈육에 함께 속하심은 사망으로 말미암아 사망의 세력을 잡은 자 곧 마귀를 없이 하시며
롬16:20 평강의 하나님께서 속히 사단을 너희 발아래서 상하게 하시리라 우리 주 예수의 은혜가 너희에게 있을지어다.
계20:2 용을 잡으니 곧 옛 뱀이요 마귀요 사단이라 잡아 일천년 동안 결박하여

4) 양의 가죽(창3:21)

하나님께서 아담 하와에게 "가죽 옷을 지어 입히신" 목적은 장차 인생들이 구속(救贖)을 받아 그리스도를 옷 입듯 하게 될 것을 보여 주려는 것이다. 아담 자신이 역시 그렇게 속죄받았고, 그 속죄 역시 이 말씀이 상징하는 바이다. 그 때에 짐승을 죽였으니, 그것은 속죄 제물로 사용하시기 위함이었다. 칼빈(Calvin)은 말하기를, 아담 하와 에게 가죽 옷을 지어 입히신 목적은 그들로 하여금 그 옷을 볼 때마다 일찍이 범죄한 것을 생각케 하여 회개케 하려는데 있다고 한다. 그러나 첫째 해석이 옳을 것이다.[16] 박윤선 박사께서 말한 바와 같이 '하나님이 범죄하여 부끄러워하는 아담에게 짐승을 잡아 가죽 옷을 입히신 것은 그리스도의 보혈로 우리의 모든 수치와 허물을 덮어 주신 은혜라'고 할 수 있다. 그래서 민35:33에 "……피 흘림을 받은 땅은 이를 흘리게 한 자의 피가 아니면 속할 수 없느니라"고 했고, 히9:22에도 율법을 좇아 거의 모든 물건이 피로써 정결케 되나니 피 흘림이

---

16) 박윤선 「창세기 주석」 영음사 1980. 6. 12. p.111-112

없은 즉 사함이 없느니라"라고 했다. 그러니 이 말씀은 메시아 언약에 관한 메시지가 틀림없다.

5) 아벨의 피의 제사(창4:3-5)

「할레이」는 "이것은 피의 제물 즉, 인간의 죄 때문에 그리스도께서 대신 죽으실 것을 암시한 것이다"[17]라고 했고,「매튜헨리」는 "하나님께서는 아담이 약속을 믿으며 그 속죄법을 순종하는가를 시험해 보고자 하셨을 것이다"[18]라고 했으며,「박윤선」박사는 "두 가지 제물 중에 아벨의 제물만이 하나님께 열납된 이유는 무엇인가? 그것은 아벨이 믿음으로 그 제물을 드린데 있다(히11:4). 그 신앙은 하나님께서 제정하시고 명하신대로의 제물을 드림에서 성립되었을 것이다. 하나님께서 원시 시대부터 생축을 제물로 제정하신 것이다(히9:22). 생축을 제물로 제정하신 것은 우리를 위하여 속죄하여 주실 그리스도를 예표하신 것이다"[19]라고 했다. 그렇게 볼 때 아벨은 하나님이 요구하시는 제물이 무엇인지 그 이유를 알고 짐승의 피를 흘리게 하는 제사를 하나님께 드렸다. 그러므로 짐승을 잡아 드린 예물은 메시아 언약을 의미한다.

영국의 의사이며 의과대학 교수인「하아비」(William Harvey)는 1628년 처음으로 피가 심장의 대동맥(大動脈)으로부터 나와 온 몸을 순환하고 정맥을 통해 다시 심장으로 돌아온다는 사실을 입증했다. 또한 정맥과 동맥 사이를 연결하는 작은 관이 있다는 사실도 알았다.

---

17) 할레이「최신 성서 핸드북」p.417
18) 매튜헨리「창세기 주석」p.148
19) 박윤선「창세기 주석」영음사 1980. 6. 10. p.116

그가 죽은 후 얼마 안 되어서 이탈리아의 의사인 「말피기」(Marcello Malpighi)가 이 관을 발견하고 모세관[20]이라 이름지었다.[21] 피는 바로 생명이다. 우리 몸에 피가 잘못되면 모든 건강 문제가 온다. 그래서 하나님은 모세에게 말씀하시기를 레17:11에 "육체의 생명은 피에 있음이라. 내가 이 피를 너희에게 주어 단에 뿌려 너희의 생명을 위하여 속하게 하였나니 생명이 피에 있으므로 피가 죄를 속하느니라"라고 하셨다. 출30:10에도 "아론이 일년 일차씩 이 향단 뿔을 위하여 속죄하되 속죄제의 피로 일년 일차씩 대대로 속죄할지니라. 이 단은 여호와께 지극히 거룩하니라"라고 했다.

심장이 1분에 약 70회 박동한다면, 하루에 약 1만 번 맥박 치는 셈이다. 인생을 70년으로 치는 경우, 25억 번이나 심장이 박동한다. 제 아무리 정교한 모터(Motor)라 할지라도 70년 동안이나 정확하게 작업을 계속하지는 못한다. 이렇게 생각해 볼 때, 하나님의 창조에 놀라움을 금할 수가 없다. 이만한 기능을 발휘하는 만큼, 심장은 비교적 많은 칼로리(calorie)를 필요로 한다. 사람이 하루에 섭취하는 칼로리의 약 5%가 심장에서 소비된다.[22] 이와 같이 우리 인체에는 피가 힘을 주고 생명을 유지하게 하는 것처럼 우리 인간에게 근본 문제를 해결할 그리스도의 보혈이 아니면 이 문제를 해결할 해결책이 없다. 그래서 「로우리 로벗」(Lowry Robert 1826-1899)은 찬송가 184장에 "나의 죄를 씻기는 예수의 피 밖에 없네, 귀하고 귀하다 예수의 피 밖에 없네"라고 했다. 하나님은 우리 신자들이 그리스도의 보혈의 능력을

---

20) 모세관(毛細管) a capillary tube; 사람의 혈관을 일직선으로 연결하면 약 10만 Km에 달하며, 지구를 두 바퀴반 정도 도는 거리에 해당한다.
21) 진 슬로트 몰톤 「성경과 과학백과」 나침반, 양승훈 역, 1984. 8. 1. p.218-219
22) 전요섭 「통계와 숫자로 본 예화 자료집 2권」 서울: 은혜출판사 p.147

제대로 알고 그 보혈의 능력을 체험하고 누리기를 소원하신다.

3. 노아 방주를 통해 주신 메시아 언약

므두셀라(מְתוּשֶׁלַח 창의 사람, 대 확장)는 에녹의 아들로 10 사람 중 가장 오래 살았다(969세). 그는 아담과 243년 같이 살고 셈과 98년 같이 살아 에덴동산과 홍수사건을 연결하여 잘 알고 있다. 그리고 므두셀라는 노아 홍수가 일어난 그 때(해)에 죽었다.[23]

므두셀라가 오래 살아야 할 이유가 뭔가? 하나님이 주신 메시아 언약을 후대에 알려 주어야 하기 때문에 므두셀라는 노아 홍수 사건이 일어날 때까지 살아야 하는 하나님의 계획이었다. 노아에게 메시아 언약을 알려주면 므두셀라 자신의 사명은 다한 것이기 때문이다.[24] 하나님은 한 개인의 수명까지 언약 관점에서 간섭하신 것을 볼 수 있다.

1) 방주에 대한 설명

방주(方舟)란 히브리어로 תֵּבָה(테바 thee an ark)라고 하는데, 방주(창6:14) 혹은 상자(箱子, box, 출2:3)라고 성경에 번역되었고, 헬라어로는 κιβωτός(키보토스 an ark)인데, '상자', 언약궤(계11:19)와 노아의 '방주', 궤(櫃 마24:38)로 번역되었다. 여성명사로 나무로 만든

---

23) Halley's 「BIBLE HANDBOOK (성서 핸드북)」 -기독교문사 1980 5. 30. p. 81
24) Ibid.

궤 또는 상자(box)를 말한다. 방주에 대하여 창6:14에 처음으로 나온다. "너는 잣나무로 너를 위하여 방주를 짓되 그 안에 간들을 막고 역청으로 그 안팎에 칠하라"라고 했다. 방주를 만들어야 할 이유가 뭔가 하면(하나님의 목적) 노아의 가족과 짐승들을 구원하시려는 하나님의 계획이었다(창6:13-21)라는 사실을 우리는 알 수 있다.

노아가 '여호와께 은혜를 입은' 사실이 여기에서 분명히 드러난다.

① 하나님은 여기서 노아를 자신의 '의논 상대'로 삼으신다.

그래서 그는 후에 소돔에 관한 자신의 결심을 아브라함에게 말씀하셨던 것처럼(18:17) 이 악한 세상을 물로 멸망시키실 자신의 계획을 노아에게 알리신다. '여호와의 비밀'은 '그의 종자들'에게 있다(암 3:7).[25] 하나님은 계시의 영에 의해서 자신의 계획을 특별히 그들에게 알리신다. 모든 신자들은 지혜와 믿음의 영에 의해서 여호와의 비밀을 깨닫게 된다.

② 하나님은 여기서 노아를 '그의 계약의 사람'으로 삼으신다.

이 계약의 사람이란 히브리어에서 친구를 나타내는 완곡한 표현이다 창6:18절에 "그러나 너와는 내가 언약을 세우리니"라고 하신 말씀대로 하나님은 섭리의 언약을 세우셨다. 즉 자연의 진행은 비록 홍수로 인해 잠시 중단될지라도 하나님의 계약은 세상 끝날까지 계속될 것이다. 이 약속은 노아와 그의 아들들에게 직접 주어졌다(9:8 이하). 이 때 그들은 이 세상의 모든 것을 맡은 자들로서 있었다. 하나님은

---

25) Ibid.

또한 은혜의 언약을 세우셨다.[26] 즉 하나님께서 그의 하나님이 되시고 그의 후손들을 자기 백성으로 삼으시겠다는 것이다.

③ 하나님은 여기서 노아를, 사람을 아끼시는 긍휼의 기념비로 세우신다.
남다른 경건은 특별한 구원으로 보상될 것이다. 하나님은 노아에게 '방주를 짓도록' 지시하신다(창6:14-16). 이 방주는 커서 주체하기 어려운 거대한 배와 같았다. 그것은 바다를 항해하기에는 적합지 않았으나ㅡ그 때는 항해하여 다닐 필요가 없게 될 것이므로 그렇게 날렵한 배는 필요가 없었다. 그래서 방주에는 노(an oar)가 필요없었다.ㅡ물이 줄어들기를 기다리면서 물 위에 떠돌아다니기에는 적합한 배였다. 하나님은 그를 보호해 줄 수단을 마련하는 일에 그를 사용하기로 결정하셨다.[27] 이는 우리가 구원받기 위해서 우리의 수단인 노를 저을 필요가 없다. 구원은 100% 하나님의 은혜로 이루어진다는 것을 깨닫게 한다. 우리는 하나님 없이 구원을 이룰 수 없고 하나님은 우리 없이 그 일을 하시지 않을 것이다. 하나님은 이 건조물에 관해 그에게 매우 자세한 지시를 내리셨다.

④ 하나님은 노아에게 그와 그의 가족이 방주 안에서 목숨을 보존할 것을 약속하신다(창6:18).
'너는 방주로 들어가고.' 에서 다음 두 가지 점을 생각해 보자.
  a. 선한 부모들의 관심 : 그들은 자신들의 구원뿐만 아니라 그들 가족의 구원, 특별히 그 자녀들의 구원을 위해서도 염려한다.

---

26) Ibid.
27) Ibid.

b. 경건한 부모를 가진 자녀들의 행복 : 부모들의 경건은 때때로 여기에서처럼 그 자녀들에게 현세적인 구원을 가져다준다. 그리고 만일 자녀들이 부모의 경건으로부터 오는 유익을 선용한다면 그것은 더 나아가 영원한 구원에도 이르게 한다.

⑤ 하나님은 여기서 노아를 세상에 주시는 커다란 축복으로 삼으신다. 그리고 그렇게 하시는 가운데서 그를 메시아의 탁월한 예표로 삼으신다.

하나님은 그를 그 세대 사람들에게 외치는 전파자로 삼으셨다. 하나님은 그를 그보다 못한 피조물들의 구조자로 삼으시고 그 중 여러 종류의 생물들을 대홍수 가운데서 멸종되지 않도록 보존하게 하셨다(창6:19-21절). 그는 그 생물들이 물에 빠져 죽지 않도록 그들을 위한 피난처를 마련해야 했다. 그는 그 생물들이 굶어 죽지 않도록 그들을 먹일 양식을 준비해야 했다(창6:21절). 이 사실에서도 그는, 세상을 유지하고 만물을 존속시키며 죄로 인한 파멸과 완전한 제거로부터 인류를 보전하시는 그리스도의 예표였다.[28] 노아는 자기가 다스려야 할 자들을 구원받도록 방주를 만들었으며 그리스도께서도 그러하셨다.

> 히5:9 온전하게 되었은즉 자기를 순종하는 모든 자에게 영원한 구원의 근원이 되시고

2) 무지개의 의미

> 창9:13 내가 내 무지개를 구름 속에 두었나니 이것이 나의 세상과의 언약의 증거니라.

---

28) Ibid.

홍수가 지난 후에 하늘에는 뚜렷이 보이는 「무지개」가 나타났다. "무지개"는 히브리어로 קֶשֶׁת(케쉐트)라고 하는데, '활(弓 a bow), 무지개(a rainbow)' 라는 뜻이다. 하나님은 노아에게 다시는 물 심판으로 인류를 멸하지 않겠다고 무지개로 약속하셨다. 무지개는 바로 메시아를 보내 주시겠다는 언약을 의미한다.

「매튜헨리」는 말하기를 "이 자연에 대한 언약의 보증은 자연적인 것이면 충분하였다. 그것은 '무지개' 였다. 이 언약의 보증에 관해서 다음 몇 가지를 살펴보자.[29]

첫째, 이 증거는 그 약속의 진실성을 되풀이하여 확언하는 말에 첨가되었다. 곧 이 증거는 그 언약에 대한 비준으로 의도된 것이었다. 내가 내 무지개를 구름 속에 두었나니…무지개가 구름 속에 나타나며(13-14절). 이는 그것을 보는 자들이 마음에 감동을 받고 신앙을 확증하게 되리라는 것이다. 그리하여 그것은 언약의 증거(12-13절)가 될 것이다. 내가 내 언약을 기억하리니 다시는 물이…홍수가 되지 아니할지라(15절).[30]

둘째, 무지개는 구름이 비를 막 내리려 할 때와 비가 다 온 후에 나타난다. 그러므로 비가 아주 많이 올 것을 두려워하지 않을 수 없을 때 하나님은 이렇게 무지개로써 우리의 두려움을 제거해 주신다.[31]

셋째, 구름이 짙으면 짙을수록 무지개는 구름 속에서 더욱 더 밝게 빛난다. 이와 같이 고난이 우리를 위협하면 할수록 우리를 격려하는 위로는 더욱 더 넘친다(고후 1:5).[32]

---

29) 매튜헨리 「창세기 주석」 디럭스 바이블 프로그램
30) Ibid.
31) Ibid.
32) Ibid.

넷째, 무지개는 하늘의 한쪽 편이 맑을 때 나타난다. 이 사실은 긍휼히 진노 가운데서 기억되었다는 것을 암시한다. 이 때 구름은 마치 무지개로 둘러싸이는 형국이 되어 하늘 가득히 퍼지지 못하게 된다. 무지개는 빗방울이 채색되었거나 구름의 끝 부분에 빛이 입혀진 것이다. 활은 공포감을 준다. 그러나 이 활(무지개)은 줄도 없고 살도 없고 활만 가지고서는 아무 일도 못 할 것이다. 이 무지개는 활이다. 그러나 그 활은 땅을 향하지 않고 하늘을 향하고 있다. 왜냐하면 이 언약의 증거는 두려움을 주기 위해서가 아니라 위로를 주기 위해 마련된 것이기 때문이다.[33]라고 했다. 하나님은 메시아 언약을 우리에게 가르쳐 주시기 위해 무지개를 노아에게 보여 주셨고 성경을 읽는 자들에게 이 무지개를 통한 메시아 언약을 알고 믿도록 한 것이다.

3) 하나님께서 새로운 세계와 언약을 세우심 (창9:8-11)

하나님께서 새로운 세계에 대해 세우신 언약과 그 언약의 범위를 다음 몇 가지에서 살펴보자.

첫째, 하나님은 은혜로우시니까 언약의 방법으로써 사람과 관계하시기를 기뻐하셨다. 그 언약 안에서 하나님은 사람의 의무와 복종을 크게 장려하신다.

둘째, 하나님께서 사람과 세우시는 모든 언약은 하나님 자신이 제안하시는 것이다. 그러므로 본문에 '내가…세우리니'라고 강조되고 있는 것이다.

셋째, 하나님의 언약은 하늘의 기둥이나 땅의 기초보다도 더 확고

---

33) Ibid.

하게 세워지므로 결코 취소되지 않는다.

넷째, 하나님의 언약은 계약자들과 또한 그들의 후손과 더불어 세워진다. 곧 그 약속은 그들과 그들의 자녀들에게까지 미친다.

　＊이 언약의 특별한 의도

이 언약은 또 다른 홍수로부터 세상을 안심시키기 위하여 계획된 것이었다. 다시는 모든 생활을 홍수로 멸하지 아니할 것이라. 땅을 침몰할 홍수가 다시 있지 아니하리라. 그 이후로 세상이 홍수에 잠긴 적은 이제까지 결코 없었는데 그 이유는 인간이 세상을 개선시켰기 때문이 아니라 순전히 하나님의 선하심과 신실하심 때문이다. 옛 세상이 파멸되어 공의의 기념비가 되었듯이 이 세상은 '내가 다시는 노아의 홍수로 땅 위에 범람치 않게 하리라'(사 54:9)는 하나님의 맹세에 의한 긍휼의 기념비로서 오늘날까지 남아 있다. 바다가 매일 두 번씩 몇 시간 동안 밀려오듯이 단 며칠만 육지로 흘러넘친다면 세상을 얼마나 황폐시키겠는가! 그러므로 언약을 하시는 가운데에서 보이시는 하나님의 긍휼하심에 대해서, 약속을 이행하시는 데에서 보이시는 하나님의 신실하심에 대해서 하나님께 영광을 돌리자.[34] 히11:7에 "믿음으로 노아는 아직 보지 못하는 일에 경고하심을 받아 경외함으로 방주를 예비하여 그 집을 구원하였으니 이로 말미암아 세상을 정죄하고 믿음을 좇는 의의 후사가 되었느니라"라고 했고, 벧전3:20에 "그들은 전에 노아의 날 방주 예비할 동안 하나님이 오래 참고 기다리실 때에 순종치 아니하던 자들이라. 방주에서 물로 말미암아 구원을 얻은 자가 몇 명뿐이니 겨우 여덟 명이라"라고 했고, 벧후2:5 "옛

---

34) 매튜헨리,「창세기 주석」

세상을 용서치 아니하시고 오직 의를 전파하는 노아와 그 일곱 식구를 보존하시고 경건치 아니한 자들의 세상에 홍수를 내리셨으며" 한 것을 보면 알 수 있다.

* 바벨탑(Tower of Babel)[35] 사건(창 11:1-9)

「바벨」이란 히브리어로 בָּבֶל(바벨) '혼란' 이란 뜻인데 '바벨' (즉, 바빌론)은 바빌로니아와 바빌론 제국을 포함하여 바벨 또는 바벨론이라고 한다. 그리고 위치는 유브라데에 위치한 바벨론(지금의 힐라)의 옛 지역 또는 수도다. בָּבֶל(바벨)은 동사인 בָּלַל(바랄)에서 유래되었는데 בָּלַל(바랄)이란 뜻은 '(기름으로) 넘쳐흐르다, 함축적으로 '섞다' 또한 꼴을 주다, 기름 붓다, 퇴색하다, 뒤섞다, 섞이다, 여물을 주다, 달래다, 혼합하다, 혼란시키다, 당황하게 하다' 란 뜻이다. 언약을 놓치고 엉뚱한 짓을 하고, 하나님의 소원이나 계획을 모르고 아무리 연구하고 노력을 한다 할지라도 다 바벨탑처럼 무너지고 말 것이다. 바벨탑 사건으로 언어의 혼란이 일어나 여러 민족의 방언들이 되었다. 인간이 메시아 언약을 놓쳐버리고 아무리 훌륭한 아이디어와 지혜를 짜내어 노력해도 언젠가 하나님이 무너뜨리신다.

하나님이 하시는 일을 누가 막을 수 있을까. 시50:22에 "하나님을 잊어버린 너희여 이제 이를 생각하라. 그렇지 않으면 내가 너희를 찢으리니 건질 자 없으리라"라고 했다. 그래서 전도서를 기록한 솔로몬은 이렇게 말했다. 전1:2에 "전도자가 가로되 헛되고 헛되며 헛되고

---

[35] 바벨탑(Babel塔)의 밑바닥 폭이 300피트였으며 높이가 300피트, 탑 꼭대기의 부속 신전이 있었는데 17,500,000달러 정도 되는 신상(神像)이 있고 2억 달러의 가치로 추산되는 기구들이 있었다(H.L.Wolmington. 「왕이 오신다」 서울: 영산출판사. 1980. p.164).

헛되니 모든 것이 헛되도다." 전2:17에 "이러므로 내가 사는 것을 한(限)하였노니 이는 해 아래서 하는 일이 내게 괴로움이요. 다 헛되어 바람을 잡으려는 것임이로다." 전2:22에 "사람이 해 아래서 수고하는 모든 수고와 마음에 쓰는 것으로 소득이 무엇이랴." 전 4:8에 "어떤 사람은 아들도 없고 형제도 없으니 아무도 없이 홀로 있으나 수고하기를 마지 아니하며 부를 눈에 족하게 여기지 아니하면 서로 이르기를 내가 누구를 위하여 수고하고 내 심령으로 낙을 누리지 못하게 하는고 하나니 이것도 헛되어 무익한 노고로다." 비단 솔로몬의 고백이 아니라 하더라도 인간의 한계는 얼마나 유한(有限)한가?

    언어의 혼란은 홍수 이후 4대인 벨렉(Peleg)의 출생(창10:25) 때에 일어났다. 이것은 홍수 이후 101년이고, 아브라함의 부름(창11:26) 이전 326년이 된다. 이것은 인류가 세상을 지배하려 하는 것에 대한 하나님의 분산 정책(방편)이었다. 이것으로 인하여 신들과 홍수 이전 사람들의 이름이 다양해진 것 같다. 바벨탑의 건설은 일시적으로 중단되었으나, 바벨론에 남아 있던 사람들이 다시 계속해서 이 탑은 바벨론의 중심이 되었다. 이것은 바벨론의 다른 성읍에 있는 탑들의 모형이 되었고, 애굽에 있는 피라미드의 모양을 암시한 것으로 추측된다.[36] 바벨탑의 형태들은 「마야 문화」에서도 볼 수 있다.[37] 그러므로 인간이 하나님 떠나 타락하면 결국 인본주의가 되고 종래에는 망하게 된다.

---

36) Halley's 「BIBLE HANDBOOK (성서 핸드북)」- 기독교문사 1980 5. 30. p. 93
37) 마야족(Maya族) : 중앙아메리카 인디언의 한 부족. 기원 전후부터 상형 문자, 특이한 예술, 발달된 과학, 복잡한 정치 체계를 가지고 고도의 독자적 문명을 이룩하며 중앙아메리카를 지배하였으나 16세기 이후 유럽인의 진출로 쇠퇴하였다.

4. 아브라함과 그 가문에 주신 메시아 언약

「할레이」는 "그(아브라함)의 자손으로 모든 민족은 축복을 받게 된다. 하나님은 메시아의 민족을 만들기 위한 특별한 모범적으로 히브리 민족을 창조하셨고, 이 민족을 통하여 큰 축복이 모든 민족에게 내린다"[38]라고 했다.

1) 아브라함에게 복을 주신 이유

*아브라함 (אַבְרָהָם, Abraham) 「열국의 아버지」

그리고 아브라함 언약에 대한 하나님의 주권적(主權的)인 면을 먼저 찾아 볼 수 있다. 아브라함이 하나님을 찾은 것이 아니고, 하나님이 아브라함을 부르셨다.[39] 「하용조」 목사의 강해 설교에 말하기를 "모든 사람들이 복을 받기를 원하지만 어떻게 하면 하나님이 복을 주시는지 잘 모르고 있다. 성경이 말하는 대로 하나님이 왜 아브라함에게 그 시대에 최고의 복을 주시고 복의 근원이 되게 하시고 또 아브라함 때문에 다른 모든 민족이 복을 얻도록 하신 이유를 알면 우리도 하나님이 주시는 시대적인 최고의 복을 받을 수 있다. 단 믿음으로 가능하다. 그리고 믿음의 주인은 내가 아니라 하나님이시다[40]"라고 했다. 그러나 더 중요한 것은 메시아에 관한 언약을 알고 믿어야 한다. 그래서 하나님이 아브라함과 그의 후손들에게 복을 주신 이유는 다음 몇 가지 이유가 있다.

---

38) Halley's「BIBLE HANDBOOK (성서 핸드북)」-기독교문사 1980 5. 30. p. 35
39) 이능성.「아브라함의 언약에 나타난 선교적 의미」-1984. 12. p.14
40) 하용조「너는 복의 근원이 될지라」(창세기 강해설교)-두란노 13

① 하나님이 아브라함에게 복을 주신 이유는 창12:1-2에 "여호와께서 아브람에게 이르시되 너는 너의 본토 친척 아비 집을 떠나 내가 네게 지시할 땅으로 가라. 내가 너로 큰 민족을 이루고 네게 복을 주어 네 이름을 창대케 하리니 너는 복의 근원이 될지라"라는 말씀을 보면 하나님은 그 당시에 아무도 모르는 메시아 언약을 아브라함에게 주신 것을 볼 수 있다. 「지시할 땅으로 가라」는 말씀은 바로 가나안 땅이다.

＊가나안 땅은 메시아가 오실 땅임을 말한다.
가나안 땅은 메시아를 보내 주시겠다는 약속의 땅이다.

> 창15:18 그 날에 여호와께서 아브람으로 더불어 언약을 세워 가라사대 내가 이 땅을 애굽 강에서부터 그 큰 강 유브라데까지 네 자손에게 주노니

＊가나안 땅은 메시아를 보내 주시겠다는 약속의 땅이 분명하다.
성경은 여기에 따른 많은 약속들이 기록되어 있다. 우리가 성경을 읽다보면 (특히 모세 5경과 여호수아 그 외에 많은 역사서(왕정시대)와 선지서들을 읽어 보면 왜 땅 이야기가 그렇게 많이 나오는지, 그 이유를 잘 모르고 성경을 다독하거나 그냥 지나치는 경우가 많다. 그러나 여기에 하나님의 놀라운 약속과 계획이 있다. 이를 놓쳐 버리면 모든 축복과 중요한 메시지를 다 놓쳐 버리는 것이다.
"하나님께서 당신의 택하신 백성을 가나안 땅으로부터 이끌어 내어 애굽으로 인도하려 하신 것은 그들이 가나안 족속과 똑같이 행동하였기 때문이다. 하나님께서는 그들을 가나안 땅의 악한 영향으로부터 벗어나게 하시기 위하여 고센 땅에 그들을 고립시키셨다. 유다

의 이야기(며느리 다말과 불미스러운 일)는 하나님께서 그렇게 하실 수밖에 없었음을 보여준다"[41]라고 흔히들 말하고 있으나 언약 관점에서 풀지 않으면 이해가 불가능해 진다.

이 약속은 성경 전체의 기본 사상이다.[42]

• 하나님은 아브라함에게 약속의 땅으로 가라고 지시하셨다. 그리고 그 약속의 땅으로 가면 큰 복을 주시고 복의 근원이 되게 해주시고, 천하 만민이 너를 통해 복을 얻게 해 주시겠다고 약속하셨다. 창12:1-3에 "여호와께서 아브람에게 이르시되 너는 너의 본토 친척 아비 집을 떠나 내가 네게 지시할 땅으로 가라. 내가 너로 큰 민족을 이루고 네게 복을 주어 네 이름을 창대케 하리니 너는 복의 근원이 될지라. 너를 축복하는 자에게는 내가 복을 내리고 너를 저주하는 자에게는 내가 저주하리니 땅의 모든 족속이 너를 인하여 복을 얻을 것이니라 하신지라"라고 한 기록된 말씀을 보면 우리는 알 수 있다.

• 아브라함이 가나안 땅에 살게 되었다. 창13:12에 "아브람은 가나안 땅에 거하였고 롯은 평지 성읍들에 머무르며 그 장막을 옮겨 소돔까지 이르렀더라"라고 했고, 창15:18에도 "그 날에 여호와께서 아브람으로 더불어 언약을 세워 가라사대 내가 이 땅을 애굽강에서부터 그 큰 강 유브라데까지 네 자손에게 주노니"라고 했다. 아브라함이 하란에서 가나안에 도착한지 얼마 안 되어 그는 큰 민족의 조상인 아브라함이 살렘 왕 멜기세덱에게 전리품을 드리는 약속을 여호와로부

---

41) 송용필 「극동방송 멕기성경본문 주석 강해서 창세기」 나침반 1989년 9월 10일 p. 155
42) Halley' s. p. 105.

터 받고, 또 "땅의 모든 족속이 너를 인하여 복을 얻을 것이니라"(창 12:3)라는 약속도 받았던 것이다. 이것은 확실히 메시아에 의한 구원의 예언으로서, 종종 같은 약속이 반복되고 있다(창 12:7, 13:14-17, 15:5, 18- 21, 17:4- 8, 16, 18:18, 22:17-18). 가나안에 머물고 있을 동안 여호와의 보호가 항상 아브라함의 위에 있었다(시105:9-15).는 것을 알 수 있다.

• 아브라함이 가나안 땅에 10년이나 살게 되었다. 창16:3에 "아브람의 아내 사래가 그 여종 애굽 사람 하갈을 가져 그 남편 아브람에게 첩으로 준 때는 아브람이 가나안 땅에 거한지 십년 후이었더라"라고 했고, 창17:8에도 "내가 너와 네 후손에게 너의 우거하는 이 땅 곧 가나안 일경으로 주어 영원한 기업이 되게 하고 나는 그들의 하나님이 되리라"라고 했다.

• 야곱이 외삼촌의 집에 20년 동안 있다가 다시 가나안으로 돌아 왔다. 야곱이 가나안으로 돌아 와야 하나님의 언약이 성취되기 때문이다. 야곱이 장자의 축복권을 얻기 위해 형 에서처럼 양털로 자기 몸을 위장을 하고 아버지와 형을 속이고는 아버지의 축복(기도)을 받았다. 이 일로 형이 두려워 도망가게 된다. 어머니 리브가의 권유로 외삼촌 집으로 도망을 가서 외삼촌의 딸 라헬을 사랑하게 되고 그녀를 위하여 외삼촌 집에 머슴살이를 하면서 20년을 수일같이 지냈다. 창31:41에 "내가 외삼촌의 집에 거한 이 이십년에 외삼촌의 두 딸을 위하여 십 사년, 외삼촌의 양떼를 위하여 육년을 외삼촌을 봉사하였거니와 외삼촌께서 내 품값을 열 번이나 변역하셨으니"라고 했다. 야곱은 20년 전에 혼자서 빈손으로 가나안을 떠났다가 많은 가축과 종을 데리고 가장(家長)이 되어 돌아왔다. 하나님은 야곱에게 약속을 지키셨

다. 창28:15에 보면 이를 알 수 있다. "내가 너와 함께 있어 네가 어디로 가든지 너를 지키며 너를 이끌어 이 땅으로 돌아오게 할지라. 내가 네게 허락한 것을 다 이루기까지 너를 떠나지 아니하리라 하신지라." 또 야곱은 라반(외삼촌)과 헤어질 때 미스바 기도를 드렸다. 창31:49에 "또 미스바라 하였으니 이는 그의 말에 우리 피차 떠나 있을 때에 여호와께서 너와 나 사이에 감찰 하옵소서 함이라"라고 야곱은 기도했다. 야곱이 가나안을 떠날 때에 천사들은 그의 행운을 빌었다(창 28:12). 야곱이 돌아 올 때 천사들은 그의 귀향을 환영했다. 또 창31:1에 "야곱이 들은 즉 라반의 아들들의 말이 야곱이 우리 아버지의 소유를 다 빼앗고 우리 아버지의 소유로 인하여 이같이 거부가 되었다 하는지라" 했고, 아버지 이삭은 아직 살아 있었다. 할아버지인 아브라함은 약 100년 전에 죽었다. 야곱은 유산으로 받은 약속의 땅 가나안 땅으로 들어오고 있었다. 하나님의 언약이 얼마나 완벽하게 성취되고 있는가. 하나님은 야곱과 함께 하셨다. 창31:3에 "여호와께서 야곱에게 이르시되 네 조상의 땅 네 족속에게로 돌아가라 내가 너와 함께 있으리라 하신지라." 그는 앞으로 더욱 하나님이 필요했다. 에서는 그를 죽이겠다고 맹세했고(창27:41), 야곱은 겁에 질려 얍복강을 건너지 못하고 고민하고 있었다. 그러나 하나님의 메시아 언약 성취를 위해 하나님은 에서의 마음을 감동하셔서 동생 야곱을 반갑게 맞이하도록 하셨다(창 32-33장). 야곱이 자기 형인 에서를 만나서 형이 자기를 받아들이므로 하나님께 감사하고 제단을 쌓았다. 그 제단 이름이 「엘 엘로헤 이스라엘」이다.[43] 이렇게 하나님은 아브라함의 후손과

---

43) אֵל אֱלֹהֵי יִשְׂרָאֵל ('el' elohe yisra' el): 원어의 뜻은 「이스라엘의 하나님 엘」. 야곱이 세겜에 세운 제단의 명칭(창 33:20). 무사히 귀국하게 된 은혜를 기념하여 붙인 이름으로 여겨진다.

가문이 가나안 땅에 가야할 목적을 두고 그들을 세밀히 인도하셨던 것을 우리는 볼 수 있다.

- 가족의 무덤도 언약의 땅에 장례(무덤)를 할 만큼 그 비밀을 알고 있었다.

창49:30-31에 "이 굴은 가나안 땅 마므레 앞 막벨라 밭에 있는 것이라. 아브라함이 헷 사람 에브론에게서 밭과 함께 사서 그 소유 매장지를 삼았으므로 아브라함과 그 아내 사라가 거기 장사되었고 이삭과 그 아내 리브가도 거기 장사되었으며 나도 레아를 그곳에 장사하였노라"라고 했다. 아브라함은 하나님이 자기에게 주신 약속의 땅에 대한 확실한 믿음이 있었던 것이 사실이다. 그만큼 하나님의 축복을 많이 받게 되었다.

- 요셉도 언약의 땅의 비밀을 알고 있었다.

요셉이 자기가 죽고 나면 자기 해골을 반드시 가나안 땅 조상들의 무덤들이 있는 곳에 안장해 줄 것을 간곡히 부탁했다. 그 이유를 아는 자가 얼마나 있었겠는가? 그 만큼 약속의 땅의 비밀은 중요하고 메시아 언약은 중요할 뿐만 아니라 구약시대 성도들의 신앙의 전부요 핵심이다. 그래서 이 언약을 놓칠 때 재앙과 저주가 내려 전쟁이 일어나 포로 잡혀 가거나 속국되었다. 창50:25에 "요셉이 또 이스라엘 자손에게 맹세시켜 이르기를 하나님이 정녕 너희를 권고하시리니 너희는 여기서 내 해골을 메고 올라가겠다 하라 하였더라"라고 한 그 요셉의 유언을 모세는 잘 기억하고 있었던 것을 출13:19에 보면 알 수 있다. "모세가 요셉의 해골을 취하였으니 이는 요셉이 이스라엘 자손으로 단단히 맹세케 하여 이르기를 하나님이 필연 너희를 권고하시리니 너희는 나의 해골을 여기서 가지고 나가라 하였음이었더라." 신약성경 히브리서 기자는 히11:22에 "믿음으로 요셉은 임종 시에 이스라엘 자손들의 떠날 것을 말하고 또 자기 해골을 위하여 명하였으며"라고 말하고 있는 것을 보면 더 분명한 사실을 알 수 있다.[44] 언약 관점에서 성경을 연구하거나 해석하지 않으면 왜 요셉이 자기 해골을 가나안 땅에 가지고 가라고 했는지 알 수 없다.

　＊요셉의 가나안 땅에 관한 믿음(히11:22)

　그의 믿음으로 행한 내용들 : 요셉은 믿음으로 이스라엘 백성들이 애굽을 떠나게 되는 구원의 시기가 오리라는 것을 예언하였다. 비록 그는 살아서 이스라엘 백성들의 구원을 보지 못했지만 그는 그러한 믿음 가운데서 죽었다. 그는 자기의 뼈를 애굽에 묻지 말고 보존하라는 유언을 하였다. 그는 비록 애굽 땅에서 살다가 거기서 죽었지만, 애굽인으로 죽지 않았으며 어디까지나 이스라엘인의 정신(하나님이 주신 메시아 언약 : 가나안 땅)으로 지켰다. 그는 애굽에서의 장엄한 장례보다는 가나안에서 묻히는 그 깊은 의미를 택하였던 것이다.[45] 요셉이 믿음으로 위와 같은 모습을 보였던 때는 그가 죽을 때였다. 하나님께서는 자기 백성들에게 그들의 임종 시에도 생생한 메시아 언약에 관한 메시지를 깨닫게 하신다. 우리가 메시아 언약을 알게 된 것은 모든 축복의 근원이요 모든 축복의 전부다.

---

44) Ibid.
45) 매튜헨리. 주석-「디럭스 바이블」컴퓨터 프로그램,

• 가나안 땅의 언약은 모세에게도 유효했다.

아브라함의 자손들은 가나안에서 살기 전에 외국(애굽)에서 400년 동안 지내야 할 것을 미리 지시하셨다. 약속대로 이스라엘 백성들은 400년 동안 애굽 바로에게 종(노예)노릇을 했다. 창15:13-14에 "여호와께서 아브람에게 이르시되 너는 정녕히 알라. 네 자손이 이방에서 객이 되어 그들을 섬기겠고 그들은 사백년 동안 네 자손을 괴롭게 하리니 그 섬기는 나라를 내가 징치할지며 그 후에 네 자손이 큰 재물을 이끌고 나오리라" 했고 신약성경에서도 행7:6-7에 스데반이 "하나님이 또 이같이 말씀하시되 그 씨가 다른 땅에 나그네 되니니 그 땅 사람이 종을 삼아 사백년 동안을 괴롭게 하리라 하시고, 또 가라사대 종 삼는 나라를 내가 심판하리니 그 후에 저희가 나와서 이곳에서 나를 섬기리라 하시고"라고 했다.

＊초대교회 순교자 스데반 집사도 이 말씀을 인용했다.

하나님은 이스라엘 백성이 약속의 땅에 거하지 않고 애굽에서 종(노예)노릇을 하고 있으니 모세를 불러 지도자가 되게 하시고, 애굽에서 빠져 나와서 가나안 땅에 들어가도록 하셨다. 여기에 관한 행적들이 출애굽기에서부터 레위기, 민수기, 신명기, 여호수아서이다. 이스라엘 백성들이 출애굽하여 가나안 땅에 들어가야 하는 장황한 내용들은 하나님의 메시아 언약에 대한 계획이요 약속이다. 이를 위해 이스라엘 백성들은 일년 된 수양을 잡아먹고 양의 피(그리스도의 보혈을 의미)를 문설주와 인방에 바르게 하여 애굽에서 구원받게 되었다. 이를 위해 하나님은 홍해도 갈라지게 하셨고, 「므리바」에서 물이 없을 때에 반석을 쳐서 샘이 터지게 하셨고, 마라의 쓴 물도 달게 하셨고, 낮에는 구름기둥으로 시원한 그늘을 주시고 밤에는 불기둥으로 따뜻하게 하셨다. 그리고 40년 동안 만나와 메추라기로 먹이셨다. 출3:8에 "내가 내려와서[46] 그들을 애굽인의 손에서 건져내고 그들을 그 땅에서 인도하여 아름답고 광대한 땅, 젖과 꿀이 흐르는 땅 곧 가나안 족속, 헷 족속, 아모리 족속, 브리스 족속, 히위 족속, 여부스 족속의 지방에 이르려 하노라" 했고, 출3:9-10에 "이제 이스라엘 자손의 부르짖음이 내게 달하고 애굽 사람이 그들을 괴롭게 하는 학대도 내가 보았으니, 이제 내가 너를 바로에게 보내어 너로 내 백성 이스라엘 자손을 애굽에서 인도하여 내게 하리라"라고 했고, 출3:12에 "하나님이 가라사대 내가 정녕 너와 함께 있으리라 네가 백성을 애굽에서 인도하여 낸 후에 너희가 이 산에서 하나님을 섬기리니 이것이 내가 너를 보낸 증거니라" 했고, 출6:4-6에 "가나안 땅 곧 그들의 우거하는 땅을 주기로 그

---

46) * 창11:7 "자, 우리가 내려가서 거기서 그들의 언어를 혼잡케 하여 그들로 서로 알아듣지 못하게 하자 하시고"
출3:8 "내가 내려와서 그들을 애굽인의 손에서 건져내고 그들을 그 땅에서 인도하여 아름답고 광대한 땅, 젖과 꿀이 흐르는 땅 곧 가나안 족속, 헷 족속, 아모리 족속, 브리스 족속, 히위 족속, 여부스 족속의 지방에 이르려 하노라."
창18:21 "내가 이제 내려가서 그 모든 행한 것이 과연 내게 들린 부르짖음과 같은지 그렇지 않은지 내가 보고 알려하노라."
- 이상 이 말씀들을 종합해 보면 중요한 일이나 사건에는 하나님이 친히 임재하셔서(성령) 역사하심을 볼 수 있다.
행2:1-4 오순절 날이 이미 이르매 저희가 다 같이 한곳에 모였더니, 홀연히 하늘로부터 급하고 강한 바람 같은 소리가 있어 저희 앉은 온 집에 가득하며, 불의 혀 같이 갈라지는 것이 저희에게 보여 각 사람 위에 임하여 있더니, 저희가 다 성령의 충만함을 받고 성령이 말하게 하심을 따라 다른 방언으로 말하기를 시작 하니라.
- 이 말씀들은 욜 2:28-32의 언약의 말씀이 약속대로 성취되었다.
* 욜 2:28-32 그 후에 내가 내 신을 만민에게 부어 주리니 너희 자녀들이 장래 일을 말할 것이며 너희 늙은이는 꿈을 꾸며 너희 젊은이는 이상을 볼 것이며 그 때에 내가 또 내 신으로 남종과 여종에게 부어 줄 것이며, 내가 이적을 하늘과 땅에 베풀리니 곧 피와 불과 연기 기둥이라. 여호와의 크고 두려운 날이 이르기 전에 해가 어두워지고 달이 핏빛 같이 변하려니와 누구든지 여호와의 이름을 부르는 자는 구원을 얻으리니 이는 나 여호와의 말대로 시온산과 예루살렘에서 피할 자가 있을 것임이요. 남은 자 중에 나 여호와의 부름을 받을 자가 있을 것임이니라.

들과 언약하였더니, 이제 애굽 사람이 종을 삼은 이스라엘 자손의 신음을 듣고 나의 언약을 기억하노라. 그러므로 이스라엘 자손에게 말하기를 나는 여호와라. 내가 애굽 사람의 무거운 짐 밑에서 너희를 빼어내며 그 고역에서 너희를 건지며 편 팔과 큰 재앙으로 너희를 구속하여"라고 했다. 그리고 하나님은 모세에게 땅에 대한 더 분명한 약속을 주셨다. 신명기의 신학에서 가장 결렬하게 논의되는 구절 중의 하나는 예루살렘의 한 지성소에서 드리는 희생(제사) 예배의 집중이었다. 사실 이 항목은 「벨하우젠」(Wellhausian)의 문서비평 체계 안에서 이뤄진 모든 연역법에서 시작한 출발점이며 요지였다. 그 중 신명기 예배의식의 필요 조건이 시내산에서 받은 율법보다 더욱 진보적이고 우위였다는 것이다.[47] 출20:24에 "내게 토단을 쌓고 그 위에 너의 양과 소로 너의 번제와 화목제를 드리라. 내가 무릇 내 이름을 기념하게 하는 곳에서 네게 강림하여 복을 주리라." 말하자면 시내산의 율법(Sinaitic law)은 희생 제사를 드리되 하나님의 임재(臨在)로 거룩해진 장소들 즉 하나님께서 그 장소에서 그의 대표자나 백성을 만나기 때문에 그의 이름이 기억되도록 지정하신 장소에서만 드리도록 제한하였다.

여호와의 택하신 곳(신 12:14, 18, 26, 1:25, 16:7, 15-16, 17:8, 수 9:27)

• 가나안 땅의 언약은 여호수아에게도 유효했다.

모세 이후 이스라엘의 지도권과 통치권은 여호수아에게 있었다. 여호수아 영도하의 가나안 땅 정복과 이스라엘 자손들에 대한 그 땅의 분배와 히브리 민족의 가나안 땅에 정착하는 모든 사실들은 애굽

---

47) 김재권 「생명의말씀사」 -1887. 12. 30. p. 178-179

으로부터 그의 백성을 구원하여 수 세기 전에 그들에게 약속하신 젖과 꿀이 흐르는 땅으로 인도하시는 신실하신 하나님이 손길을 보여준다. 이 모든 것은 광야에서의 그들의 불평과 패역, 불신앙에도 불구하고 주어졌다.[48]

수1:2-6에 "내 종 모세가 죽었으니 이제 너는 이 모든 백성으로 더불어 일어나 이 요단을 건너 내가 그들 곧 이스라엘 자손에게 주는 땅으로 가라. 내가 모세에게 말한 바와 같이 무릇 너희 발바닥으로 밟는 곳을 내가 다 너희에게 주었노니, 곧 광야와 레바논에서부터 큰 하수 유브라데에 이르는 헷 족속의 온 땅과 또 해 지는 편 대해까지 너희 지경이 되리라. 너의 평생에 너를 능히 당할 자 없으리니 내가 모세와 함께 있던 것같이 너와 함께 있을 것임이라. 내가 너를 떠나지 아니하며 버리지 아니하리니, 마음을 강하게 하라. 담대히 하라. 너는 이 백성으로 내가 그 조상에게 맹세하여 주리라 한 땅을 얻게 하리라"라고 한 것처럼 하나님의 언약(약속)의 땅에 대한 언약은 분명하다 는 것을 우리는 알 수 있다. 그리고 가나안 땅은 천국의 모형도 되지만,[49] 장차 메시아가 오실 약속의 땅(베들레헴)을 잊지 말고 기억하라[50]는 하나님의 최고의 언약이다.

하나님은 "약속의 땅을 취하라!"(창15:7, 18.), "네 기업을 취하라!" (수11:23, 이와 같이 여호수아가 여호와께서 모세에게 이르신 말씀대

---

48) 나침반 「종합 성경연구」 p. 129-130
49) Ibid. p. 130
50) 「기억력(記憶力):」 동물들의 기억력은 아주 짧다고 한다. 그 중 쥐는 3초만 기억 한다고 한다. 타조는 10초, 우리 사람만 충격 받은 것을 수십년 기억 한다. 우리가 꼭 기억해야 할 것이 있고 잊어버리면 더 유익된 것이 있다. 전12:1에 "너는 청년의 때 곧 곤고한 날이 이르기 전, 나는 아무 낙이 없다고 할 해가 가깝기 전에 너의 창조자를 기억하라." 요14:26에 "보혜사 곧 아버지께서 내 이름으로 보내실 성령 그가 너희에게 모든 것을 가르치시고 내가 너희에게 말한 모든 것을 생각나게($ὑπομνήσει$ ← $ὑπομιμνήσκω$ bring 기억나게) 하시리라."

로 그 온 땅을 취하여 이스라엘 지파의 구별을 따라 기업으로 주었더라. 그 땅에 전쟁이 그쳤더라)라고 하셨다. 하나님은 아브라함에게 주신 언약(약속의 땅인 가나안) 때문에 여호수아를 통해 이스라엘(약속의) 백성들이 가나안 땅을 정복하도록 모든 배려를 아끼지 않으셨다. 그래서 하나님은 요단강의 물을 멈추게 하셔서 건너게 하셨고(수3:1-5:1), 여리고성도 무너지게 하셨다(수6:1-27). 그렇다면 지금도 하나님은 자기가 약속하신 언약을 성취하시기 위해 시대적인 응답과 축복을 주시는 분이다. 수1:10에 "이에 여호수아가 백성의 유사들에게 명하여 가로되, 진중에 두루 다니며 백성에게 명하여 이르기를 양식을 예비하라. 삼일 안에 너희가 이 요단을 건너 너희 하나님 여호와께서 너희에게 주사 얻게 하시는 땅을 얻기 위하여 들어갈 것임이니라 하라" 했고, 또 우리가 알 것은 여호수아가 하나님께 이같이 아뢰었다. 수21:43-45에도 "여호와께서 이스라엘의 열조에게 맹세하사 주마하신 온 땅을 이와 같이 이스라엘에게 다 주셨으므로 그들이 그것을 얻어 거기 거하였으며, 여호와께서 그들의 사방에 안식을 주셨으되, 그 열조에게 맹세하신 대로 하셨으므로 그 모든 대적이 그들을 당한 자가 하나도 없었으니 이는 여호와께서 그들의 모든 대적을 그들의 손에 붙이셨음이라. 여호와께서 이스라엘 족속에게 말씀하신 선한 일이 하나도 남음이 없이 다 응하였더라"라고 한 것을 보면 알 수 있다. 이는 여호수아 1장 3-5절에 약속대로 밟는 땅을 다 주셨고, 하나님이 여호수아와 함께 하셨으므로 여호수아를 당할 자가 없었다. 그리고 이스라엘의 경계가 다윗과 솔로몬의 통치 때에 최대로 확장되었다. 다윗의 통치권은 유브라데 강까지 미쳤다(대상18:3). 또 솔로몬의 통치권은 애굽 변까지 미쳤다.[51]

---

51) Ibid. p. 132

이 언약의 말씀대로 이루어졌음을 우리는 알 수 있다.

• 가나안 땅의 언약은 이사야에게도 유효했다.

사43:8 눈이 있어도 소경이요, 귀가 있어도 귀머거리인 백성을 이끌어 내라.

또 하나님이 아브라함에게 갈대아 우르를 떠나라고 하신 이유는 그 지방에 죄악, 즉 불의, 하늘 물체들과 자연 숭배, 성적인 타락, 술 취함 등에 사로잡혀 있었다. 우상을 숭배하기 위해서 탑들을 세웠으며, 왕을 신으로 섬기고, 그 형상을 만들어서 숭배의 대상으로 삼았다.

또 사도 바울은 창세기의 "아브라함이 여호와를 믿으니 여호와께서 이를 그의 의로 여기시고"(창 15:6)라는 말씀을 근거로 구원의 토대는 믿음이지 행위가 아니라는 것을 논증했다(갈3:6, 롬4:3).

*「가나안」에 대하여 좀 더 상세하게 알아보자.

성경이 말하는 가나안 땅의 이야기 무대 : 지중해의 동해안의 남반부. 남북으로 약 240km, 동서로 평균 80km. 사막과 바다 사이의 좁고 긴 비옥(肥沃)한 땅이다. 지중해의 동해안과 나란히 두 산맥이 있고 그 가운데 계곡이 있다. 이 산맥에 내린 비는 강이 되어 사막과 바다 사이의 땅을 비옥하게 만든다. 두로와 시돈을 등진 레바논 산맥은 이 지역의 중심이며 최고봉이다. 눈이 덮인 산봉우리에서 많은 물이 다방면으로 흐른다. 오론테스강은 북쪽으로 흘러 안디옥이, 아바나강은 동쪽으로 흘러 다메섹이, 레온테스(리타니) 강은 서쪽으로 흘러 두로와 시돈이, 요단강은 남쪽으로 흘러 가나안 즉 「젖과 꿀이 흐르는 땅」(약속의 땅)이 생겼다. 가나안은 고대 세계에서 인구의 중심지였던 유브라데강 유역과 애굽 사이의 길목에 있었다. 이곳은 애굽과 바벨론, 앗수르, 바사, 헬라, 로마 문화의 지리적 중심지이며 집합 장소였고, 고대 역사를 이룩한 강대한 문화의 중심지로, 전략적이고 방위적인 지형이었다.[52] 이스라엘 민족은 다른 민족에게 하나님의 메시아 언약을 나타내기 위하여 정착했고, 이를 위해 하나님이 이스라엘 민족을 인도하신 것을 볼 수 있다.

미가 선지자를 통해 메시아가 오실 곳은 더 분명해졌다.

> 미5:2 베들레헴 에브라다야 너는 유다 족속 중에 작을지라도 이스라엘을 다스릴 자가 네게서 내게로 나올 것이라, 그의 근본은 상고에, 태초에니라.

베들레헴은 메시아의 출생지가 될 것이다. 베들레헴은 히브리어로 בֵּית לֶחֶם(베이트 레켐)인데 '떡집'이란 뜻이니 '생명의 떡' 이신[53] 그 분이 태어나는 장소로는 대단히 적합한 곳이다. 그리고 그 곳은 다윗의 성읍에 속한 곳이었으므로 메시아가 그곳에서 태어나도록 된 것은 특별한 섭리였다. 이 베들레헴은 '베들레헴 에브라다'로도 불리워지는데 창세기 35:19에 나타나듯이 동일 지명이다. 베들레헴은 수많은 유다 마을 가운데에서도 지극히 작은 촌락으로써 외관상에 있어서나 주민의 수에 있어서나 보잘 것 없는 곳이었다. 그리스도께서는 자신이 태어남으로써 그 장소에 영광을 주고자 하셨지 그 장소에

---

52) Halley's 「BIBLE HANDBOOK (성서 핸드북)」—기독교문사 1980 5. 30. p. 42-43
53) 요6:48 내가 곧 생명의 떡이로라.

서 영광을 취하고자 하지 않으셨다.[54] 다시 말하면 하나님은 아브라함에게 "내가 지시할 땅으로 가라!"고 하신 이유는 가나안 땅, 즉 약속의 땅인데 바로 우리를 구원하실 메시아를 보내 주시겠다는 최고의 언약을 주시고 성취하시려고 많은 지도자와 선지자들을 통해 가나안 땅을 정복하게 하신 것이다. 약속의 땅은 미가 선지자를 통해서 더욱 분명하게 예언된 것이다. 베들레헴에 대한 약속은 다윗에게도 주셨던 증거가 있다. 메시아 언약이 성취될 약속의 동네가 바로 다윗의 고향인 베들레헴이다.

> 삼상 17:58 사울이 그에게 묻되 소년이여 누구의 아들이뇨. 다윗이 대답하되 나는 주의 종 베들레헴 사람 이새의 아들이니이다.

스데반도 이 언약을 알고 말했다.

> 행7:2-5 스데반이 가로되 여러분 부형들이여 들으소서. 우리 조상 아브라함이 하란에 있기 전 메소보다미아에 있을 때에 영광의 하나님이 그에게 보여 가라사대 네 고향과 친척을 떠나 내가 네게 보일 땅으로 가라 하시니 아브라함이 갈대아 사람의 땅을 떠나 하란에 거하다가 그 아비가 죽으매 하나님이 그를 거기서 너희 시방 거하는 이 땅으로 옮기셨느니라.

그러나 여기서 발붙일 만큼도 유업을 주지 아니하시고 다만 이 땅을 아직 자식도 없는 저와 저의 씨에게 소유로 주신다고 약속하셨으며 여기서 스데반의 믿음을 알 수 있다.

바울도 이 사실을 알고 인용했다.

---

54) 매튜헨리 주석 프로그램

롬15:12 또 이사야가 가로되 이새의 뿌리 곧 열방을 다스리기 위하여 일어나시는 이가 있으리니 열방이 그에게 소망을 두리라 하였느니라.

이처럼 바울은 메시아가 이새의 후손에서 태어난다는 언약이 확실함을 증명했다.

2) 아브라함에게 주신 언약(7가지) * 창12:1-4

① 내가 너로 큰 민족을 이루게 하리라(창12:2).

「매튜헨리」는 말하기를 "내가 너로 큰 민족을 이루고"(2절). 이 말은 "하나님께서는 그를 그의 백성 가운데서 이끌어 내실 때 그로 다른 한 백성의 머리가 되게 하시겠다는 약속을 해주셨다. 하나님은 그를 돌감람나무의 가지로 있는 데서 잘라내어 참감람나무의 뿌리로 삼으셨다. 이 약속은 아브람의 마음의 짐을 크게 덜어 주는 것이었다. 왜냐하면 그때 그에게는 자식이 전혀 없었기 때문이다. 여기서 유의할 점은, 하나님의 자기 자녀들의 궁핍과 필요에 대해서 적절하게 은총을 베푸시는 법을 알고 계신다는 사실이다. 모든 상처에 대한 처방약을 가지고 계신 분이 가장 아픈 상처를 위해서 먼저 한 처방을 마련하여 주신 것이다. 이 약속은 아브람의 믿음을 크게 시험하는 것이었다. 왜냐하면 그의 아내는 오랫동안 아이를 낳지 못해 왔기 때문이다."[55]라고 했다. 이 보다 더 중요한 것은 하나님은 아브라함에게 메시아 언약을 굳게 붙잡게 하신 것이다.

---

55) Ibid.

② 내가 네게 복을 주리라.

＊ 창11:31 데라가 그 아들 아브람과 하란의 아들 그 손자 롯과 그 자부 아브람의 아내 사래를 데리고 갈대아 우르에서 떠나 가나안 땅으로 가고자 하더니 하란에 이르러 거기 거하였으며,

③ 내가 네 이름을 창대케 하리라.

창12:2 내가 너로 큰 민족을 이루고 네게 복을 주어 네 이름을 창대케 하리니 너는 복의 근원이 될지라.

④ 너는 복의 근원이 되리라(창12:2).

「매튜헨리」는 말하기를 "이 명령은 신실한 아브람의 모든 영적 후손들을 하나님과의 계약으로 들어오게 하는 복음의 부르심과 매우 일치되는 것이다. 그 이유로서 다음 세 가지를 들 수 있다. 첫째, 육신적인 애정은 하나님의 은혜 앞에서 물러나야 한다. 둘째, 죄와 죄를 일으키는 모든 원인들 그리고 특별히 나쁜 친구는 버려야 한다. 우리는 마음 속에 세워 두어 온 불의의 우상들을 버려야 하고 우리에게 가장 소중한 사람들일지라도 우리의 순전함을 위협할 때는 기꺼이 그들과 헤어져야 한다. 셋째, 우리는 세상과 그 안에서 우리가 누리는 모든 것들을 거룩한 무관심을 가지고 바라보아야 한다. 우리는 더 이상 세상을 우리의 본향이나 집으로 보아서는 안 되고 여인숙으로 알아야 한다. 따라서 세상을 초월하여 살며 집착하지 말아야 한다. 그는 이 명령에 의해서 그가 하나님께서 그에게 보여 준 것보다 더 하나님을 신뢰하고 있는지 아닌지를 시험받았다. 왜냐하면 그는 '하나님께서 그에게 지시하실 땅' 으로 가기 위해서는 그의 고향을 떠나야만 했기 때문이다. 하나님은 "내가 네게 줄 땅" 이라고 말씀하시지 않고 단

순히 "내가 네게 지시할 땅"이라고만 말씀하셨다. 그는 비록 하나님을 따르려고 자기 본토를 떠남으로 인해 전혀 손해를 보지 않으리라는 아무런 보증도 받지 않았음에도 불구하고 무조건적인 믿음을 가지고 하나님을 따라야만 했다"라고 말했지만, 더 중요한 메시지는 그 지시할 땅이 가지는 의미이다. 하나님이 굳이 아브라함에게 지시할 땅으로 가라 하시는 이유는 믿음에 대한 시험을 넘어 그 지시할 땅이 인류를 구원할 메시아 곧 그리스도가 오실 땅이기 때문이다. 이에 하나님은 아브라함에게 지시할 땅에 대한 사명과 함께 복을 주시고 복의 근원이 되게 하셨고, 오고 오는 모든 세대와 민족에게까지 이 언약을 통해 구원의 축복을 받게 하신 것이다.

⑤ 내가 너를 축복하는 자에게 복을 내리리라.

창12:3 "너를 축복하는 자에게는 내가 복을 내리고 너를 저주하는 자에게는 내가 저주하리니 땅의 모든 족속이 너를 인하여 복을 얻을 것이니라 하신지라."

⑥ 내가 너를 저주하는 자에게 저주하리라(창12:3).

⑦ 땅의 모든 족속이 너를 인하여 복을 얻으리라(창12:3).

아브라함의 증손(曾孫)인 요셉을 위하여 보디발의 집에서 약속하신 축복대로 증거를 주셨다. 창39:5에 "그가 요셉에게 자기 집과 그 모든 소유물을 주관하게 한 때부터 여호와께서 요셉을 위하여 그 애굽 사람의 집에 복을 내리시므로 여호와의 복이 그의 집과 밭에 있는 모든 소유에 미친지라"라고 했다.

이렇게 하나님은 메시아 언약을 잡아야 할 아브라함과 그 가문에 대표적인 복과 시대적인 복을 약속하셨다.

• 하나님은 아브라함에게 더 분명한 언약을 주셨다.
a. 지시할 땅
지시할 땅은 가나안 땅이다. 바로 메시아 보내 주실 약속의 땅이다.

> 창12:1 여호와께서 아브람에게 이르시되 너는 너의 본토 친척 아비 집을 떠나 내가 네게 지시할 땅으로 가라

b. 양(피)
아브라함이 하나님의 지시대로 모리아산에서 독자 이삭을 드리고 하나님께서 깨닫게 하신 메시지(언약)이다. 그리고 모리아산은 바로 지금 예루살렘 성전 뜰 안에 있다.

> 창22:8 아브라함이 가로되 아들아 번제할 어린 양은 하나님이 자기를 위하여 친히 준비하시리라 하고 두 사람이 함께 나아가서
> 창22:13 아브라함이 눈을 들어 살펴본즉 한 수양이 뒤에 있는데 뿔이 수풀에 걸렸는지라, 아브라함이 가서 그 수양을 가져다가 아들을 대신하여 번제로 드렸더라.

* 수양은 그리스도의 모형이다.
이것은 또한 우리 모두에게 교훈이 되는 질문이다. 즉 우리가 하나님께 예배드리려고 할 때 진지하게 생각해야만 하는 질문이다. 예배 드릴 때 우리의 마음은 어디에 있는가? 우리는 우리의 마음을 하나님께 바칠 준비가 되어 있는가? 즉 번제물로 하나님께 드릴 준비가 되어 있는가? 아브라함이 이삭에게 한 대답은 매우 신중한 것이었다. 아들

아 번제할 어린 양은 하나님이 자기를 위하여 친히 준비하시리라. 이것은 순종의 말이었다. 또한 이것은 믿음의 말이었다. 한 희생 제물이 이삭 대신에 준비되어 있었다. 첫째, 위대한 속죄 제물이신 그리스도는 하나님의 예비하신 것이었다. 둘째, 우리의 모든 감사 제물도 또한 하나님의 예비하신 것이다. 마음을 예비하시는 이가 바로 하나님이시기 때문이다(시 10:17). 상하고 통회하는 심령은 하나님의 구하시는 제사요 그가 마련하시는 것이다(시 51:17).

c. 씨

창22:18 또 네 씨로 말미암아 천하 만민이 복을 얻으리니 이는 네가 나의 말을 준행하였음이니라 하셨다 하니라.

여기 씨는 바로 아브라함의 후손(자손, 계보, 족보)에서 태어나실 메시아를 의미한다.[56]

3) 아브라함과 그 후손들에게 주신 메시아 언약

히브리 민족과 하나님의 언약 : 그들이 하나님이 주신 메시아 언약을 놓치지 않고 굳게 붙잡으며, 하나님을 충실하게 섬기면 번성할 것이요, 그들이 메시아 언약을 놓쳐버리고 우상을 섬기면 멸망을 당할 것이다. 모든 민족은 우상숭배를 했다. 어디에나 잡신 즉, 하늘의 신(해, 달, 별들) 땅의 신(지신), 바다의 신(수신), 남신, 여신, 신의 가족, 왕이나 임금을 신으로 섬김 등이 있었다. 그렇지만 하나님은 아브라함과 그 가문만 하나님을 섬기도록 메시아 언약을 주셨다. 이 얼마나

---

56) * זֶרַע(제라) 씨, 파종, 자손(子孫)

놀라운 축복인가?[57]

구약성경은 우상숭배의 세계에 한 민족을 세워 세상에는 신이 하나 밖에 없다는 신앙을 확신시키려는 하나님의 계획을 볼 수 있다.[58]

① 이삭에게 주신 메시아 언약

이삭은 이스라엘 국가의 조상인 아브라함과 12지파의 아버지인 야곱을 연결시켜주고 있다는 점이다. 이삭은 첫 「씨」인 이스마엘과 대조되는 아브라함의 첫 아들이다(롬9:7). 이런 점에서 이삭은 자연적 계통과 언약의 계통 사이에 분기점을 이룬다(창 17:21).[59] 이삭은 아버지 아브라함에 비하면 극적 요소가 별로 보이지 않지만 이미 아버지 아브라함에게 주신 계시(언약)가 되풀이되었다. 창26:3-5에 "이 땅에 유하면 내가 너와 함께 있어 네게 복을 주고 내가 이 모든 땅을 너와 네 자손에게 주리라 내가 네 아비 아브라함에게 맹세한 것을 이루어 네 자손을 하늘의 별과 같이 번성케 하며 이 모든 땅을 네 자손에게 주리니 네 자손을 인하여 천하 만민이 복을 받으리라. 이는 아브라함이 내 말을 순종하고 내 명령과 내 계명과 내 율례와 내 법도를 지켰음이니라 하시니라"라고 했다.

그러나 이삭의 생애에서 우리를 놀라게 한 일은 모리아 산에서 번제물로 드려진 그의 믿음과 순종이다.[60] 이삭이 생명을 담보로 한 순종의 제물이 된 것은 그의 마음 속에 아버지로부터 받은 메시아 언약이 분명했기 때문에 그의 믿음에서 순종의 행동으로 나타난 것이다.

---

57) Halley's 「BIBLE HANDBOOK (성서 핸드북)」-기독교문사 1980 5. 30. p. 35
58) Ibid.
59) 신성종. 「엠마오 성경연구」-정음출판사-1983. 10. 15. p. 41-42
60) Ibid. p. 41

그러므로 언약이 분명하고 그 언약이 믿어져야 신앙생활을 성공할 수 있는 것이다. 언약이 희미하면 올바른 믿음이 생기지를 않는 것이다. 그래서 설교자나 성경공부를 가르치는 교수나 선생님들은 성도들과 교회학교 학생들에게 메시아 언약을 분명히 알고 66권 성경을 구체적으로 잘 가르쳐야 할 것이다. 이를 위해 신학자들과 목회자, 설교자, 신학교 교수들은 메시아 언약의 관점에서 잘 다루어 확실한 메시지가 확립되어야 할 줄 안다.

② 야곱(이스라엘)에게 주신 메시아 언약

「야곱」이란 이름의 뜻은? יַעֲקֹב(야아코브) '발꿈치'를 잡는 자, 즉 사취하는 자이지만, 하나님이 다시 「이스라엘」(יִשְׂרָאֵל 이쓰라엘 '그가 하나님으로서 다스리실 것이다')이란 응답의 이름을 주셨다. 민 24:17-19에 "내가 그를 보아도 이 때의 일이 아니며 내가 그를 바라보아도 가까운 일이 아니로다. 한 별이 야곱에게서 나오며 한 홀이 이스라엘에게서 일어나서 모압을 이 편에서 저 편까지 쳐서 파하고 또 소동하는 자식들을 다 멸하리로다. 그 원수 에돔은 그들의 산업이 되며 그 원수 세일도 그들의 산업이 되고 그 동시에 이스라엘은 용감히 행동하리로다. 주권자가 야곱에게서 나서 남은자들을 그 성읍에서 멸절하리로다"라고 하나님은 야곱에게 약속을 주신 것을 보면 알 수 있다.

③ 유다에게 주신 메시아 언약

유다는 야곱(이스라엘)의 4째 아들로서 그 이름의 뜻은? יְהוּדָה(예후다)는 יָדָה(야다)에서 유래한 단어인데, יָדָה(야다)는 문자적으로 '손'을 '사용하다', '던지다', '쏘다', 특히 (손을 펴서) '예배하다', 또는 '경배하다', 자동사로 인정하다(고백하다), 찬양하다, 쏟다, 감사하다 라는 뜻이다.

그래서 하나님은 유다를 통해 찬양 받으실 일을 계획하시고 시작하셨다. 바로 메시아 언약이다. 창49:9-10에 "유다는 사자 새끼로다. 내 아들아 너는 움킨 것을 찢고 올라갔도다. 그의 엎드리고 웅크림이 수사자 같고 암사자 같으니 누가 그를 범할 수 있으랴. 홀이 유다를 떠나지 아니하며 치리자의 지팡이가 그 발 사이에서 떠나지 아니하시기를 {실로}가 오시기까지 미치리니 그에게 모든 백성이 복종하리로다"라고 했다. 실제로 그리스도는 유다의 후손으로 오셨다.

4) 아브라함의 유일한 자손(씨)

그러면 아브라함의 육적 참 자손이 누구일까? 그것은 단적으로 말해 「예수 그리스도」이시다(마1:1 → 롬1:3).[61] 그렇지만 그리스도는 아브라함보다 크시다.[62] 그만이 아브라함의 자손 중에서 오직 한 분, 약속의 유업을 완전히 계승할 자손 중의 자손이기 때문이다.[63] 갈3:16에 바울은 말하기를 "이 약속들은 아브라함과 그 자손에게 말씀하신 것인데 여럿을 가리켜 그 자손들이라 하지 아니하시고 오직 하나를 가리켜 네 자손이라 하셨으니 곧 그리스도라"라고 말한다. 하나님의 약속 즉 언약은 바로 예수 그리스도시다. 여기에 놀라운 사실은 갈라디아 3장 16절에 "이 약속들은" 이 「약속」이란 단어가 헬라어로

---

61) 마1:1 아브라함과 다윗의 자손 예수 그리스도의 세계라.
　　롬1:3 이 아들로 말하면 육신으로는 다윗의 혈통에서 나셨고.
62) 요8:53 너는 이미 죽은 우리 조상 아브라함보다 크냐. 또 선지자들도 죽었거늘 너는 너를 누구라 하느냐
63) 컴퓨터 [디럭스바이블] 프로그램 성경사전

$\epsilon\pi\alpha\gamma\gamma\epsilon\lambda\iota\alpha$(애팡겔리아)인데 영어로 복음을 evangel이라고 한다. 그렇다면 「약속」은 즉 복음이란 정의가 되겠다. 그리고 로마서 1장 2-4절에서도 복음이 약속이요 바로 그리스도란 사실을 알 수 있다.

> 롬1:2-4 이 복음은 하나님이 선지자들로 말미암아 그의 아들에 관하여 성경에 미리 약속하신 것이라. 이 아들로 말하면 육신으로는 다윗의 혈통에서 나셨고, 성결의 영으로는 죽은 가운데서 부활하여 능력으로 하나님의 아들로 인정되셨으니 곧 우리 주 예수 그리스도시니라.

실로 아브라함의 소명은 이 예수 그리스도의 재림을 지향하고 있었으며, 자기의 생애에 주어진 축복을 통하여 이 날을 볼 수 있는 것이 그의 무엇보다도 큰 즐거움이었다. 요8:56에 "너희 조상 아브라함은 나의 때 볼 것을 즐거워하다가 보고 기뻐하였느니라"라고 했고, 눅1:54에 "그 종 이스라엘을 도우사 긍휼히 여기시고 기억하시되"라고 했고, 눅1:55에 "우리 조상에게 말씀하신 것과 같이 아브라함과 및 그 자손에게 영원히 하시리로다 하니라"라고 했고, 눅1:73에 "곧 우리 조상 아브라함에게 맹세하신 맹세라"라고 했다. 이처럼 아브라함의 자손 중 오직 한 분에게만 하나님의 약속이 집중적으로 실현된 것은 그 약속의 효과를 좁히는 것이 아니고, 오히려 하나님의 계획에 의해 정해진 대로 갈4:21에 "내게 말하라 율법 아래 있고자 하는 자들아 율법을 듣지 못하였느냐?"라고 했다.

약속을 모든 사람에게 미치기 위한 조건이었다고 말할 수 있다. 그리스도를 믿는 자는 이제 할례 자와 무할례 자, 이스라엘 사람과 이방인 할 것 없이 아브라함의 축복을 받을 수 있다. 갈3:14에 "이는 그리스도 예수 안에서 아브라함의 복이 이방인에게 미치게 하고 또 우리로 하여금 믿음으로 말미암아 성령의 약속을 받게 하려 함이니라"라고 했다. 이 신앙에 의하여 그들은 스스로 먼저 믿고, 모든 믿는 자의 조상이 된 아브라함의 영적 자손이 되는 것이다. 그래서 바울은 롬 4:11-12에 "저가 할례의 표를 받은 것은 무할례 시에 믿음으로 된 의를 인친 것이니 이는 무할례 자로서 믿는 모든 자의 조상이 되어 저희로 의로 여기심을 얻게 하려 하심이라. 또한 할례자의 조상이 되었나니 곧 할례 받을 자에게 뿐 아니라 우리 조상 아브라함의 무할례 시에 가졌던 믿음의 자취를 좇는 자들에게도니라"라고 했다. 또 "너희는 유대인이나 헬라인이나 종이나 자유자나 남자나 여자 없이 다 그리스도 예수 안에서 하나이니라. 너희가 그리스도께 속한 자면 곧 아브라함의 자손이요 약속대로 유업을 이을 자니라"(갈 3:28-29)라고 했다. 여기에 하나님의 영에 의하여 종국(終局)까지 인도된 성경 계시의 정점이 된다.

* 아브라함의 자손

하나님의 신실: 하나님의 여러 가지 약속은 아브라함에게 뿐만 아니라 그의 자손에게도 미치는 것인데(창 13:15, 17:7-8), 이 자손은 하나님의 특별한 사랑에 의해 정해진다. 즉, 하나님이 계약을 체결하시는 것은 이스마엘이나 에서가 아니고, 이삭이라 한다(창 17:15-22, 21:8-14, 27장, 롬 9장). 하나님께서는 그들에게 대하여 아브라함과의 약속을 거듭하시고(창 26:3-5, 28:13-14), 그들은 이 약속을 유산으로서 자손에 전한다(창 28:4, 48:15-16, 50:24). 아브라함의 자손이 애굽에서 압제로 고통당할 때, 하나님께서 그들의 탄식 소리에 귀를 기울이시는 것은 "아브라함과 이삭과 야곱에게 세운 언약"을 기억하셨기 때문이다(출 2:24, 신 1:8). 시편 기자도 이것을 여호와께서 "그 종 아

브라함을 기억하셨음이로다. 그 백성으로 즐거이 나오게 하시며, 그 택한 자로 노래하며 나오게 하시고"(시 105:42-43)라고 노래했으며, 훨씬 후에도 하나님께서는 유랑의 백성을 "나의 벗 아브라함의 자손"(사 41:8)이라고 불러 위로하시고 힘을 주셨다. 이스라엘의 존속(存續)이 위기에 직면하면, 선지자들은 아브라함의 소명을 상기시키고 신뢰를 회복시킨다. 예를 들면, 이사야는 "너희를 떠낸 반석과 너희를 파낸 우묵한 구덩이를 생각하여 보라. 너희 조상 아브라함과 너희를 생산한 사라를 생각하여 보라"(사 51:1-2, 29:22, 느 9:7-8)라고 말했으며, 또 하나님의 은혜를 받기 위한 가장 훌륭한 기도는 아브라함의 이름을 증거로 끄집어내는 것으로 되어 있다. 그래서 "주의 종 아브라함과 이삭과 이스라엘을 기억 하소서"(출 32:13, 신9:27, 왕상 18:36)라든가 "아브라함에게 인자를 더 하시리이다"(미 7:20)라는 기도를 드린 것을 볼 수 있다.

5) 하나님을 믿는 아브라함과 믿음의 후손들에게 주신 언약

① 그러면 누가 아브라함의 후손인가? 예수님을 믿는 모든 자들은 아브라함의 후손이다.

> 롬4:16 그러므로 후사가 되는 이것이 은혜에 속하기 위하여 믿음으로 되나니 이는 그 약속을 그 모든 후손에게 굳게 하려 하심이라. 율법에 속한 자에게 뿐 아니라 아브라함의 믿음에 속한 자에게도니 아브라함은 하나님 앞에서 우리 모든 사람의 조상이라.
> 갈3:7 그런즉 믿음으로 말미암은 자들은 아브라함의 아들인 줄 알지어다.

② 아브라함의 믿음의 후손들에게 주신 언약은 복음을 전하는 것이다.

복음을 전하므로 듣는 모든 자들이 예수님을 믿고 영육간에 복을 받는 것이다. 이것은 오늘을 사는 우리들에게도 유효하며, 우리의 사명인 것이다.

갈3:8 또 하나님이 이방을 믿음으로 말미암아 의로 정하실 것을 성경이 미리 알고 먼저 아브라함에게 전하되 모든 이방이 너를 인하여 복을 받으리라 하였으니,

③ 아브라함의 믿음의 후손은 그와 함께 복을 받게 된다.

갈3:8 또 하나님이 이방을 믿음으로 말미암아 의로 정하실 것을 성경이 미리 알고 먼저 아브라함에게 복음을 전하되 모든 이방이 너를 인하여 복을 받으리라 하였으니
갈3:14 이는 그리스도 예수 안에서 아브라함의 복이 이방인에게 미치게 하고 또 우리로 하여금 믿음으로 말미암아 성령의 약속을 받게 하려 함이니라.

* 참 후사 :
그러나 아브라함에게 의뢰하더라도 방법이 잘못되어 있다면 허사이다. 아브라함의 참 후사가 되기 위하여서는 혈연에 의한 자손이 되는 것 만으로서는 불충분하며, 영적으로도 그와 결합되어 있을 것이 필요하다. 비록 하나님을 신뢰하고 있다 하더라도 마음속으로부터의 순종이 따르지 않으면 그 신뢰는 거짓이다. 에스겔은 이미 당시의 사람들에게 여기에 대해 지적하고 있다. 겔33:24-29에 "인자야 이 이스라엘 황무한 땅에 거한 자들이 말하여 이르기를 아브라함은 오직 한 사람이라도 이 땅을 기업으로 얻었나니 우리가 중다한즉 더욱 이 땅

으로 우리에게 기업으로 주신 것이 되느니라 하는도다. 그러므로 너는 그들에게 이르기를 주 여호와의 말씀에 너희가 피 있는 고기를 먹으며 너희 우상들에게 눈을 들며 피를 흘리니 그 땅이 너희의 기업이 될까보냐. 너희가 칼을 믿어 가중한 일을 행하며 각기 이웃의 아내를 더럽히니 그 땅이 너희의 기업이 될까보냐 하고, 너는 그들에게 또 이르기를 주 여호와의 말씀에 내가 나의 삶을 두고 맹세하노니 황무지에 있는 자는 칼에 엎드러뜨리고 들에 있는 자는 들짐승에게 붙여 먹게 하고 산성과 굴에 있는 자는 온역에 죽게 하리라. 내가 그 땅으로 황무지와 놀라움이 되게 하고 그 권능의 교만을 그치게 하리니 이스라엘의 산들이 황무하여 지나갈 사람이 없으리라. 내가 그들의 행한 모든 가중한 일로 인하여 그 땅으로 황무지와 놀라움이 되게 하면 그 때에 그들이 나를 여호와인 줄 알리라 하라"라고 했다. 세례 요한도 하나님의 심판을 말할 때 더 강렬하게 이 착각을 공격한다. "속으로 아브라함이 우리 조상이라고 생각지 말라. 내가 너희에게 이르노니 하나님이 능히 이 돌들로도 아브라함의 자손이 되게 하시리라"(마 3:9)라고. 또 부자와 나사로의 비유에서 이기주의의 부자는 '아버지 아브라함이여'라고 부르짖지만, 이 조상으로부터는 아무런 은혜도 받지 못하는데, 자기의 죄 때문에 양자 사이에는 큰 구렁이 끼어 있다(눅 16:24-26). 요한복음도 같은 것을 가르쳐 주고 있다. 예를 들면, 예수께서는 자기에 대한 유대인의 살의를 폭로하고, 그들은 아브라함의 자손이라는 자격을 가지고 있었는데, 마귀의 아들로 타락해버렸다고 갈파했다(요 8:37-44). 비록 혈연(血緣) 상으로는 아브라함의 자손일지라도 예수 그리스도를 영접하고 믿지 않으면 그 의미를 이루지 못한다.

5. 출애굽에서 가나안 정복까지 나타난 메시아 언약

출19:5 세계가 다 내게 속하였나니 너희가 내 말을 잘 듣고 내 언약을 지키면[64] 너희는 열국 중에서 내 소유가 되겠고
신4:31 "네 하나님 여호와는 자비하신 하나님이심이라. 그가 너를 버리지 아니하시며 너를 멸하지 아니하시며 네 열조에게 맹세하신 언약을 잊지 아니하시리라."

1) 유월절 양의 피를 통한 메시아 언약(약속)

출12:21-22에 "모세가 이스라엘 모든 장로를 불러서 그들에게 이르되 너희는 나가서 너희 가족대로 어린 양을 택하여 유월절 양으로 잡고, 너희는 우슬초 묶음을 취하여 그릇에 담은 피에 적시어서 그 피를 문 인방과 좌우 설주에 뿌리고 아침까지 한 사람도 자기 집 문밖에 나가지 말라"고 했고, 바울 사도도 고전5:7에 "너희는 누룩 없는 자인데 새 덩어리가 되기 위하여 묵은 누룩을 내어버리라. 우리의 유월절 양 곧 그리스도께서 희생이 되셨느니라"라고 했다. 히11:28에 보면 "믿음으로 유월절과 피 뿌리는 예를 정하였으니 이는 장자를 멸하는 자로 저희를 건드리지 않게 하려한 것이며"라고 했다. 유월절 양의 피는 바로 메시아이신 그리스도의 피를 말한다.

2) 희생 제사를 통한 메시아 언약(약속)

레4:25에 "제사장은 그 속죄 희생의 피를 손가락에 찍어 번제단 뿔

---

64) "지키면": שָׁמַר (솨마르) 본래 의미는 둘레에 (가시로) '울타리 치다', 즉 '지키다', '보존하다(preservation)', '간직하다.' (keep),. 보관하다 라는 뜻이다.

에 바르고 그 피는 번제단 밑에 쏟고"했고, 레14:13에 "그 어린 수양 은 거룩한 장소 곧 속죄제와 번제 희생 잡는 곳에서 잡을 것이며 속건 제물은 속죄 제물과 일례로 제사장에게 돌릴지니 이는 지극히 거룩 한 것이니라"라고 했고, 레14:25에 "속건제의 어린 양을 잡아서 제사 장은 그 속건제 희생의 피를 취하여 정결함을 받을 자의 우편 귓부리 와 우편 손 엄지가락과 우편 발 엄지가락에 바를 것이요"라고 했다. 그리고 바울 사도도 고전5:7에 "너희는 누룩 없는 자인데 새 덩어리 가 되기 위하여 묵은 누룩을 내어버리라. 우리의 유월절 양 곧 그리스 도께서 희생이 되셨느니라"라고 한 것을 보면 희생의 제사는 메시아 언약과 필연적인 관계가 있다.

3) 므리바 반석을 통한 메시아 언약(약속)

하나님은 이스라엘 백성들을 인도하시면서 므리바에서 물이 없어 아우성을 칠 때 모세에게 이렇게 명령하셨다. 출17:6-7에 "내가 거기 서 호렙산 반석 위에 너를 대하여 서리니 너는 반석을 치라. 그것에서 물이 나리니 백성이 마시리라. 모세가 이스라엘 장로들의 목전에서 그대로 행하니라. 그가 그곳 이름을 맛사라 또는 「므리바」[65]라 불렀 으니 이는 이스라엘 자손이 다투었음이요 또는 그들이 여호와를 시 험하여 이르기를 여호와께서 우리 중에 계신가, 아닌가 하였음이더 라"라고 했고, 바울도 이 말씀을 인용했는데 고전10:4에 "다 같은 신 령한 음료를 마셨으니 이는 저희를 따르는 신령한 반석으로부터 마 셨으매 그 반석은 곧 그리스도시라"라고 한 것을 보면 이 반석은 바

---

65) "므리바" מְרִיבָה(메리바) : "다툼"

로 그리스도를 말한다. 하나님이 왜 이스라엘 백성들에게 3일 동안 물이 없는 므리바로 인도하시고는 어려움을 주셨을까? 메시아 언약 관점에서 풀어야 한다. 바로 반석 되신 메시아를 보내어 주시겠다는 하나님의 유일하신 언약을 기억하라는 것이다. 그리고 그리스도는 교회가 설 반석(기초)이다. 그리스도에게서 나오는 생수를 마시고 모든 신자들은 새롭게 된다. 반석에서 나오는 생수를 마시는 자는 특권을 가졌다. 예수 그리스도께서 말씀하신 것을 보면 요4:14에 "내가 주는 물을 먹는 자는 영원히 목마르지 아니하리니 나의 주는 물은 그 속에서 영생하도록 솟아나는 샘물이 되리라"라고 하셨고, 요7:38에도 "나를 믿는 자는 성경에 이름과 같이 그 배에서 생수의 강이 흘러나리라"라고 하셨다.

4) 성막과 기물을 통한 메시아 언약(약속)

성막을 세우는 목적이 하나님께서 이스라엘 백성 중에 거하실 수 있는 장막을 제공하셨다. 성막은 주 예수 그리스도의 모형으로 그 안에 있는 모든 것들은 그의 인성과 사역을 가리킨다. 그리고 성막은 예배의 중심이었다. 그 뒤 약속의 땅(가나안)에서 제일 중요한 자리였으며, 후에는 성전이 성막 대신 건립되었다. 성막의 모양은 하나님께서 모세에게 지시하신 성막의 식양에 근거를 두었다. 그리고 성막은 그리스도의 인격과 사역을 미리 비춘 그림자이며 그리스도는 성막의 궁극적인 완성이다. 그리스도께서 인간 가운데 거하신 것은 구약시대의 성막에 대한 하나님의 목적과 직접적으로 상응한다.

출25:8 내가 그들 중에 거할 성소를 그들을 시켜 나를 위하여 짓되

① 성막 울타리-그리스도 안에 성도를 거룩하게 구별하시고, 보호하시고 통치하시고 지켜 주신다는 영적 메시지가 있다.

바깥 문에서 들어오면서 결을 해야 한다. 즉 메시아 신앙고백을 해야 한다.

② 번제단- 영문 밖에 버려져 십자가에 달려 운명하신 그리스도 고난을 의미한다.

즉 주님이 번제물로 받아들여짐을 의미하는데 하나님은 자기백성들을 번제단에서 만나시고, 거기서 말씀하시겠다고 약속하신다. 그리스도만이 참 하나님을 만나는 길(요14:6)이 되시고 그리스도는 곧 말씀이시다(요1:1-14), 예배(제사) 시간은 바로 하나님과 만나는 가장 가치 있는 시간이며, 진리의 말씀인 반드시 성취될 말씀, 복된 말씀을 듣는 시간이다. 가장 복된 사람은 주야로 하나님의 말씀을 묵상하는 자다. 시1:2에 "오직 여호와의 율법을 즐거워하여 그 율법을 주야로 묵상하는 자로다"라고 했고, 출29:42에 "이는 너희가 대대로 여호와 앞 회막 문에서 늘 드릴 번제라 내가 거기서 너희와 만나고 네게 말하리라"라고 하셨다. 번제단을 만들어야 할 목적(이유)이 여기에 있다. 첫째로, 하나님이 거기서 만나고, 둘째로, 하나님이 거기서 말씀하시겠다고 하셨다. 죄 많은 인간이 하나님을 만날 수 없다. 오직 그리스도를 통해 하나님을 만날 수 있다[66](요14:6, 히10:19-20).

---

66) 요14:6 예수께서 가라사대 내가 곧 길이요 진리(眞理)요 생명(生命)이니 나로 말미암지 않고는 아버지께로 올 자(者)가 없느니라.
히10:19~20 그러므로 형제들아 우리가 예수의 피를 힘입어 성소에 들어갈 담력을 얻었나니, 그 길은 우리를 위하여 휘장 가운데로 열어 놓으신 새롭고 산 길이요 휘장은 곧 저의 육체니라.

③ 물두멍 – 우리 죄를 씻음. 예수 그리스도의 보혈로 정결케 된다.

여기에 관한 성경말씀들은 다음과 같다. 출29:4에 "너는 아론과 그 아들들을 회막 문으로 데려다가 물로 씻기고"라고 했고, 출30:18-20에 "너는 물두멍을 놋으로 만들고 그 받침도 놋으로 만들어 씻게 하되 그것을 회막과 단 사이에 두고 그 속에 물을 담으라. 아론과 그 아들들이 그 두멍에서 수족을 씻되, 그들이 회막에 들어갈 때에 물로 씻어 죽기를 면할 것이요 단에 가까이 가서 그 직분을 행하여 화제를 여호와 앞에 사를 때에도 그리 할지니라" 했고, 레14:8에 "정결함을 받는 자는 그 옷을 빨고 모든 털을 밀고 물로 몸을 씻을 것이라 그리하면 정하리니 그 후에 진에 들어 올 것이나 자기 장막 밖에 칠일을 거할 것이요"라고 했고, 신약성경 벧전3:21에도 "물은 예수 그리스도의 부활하심으로 말미암아 이제 너희를 구원하는 표니 곧 세례라 육체의 더러운 것을 제하여 버림이 아니요 오직 선한 양심이 하나님을 향하여 찾아가는 것이라"라고 했고, 레4:25 "제사장은 그 속죄 희생의 피를 손가락에 찍어 번제단 뿔에 바르고 그 피는 번제단 밑에 쏟고"라고 했고, 레14:14에 "제사장은 그 속건제 희생의 피를 취하여 정결함을 받을 자의 우편 귓부리와 우편 손 엄지가락과 우편 발 엄지가락에 바를 것이요"라고 했고, 레14:25에 "속건제의 어린 양을 잡아서 제사장은 그 속건제 희생의 피를 취하여 정결함을 받을 자의 우편 귓부리와 우편 손 엄지가락과 우편 발 엄지가락에 바를 것이요"라고 했고, 히9:22에 "율법을 좇아 거의 모든 물건이 피로써 정결케 되나니 피 흘림이 없은 즉 사함이 없느니라"라고 했다. 그래서 물두멍은 그리스도 십자가 보혈을 의미하며, 하나님은 이스라엘 백성들이 이 언약을 굳게 붙잡으라고 물두멍을 만들게 하셨다.

④ 떡상 – 그리스도가 우리에게 영원한 생명의 떡이 되신다.

출40:23에 "또 여호와 앞 그 상위에 떡을 진설하니 여호와께서 모세에게 명하신 대로 되니라"라고 했고, 주님도 요6:35에 "예수께서 가라사대 내가 곧 생명의 떡이니 내게 오는 자는 결코 주리지 아니할 터이요 나를 믿는 자는 영원히 목마르지 아니하리라"라고 하셨다. 그리고 사람이 떡을 서로 나누어 먹음으로 교제가 되듯이(행2:42, 46) 그리스도의 몸(떡)을 통해서 하나님과 우리 인간과 교제가 가능하고(성찬의 의미), 또 성도들과도 교제가 이루어진다.

애4:4에 "젖먹이가 목말라서 혀가 입천장에 붙음이여 어린 아이가 떡을 구하나 떼어 줄 사람이 없도다"라고 했다. 복음전하는 자가 없으면 이렇게 비참하게 된다. 우리 가정에 아이들이 먹을 것이 없어 영양실조에 걸려 죽어간다고 생각해보자. 무슨 일이 더 중요한지 빨리 깨달아야 한다. 특히 영적비밀인 그리스도 복음을 몰라서 악한 영에 시달리고 있음을 실감해야 할 것이다. 생명의 떡이신 그리스도를 전하는 전도자가 얼마나 소중한지 주님은 말씀하셨다. 그리고 바울도 고전9:16에 "내가 복음을 전할지라도 자랑할 것이 없음은 내가 부득불 할 일임이라. 만일 복음을 전하지 아니하면 내게 화가 있을 것임이로라"고 했다. 지금도 지구는 전도자 때문에 돌고 있다(마24:14).

⑤ 등대 – 등대는 메시아가 생명의 빛이 되심을 말한다.

출25:31-32에 하나님은 모세에게 말씀하시기를 "너는 정금으로 등대를 쳐서 만들되 그 밑판과 줄기와 잔과 꽃받침과 꽃을 한 덩이로 연하게 하고, 가지 여섯을 등대 곁에서 나오게 하되 그 세 가지는 이편으로 나오고 그 세 가지는 저편으로 나오게 하며"라고 말씀하셨다. 요한도 말하기를 요1:4-5에 "그(예수 그리스도) 안에 생명이 있었으니 이 생명은 사람들의 빛이라. 빛이 어두움에 비취되 어두움이 깨닫지 못하더라"라고 했고, 또 주님이 말씀하시기를 요9:5에 "내가 세상에 있는 동안에는 세상의 빛이로다"라고 말씀하셨다. 등대도 바로 메시아를 말한다. 예수께서 「나는 세상의 빛이다」(요9:5)라고 하셨고 요한도 예수님을 「생명의 빛이라」(요1:4-5)고 했다. 그렇다면 그리스도 없으면 흑암이(캄캄함이)[67] 이 세상을 정복할 것이고 혼돈(어느 것이 맞는지 모름, 혼란, 무질서, 방황)하고 공허(텅 빈 아무것도 없는 상태)할 것이다(창1:2). 그리고 요한은 밧모 섬에 본 환상을 말한다.[68] 그리고 등대는 그리스도가 머리가 되고 교회 성도들이 그의 몸이 되는 일곱 교회를 의미하기도 한다. 또 계1:20에 "네 본 것은 내 오른손에 일곱별의 비밀과 일곱 금 촛대라. 일곱별은 일곱 교회의 사자요. 일곱 촛대는 일곱 교회니라"라고 했고, 계 2:1에 "에베소 교회의 사자에게 편지하기를 오른손에 일곱별을 붙잡고 일곱 금 촛대 사이에 다니시는 이가 가라사대……"라고 했다.

우리에게도 사명이 있다. 주님은 산상보훈에서 말씀하시기를 마5:14에 "너희는 세상의 빛이라. 산 위에 있는 동네가 숨기우지 못할 것이요"라고 하셨다. 우리는 세상에 등대 역할을 해야 한다. 많은 사람들이 복음의 빛을 몰라서 가정과 교육과 정치와 경제가 파산되고 있다. 험악한 세상 어두운 세상을 밝혀야 할 사명이 우리에게 있다.

⑥ 향단-그리스도의 중보의 역할을 의미하는 동시에 성도는 예수 그리스도 이름으로 기도하면 하나님이 응답하시고, 하나님의 천사가

---

67) חֹשֶׁךְ(호쉐크) '어두움' ; 따라서 (문자적으로) '흑암' ; 상징적으로 '불행', '파멸', '죽음', '무지', '슬픔', '사악', 어두움(흑암), 밤, 불분명, 암흑, 모호함
68) M. R. 디한 저-「성막」-생명의 말씀사-1962. 1. 10. p.133

동원된다. 계8:3-5에 "또 다른 천사가 와서 제단 곁에 서서 금향로를 가지고 많은 향을 받았으니 이는 모든 성도의 기도들과 합하여 보좌 앞 금단에 드리고자 함이라. 향연이 성도의 기도와 함께 천사의 손으로부터 하나님 앞으로 올라가는지라. 천사가 향로를 가지고 단 위의 불을 담아다가 땅에 쏟으매 뇌성과 음성과 번개와 지진이 나더라"라고 했다. 또 주님이 말씀하시기를 요14:14에 "내 이름으로 무엇이든지 내게 구(求)하면 내가 시행(施行)하리라"라고 하셨다. 그래서 지금 신약(은혜)시대에는 예수 그리스도 이름으로 기도하면 하나님이 응답하신다. 이러한 말씀들은 분명히 향단에서의 분향은 그리스도의 중보의 기도를 계시함과 동시에 성도들의 기도를 간접적으로 말하고 있으며, 또 기도가 어떠해야 할 것까지도 보여 준다. 향을 피우기 위해서 반드시 번제단에서 불을 가지고 와야 한다(출30:9).[69] 그리고 향단도 일년에 일차씩 속죄제의 피로 속죄함을 받아야 했다(출30:10).[70]

바울 사도는 말하기를 고후2:15에 "우리는 구원 얻는 자들에게나 망하는 자들에게나 하나님 앞에서 그리스도의 향기니"라고 했다. 우리에게 사명이 있다면 썩는 냄새가 나는 이 세상에 그리스도의 향기를 발해야 한다. 그러므로 우리는 그리스도로 충만해야 한다.

⑦ 성소의 휘장-그리스도를 믿어야 한다. 원래 지성소에 아무나 들어 갈 수 없었고, 대제사장이 1년에 단 한 번만 속죄일에 들어 갈 수 있었다. 그런데 그리스도께서 십자가에 운명하시니 성소의 휘장이

---

69) 레10:1 아론의 아들 나답과 아비후가 각기 향로를 가져다가 여호와의 명하시지 않은 다른 불을 담아 여호와 앞에 분향하였더니
민26:61 나답과 아비후는 다른 불을 여호와 앞에 드리다가 죽었더라.
70) 출30:10 아론이 일년 일차씩 이 향단 뿔을 위하여 속죄하되 속죄제의 피로 일년 일차씩 대대로 속죄할지니라. 이 단은 여호와께 지극히 거룩하니라.

위에서 아래로 찢어졌다.[71] 물론 하나님이 찢으셨다.

　이 말은 휘장이 찢어지므로 인간이 하나님을 만나는 길을 여신 것이다. 이 사건은 지구가 생기고 처음 있는 일이요 마지막 사건이다. 한 번 열린 천국의 문은 누구도 닫을 수 없다.[72] 마27:50-51에 "예수께서 다시 크게 소리 지르시고 영혼이 떠나시다. 이에 성소 휘장이 위로부터 아래까지 찢어져 둘이 되고"라고 한 말씀을 알고 히브리서를 기록한 기자는 히10:19-20에 "그러므로 형제들아 우리가 예수의 피를 힘입어 성소에 들어갈 담력을 얻었나니 그 길은 우리를 위하여 휘장 가운데로 열어 놓으신 새롭고 산길이요 휘장은 곧 저의 육체니라"라고 했다. 그래서 예수 그리스도께서는 「내가 곧 길이요, 진리요, 생명이다. 나를 통하지 않고는 아무도 아버지께로 가지 못한다」(요14:6)라고 말씀하셨다. 우리 인간은 죄인이기 때문에 하나님을 만날 수 없었다. 그러나 예수 그리스도를 믿고 영접하므로(요1:12) 그리스도를 통해 하나님을 만날 수 있다. 그래서 예수 이름으로 기도하면 하나님이 응답하시는 것이다. 모든 예배(제사)의식은 예수 그리스도를 통해 하나님께 드려지는 것이다.

　그러므로 모든 것이 오직 예수 그리스도로 말미암아(통하여) 성취된다. 그리고 휘장이 찢어지는 일은 다시는 반복되지 않는다. 그것은 단 번에 영원히 되어진 사건이다. 이 얼마나 안전한가! 이 얼마나 확신을 주는 사건인가! 오 얼마나 우리를 위로해 주고 용기를 주는 사실인가? 마11:27에 "내 아버지께서 모든 것을 내게 주셨으니 아버지 외에는 아들을 아는 자가 없고 아들과 또 아들의 소원대로 계시를 받는

---

71) M. R. 디한 저-「성막」-생명의 말씀사-1962. 1. 10. p.155
72) Ibid. p. 161

자 외에는 아버지를 아는 자가 없느니라." 요1:17에 "율법은 모세로 말미암아 주신 것이요. 은혜와 진리는 예수 그리스도로 말미암아 온 것이라." 롬3:26에 "곧 이 때에 자기의 의로우심을 나타내사 자기도 의로우시며 또한 예수 믿는 자를 의롭다 하려 하심이니라"라고 했다.

⑧ 속죄소 — 속죄소란 뜻은 뚜껑, 덮는다는 뜻이다.[73]

제사장이 1년에 한 번씩 백성들이 죄를 속죄하기 위해 양의 피를 가지고 지성소에 들어가 속죄소 위에 뿌렸다. 거기서 하나님을 만나게 되고 하나님의 말씀을 메시지로 받게 된다. 속죄소를 만들게 하신 하나님의 목적이 있다. 바로 거기서 자기 백성을 만나고 말씀하시겠다고 하셨다.

> 출25:22 거기서 내가 너와 만나고 속죄소 위 곧 증거궤 위에 있는 두 그룹 사이에서 내가 이스라엘 자손을 위하여 네게 명할 모든 일을 네게 이르리라.

⑨ 언약궤 — 언약궤 안에는 3가지가 있었다. 그 안에 십계명이 기록된 돌비 2개와 만나 담은 금 항아리와 아론 제사장의 싹 난 지팡이가 들어 있었다.

> 히9:4 금향로와 사면을 금으로 싼 언약궤가 있고 그 안에 만나를 담은 금

---

73) 속죄소
כַּפֹּרֶת(카포레트)는 '뚜껑'(언약궤의 '뚜껑'으로만 사용됨) : — 속죄소, 속죄의 장소
כַּפֹּרֶת(카포레트)는 כָּפַר(카파르)에서 유래했다. (특히 역청으로) '덮다' ; 상징적으로 '속죄하다' 또는 '용서하다', '달래다' 또는 '지워버리다' : — 가라앉히다, 속죄하다, 정결케 하다, 취소하다, 용서하다, 자비롭다, 진정시키다, 칠하다, 정하게 하다, 제거하다, 화목하다(화목을 이루다), 깨끗하게 하다, 속죄하다, 화해케 하다, 역청으로 덮다.

항아리와 아론의 싹난 지팡이와 언약의 비석들이 있고

　a. 돌비(십계명) : 십계명을 통해 하나님이 주신 메시아 언약을 대대로 잊지 말고 기억하라고 주셨다. "나는 너희를 애굽 땅에서 구원하여 낸 여호와로라."(출 20:2). 즉 이스라엘 백성들을 왜 애굽에서 구원하여 내셨는지 그 이유를 알아야 한다. 메시아 언약 계승(繼承)을 위해서다. 예수 [구약 여호수아(יהושע)를 헬라어로 음역하면 이예수스(Ἰησοῦς)]라는 이름의 뜻이 「여호와 구원」이다. 예수님은 유일한 구원 주가 되신다. 다른 이로서는 구원을 얻을 수 없다(행4:12). 오직 예수님만이 우리의 구세주(救世主)가 되신다(요14:6).

　　출20:1-2 하나님이 이 모든 말씀으로 일러 가라사대 나는 너를 애굽 땅, 종 되었던 집에서 인도하여 낸 너의 하나님 여호와로라.

　b. 만나 담은 금 항아리 : 만나를 볼 때마다 사람이 떡으로만 살 것이 아니요 하나님의 입으로 나오는 모든 말씀으로 살아야 하기 때문이다. 역시 메시아 언약을 놓치지 말라는 말씀이다. 떡(밥이나 음식)은 아무리 먹어도 귀신들린 자가 치료받거나, 영적문제가 해결되지는 않는다. 떡(음식)은 과식을 하면 도리어 질병(위장병)에 걸리기 쉽다. 그러나 영의 양식인 하나님의 말씀(복음)은 많이 먹을수록 은혜가 되어 확신이 오고 능력이 나타난다.

　　신8:3 너를 낮추시며 너로 주리게 하시며 또 너도 알지 못하며 네 열조도 알지 못하던 만나를 네게 먹이신 것은 사람이 떡으로만 사는 것이 아니요 여호와의 입에서 나오는 모든 말씀으로 사는 줄을 너로 알게 하려 하심이니라.

c. 아론의 싹 난 지팡이 : 그리스도(메시아)의 부활을 의미한다.

민17:5 내가 택한 자의 지팡이에는 싹이 나리니 이것으로 이스라엘 자손이 너희를 대하여 원망하는 말을 내 앞에서 그치게 하리라.

⑩ 4개의 뿔

성경에서 뿔은 큰 능력을 상징하고 있다.[74] 그래서 4개의 뿔은 그리스도(메시아)의 권세와 능력을 의미한다. 그리스도는 하늘과 땅의 모든 권세를 다 가지고 계신다(마28:18). 그리스도는 전능하신 분이시다(사9:6). 왜냐하면 그 분은 바로 하나님이시요, 창조자가 되시기 때문이다. 그 증거로 십자가에 죽으셨지만 3일 만에 부활하셨다(고전 15:3-5).

롬1:16 내가 복음을 부끄러워하지 아니하노니 이 복음은 모든 믿는 자에게 구원을 주시는 하나님의 능력이 됨이라. 첫째는 유대인에게요 또한 헬라인에게로다.
고전1:18 십자가의 도가 멸망하는 자들에게는 미련한 것이요 구원을 얻는 우리에게는 하나님의 능력이라.

5) 놋뱀을 통한 메시아 언약(약속)

민 21:8-9 여호와께서 모세에게 이르시되 불뱀을 만들어 장대 위에 달라. 물린 자마다 그것을 보면 살리라. 모세가 놋뱀을 만들어 장대 위에 다니 뱀에게 물린 자마다 놋뱀을 쳐다본 즉 살더라.
요3:14-15 모세가 광야에서 뱀을 든 것같이 인자(그리스도)도 들려야 하

---

74) 「성막」 생명의 말씀사 1989. 8. 25. p.97

리니, 이는 저를 믿는 자마다 영생을 얻게 하려 하심이니라.

지금 더 이상 놋뱀을 만들 필요 없다. 그리스도가 십자가 위에서 다 해결하셨기 때문이다.

왕하18:4 여러 산당을 제하며 주상을 깨뜨리며 아세라 목상을 찍으며 모세가 만들었던 놋뱀[75]을 이스라엘 자손이 이때까지 향하여 분향하므로 그것을 부수고 느후스단이라 일컬었더라.

6) 도피성을 통한 메시아 언약(약속)
도피성에 대한 규례

여기에서는 도피성의 규례(민35:9-34)에 관한 명령이 내렸다. 이 도피성의 규례에는 선한 율법과 순수한 복음에 관한 것이 많이 있다.

① 살인과 고살 죄에 관한 훌륭한 법이 나와 있다.

a. 고의적인 살인은 반드시 사형에 처해야 했다. 그리고 그 경우에는 도피성이 허락될 수 없고 배상금이나 감형이 결코 용납될 수 없다. 잘못을 범했을 경우에는 반드시 그 잘못에 대한 손해 배상을 해 주어야 했다. 그러나 살인자의 경우에는 그가 불법적으로 빼앗아간 생명은 다시 반환해 줄 수가 없기 때문에 자신의 생명을 대신 내어 주

---

75) *뱀이란 말은 '점(占)치다' 란 뜻이 있다.
נְחֻשְׁתָּן 느후쉬탄 '구리로' 만들어진 물건, 즉 광야의 구리 '뱀' :— 느후스단 ; 광야에서 모세가 만든 놋뱀의 이름
נָחַשׁ 나하쉬 : 본래 의미는 쉿! 하는 '소리를 내다' , 즉 (마술적인) 주문을 '속삭이다' ; '예지하다' : —확실하게 점치다, 복술사, 복술, 경험으로 배우다, 참으로, 열심히 관찰하다. 점을 치다, 예언하다, 기적을 알다, 경험으로 알다, 열심히 관찰하다, 전조를 해석하다라는 뜻이다.

어 처형당해야 했는데, 이것은 어떤 사람들이 생각하는 것처럼 죽은 사람의 영혼이나 망령을 달래기 위해서가 아니라, 율법과 국가의 공의를 만족시키기 위해 그리고 다른 모든 사람들로 하여금 그렇게 하지 않도록 경고하기 위해서였다. 살인자에 대한 고소뿐만 아니라 살인자를 처형하는 일도 피살자의 가장 가까운 친족에게 위탁되었다. 즉 그에게는 피살된 친족의 재산이 저당 잡혀 있다면 그것을 도로 찾아 주어야 할 책임이 있듯이 그 친족이 살해당했다면 그 피를 보수해야 하는 책임도 있었던 것이다. "피를 보수하는 자가 그 고살자(故殺者, הָרֹצֵחַ-רָצַח the murderer 살인자)를 친히 죽일 것이니"(19절).

  b. 그러나 만일 살인 행위가 고의적이거나 계획적이지 않다면, 즉 '원한 없이 우연히' 혹은 '기회를 엿봄이 없이' (22절) 또한 '보지 못하고', '해하려한 것도 아닌' (23절)데도 살인이 발생했다면(이런 것을 우리 법에서는 과실 치사 혹은 불운한 살인이라고 부른다), 이런 경우에는 살인자가 그리로 도망할 수 있도록 정해진 도피성들이 있었다. 영국법에 의하면 이러한 경우에는 재산을 몰수당하게 된다. 그러나 특별한 사실이 발견되면 사면될 수도 있다. 도피성에 관한 율법은 다음과 같다. 만일 어떤 사람이 사람을 죽였다면 그는 회중 앞에서 즉 공개 법정에서 재판을 받을 때까지는 이 도피성에 있음으로써 율법의 보호를 받으며 안전하게 지낼 수 있었다. 만일 재판을 통해서 그것이 고의적인 살인이었다는 것이 드러나면 도피성은 더 이상 그를 보호해 주어서는 안 되었다. 그것은 이미 정해진 사실이었다. '너는 그를 내 단에서라도 잡아내려 죽일지니라' (출 21:14)[76]라고 매튜헨리는 말했다. 그러나 만일 그것이 실수나 우연에 의한 살인이었으며 그

---

76) 매튜헨리 「주석」

리고 그를 친 것이 그 사람의 생명이나 다른 어떤 것을 노린 것이 아니었다는 사실이 판명되면 그 살인자는 도피성에서 계속 안전하게 지낼 수 있었다. 그렇게 해서 피를 보수할 자가 그를 건드리지 못하도록 했다(25절). 그곳에서 그는 '대제사장의 죽기까지' 자기 집과 가산에서 추방된 상태로 머물러 있어야 했다. 여기서 다음 몇 가지 점을 살펴보자. 첫째, 하나님께서는 이렇게 살인자의 생명을 보존하심으로써 그들의 죄라기보다는 불행이라고 할 수 있는 것 때문에 사람이 죽음을 당해서는 안 된다는 것을 우리에게 가르치려고 하셨다. 둘째, 하나님께서는 살인자를 그 본래 살던 성읍에서 추방하여 도피성에 가두어 두심으로써 피 흘리는 죄에 대해 두려움을 품고 생명을 매우 소중히 여기도록 우리에게 가르치려고 하셨다. 셋째, 범죄자의 추방 기간을 대제사장의 죽기까지로 제한함으로써 그 신성한 직책을 명예롭게 하였다. 도피성은 모두가 레위인의 성읍들이며 대제사장은 레위 지파의 우두머리이므로 그 성읍들에 감금된 자들은 대제사장의 포로로 간주되는 것이 당연하다. 따라서 대제사장이 죽으면 그들은 마땅히 해방되어야 했다.

② 도피성의 모형과 상징 아래에는 복음에 대한 것이 많이 들어 있다.

사도가 '앞에 있는 소망을 얻으려고 피하며 가는 우리' (히 6:18) 라고 말한 것이나, '그리스도를 얻고 그 안에서 발견되려 함이니' (빌 3:8,9)라고 말한 것은 바로 이 도피성들을 암시하고 있는 것 같다.

a. 여러 도피성들을 두어 그 나라의 여러 지역에 위치하게 함으로서 살인자가 이스라엘 땅 어느 곳에 살든지 간에 반나절이면 그 중 어느 하나에 도착할 수 있도록 했다. 비록 우리가 도피할 수 있도록 정해진 그리스도는 오직 한 분뿐이지만, 우리가 어디에 있든지 간에 그

는 가장 가까이 계시는 피난처이시며 즉시 도움을 주실 수 있는 분이다. 왜냐하면 '말씀이 우리 가까이에 있고' 그리스도는 말씀 안에 계시기 때문이다.

b. 살인자는 이 도피성들 중 어느 곳에서도 안전하였다. 이와 같이 그리스도에게로 피하여 그 안에서 안식하는 신자들은 그리스도 안에서 하나님의 진노와 율법의 저주로부터 보호를 받는다. '그리스도 예수 안에 있는 자에게는 결코 정죄함이 없나니' (롬 8:1).

c. 도피성은 모두 레위인들의 성읍들이었다.

레위인들이 불쌍한 죄수들을 위로하고 격려하며 환영한다는 것은 좋은 일이었다. 이와 같이 불쌍한 죄인들을 그리스도에게로 영접하고, 은혜로 말미암아 그리스도 안에 있는 자들을 돕고 권면해 주는 것이 복음 사역자들의 할 일이다.[77]

d. 이스라엘 본 태생이 아닌 타국인과 우거하는 자들까지도 이 도피성의 혜택을 받을 수 있게 했다(15절). 이와 같이 그리스도 예수 안에서는 이방인이나 유대인이나 차별이 없다.

e. 도피성의 들이나 접경까지도 그 범죄자들에게는 충분히 안전한 범위였다(26-27절). 이와 같이 그리스도의 옷 가장자리 조차도 불쌍한 죄인들을 치료하고 구원하기에 효력이 있었다.

방주 안에 들어간 사람들은 다 홍수의 멸망에서 구원받은 것처럼 누구든지(죄인들) 그리스도 안에 들어가면 산다. 도피성은 죄인들을 위해 필요하듯이 그리스도는 죄인을 위해 오셨다. 막2:17에 "예수께서 들으시고 저희에게 이르시되 건강한 자에게는 의원이 쓸데없고 병든 자에게라야 쓸데 있느니라. 내가 의인을 부르러 온 것이 아니요 죄인

---

77) Ibid

을 부르러 왔노라 하시니라"라고 말씀하신 것을 보면 우리 주님은 우리를 구원하실 뿐 아니라 모든 고통을 다 해결해 주시고 축복을 받게 하셨다 는 것을 우리는 알 수 있다. 그래서 바울은 말하기를 롬8:1-2에 "그러므로 이제 그리스도 예수 안에 있는 자에게는 결코 정죄함이 없나니, 이는 그리스도 예수 안에 있는 생명의 성령의 법이 죄와 사망의 법에서 너를 해방하였음이라"라고 했고, 예수님도 요 5:24에 말씀하시기를 "내가 진실로 진실로 너희에게 이르노니 내 말을 듣고 또 나 보내신 이를 믿는 자는 영생을 얻었고 심판에 이르지 아니하나니 사망에서 생명으로 옮겼느니라"라고 말씀하셨다. 딤후2:10에 "그러므로 내가 택하신 자를 위하여 모든 것을 참음은 저희로도 그리스도 예수 안에 있는 구원을 영원한 영광과 함께 얻게 하려 함이로라"라고 했고, 고후 5:17에도 "그런즉 누구든지 그리스도 안에 있으면 새로운 피조물이라. 이전 것은 지나갔으니 보라 새것이 되었도다"라고 했다.[78]

그러므로 누구든지 예수 믿으면 그리스도 안에 있는 자요, 영생(구원)을 얻는 동시에 하나님의 자녀가 되는 권세를 얻고 심판도 없고 사망에서 생명으로 옮겨졌다. 그리고 그리스도 예수 안에서 새로운 피조물이 된다. 우리의 노력으로 되는 것이 아니니 하나님의 은혜다.[79]

하나님은 구약시대에도 메시아 언약으로 보여 주기 위해서 도피성을 두게 하셨다.

7) 선지자 하나를 통한 메시아 언약

신18:15 네 하나님 여호와께서 너의 중 네 형제 중에서 나와 같은 선지자

---

78) Ibid.
79) Ibid

하나를 너를 위하여 일으키시리니 너희는 그를 들을지니라.
신18:18 내가 그들의 형제 중에 너와 같은 선지자 하나를 그들을 위하여 일으키고 내 말을 그 입에 두리니 내가 그에게 명하는 것을 그가 무리에게 다 고하리라.
행3:22 모세가 말하되 주 하나님이 너희를 위하여 너희 형제 가운데서 나 같은 선지자 하나를 세울 것이니 너희가 무엇이든지 그 모든 말씀을 들을 것이라.

베드로는 그들 모두에게 그리스도인이 될 것을 권고한다(행3:19-26). 그는 그들이 무엇을 믿어야 하는가를 말해준다. 즉 그들은 예수 그리스도가 약속된 씨라는 것을 믿어야 한다(25절). 육체로는 아브라함의 자손이신 예수를 인하여 이스라엘 족속 뿐만 아니라 땅 위의 모든 족속이 복을 받게 된다. 그들은 예수 그리스도께서 선지자라는 것을 믿어야 한다. 그는 하나님께서 그들을 위하여 그들의 형제 가운데서 세우실 것을 약속하신 모세와 같은 선지자였다(22절). 그리스도는 선지자이시다. 이는 하나님께서 그를 통하여 우리에게 말씀하시기 때문이다. 또한 그는 모세와 같이 그의 백성들을 속박으로부터 해방시키시는 인도자이시다. 모세는 종으로서 그리스도는 아들로서 신실하였다. 모세가 온유와 인내의 전형이었듯이 예수도 그러하다. 모세만한 선지자가 없었다. 그러나 모세보다 더 크신 이가 여기 있으니 바로 그리스도이시다. 그는 하나님께서 세우신 선지자이시다. 그는 맨 먼저 이스라엘에서 세움 받으셨다. 그들은 그들에게 주어진 하나님의 은혜의 첫 번째 수혜자들이었다. 그러므로 그는 그들 가운데 세움을 받으셨던 것이다. 그가 자기 백성에게 오신다면 그들은 마땅히 그를 받아들여야 할 것이다. 구약의 교회는 '사무엘 때부터 옴으로 말한 모든 선지자들' (24절)로 축복을 받았다. 그러나 이 종들은 계속하여 그들에게 능욕 당했으므로 마침내 하나님께서는 그의 아들을 보내셨던 것이다. 그들은 '유쾌하게 되는 날이 주 앞으로부터 이를 것'(19절)과 그날이 '만유를 회복하실 때(21절)' 임을 믿어야만 한다. 주님의 부재는 많은 죄인들을 안전하게 해주고 성도들을 불신 받게 하는 원인이 되었다. 그러나 이제 그의 임재는 서둘러 진행되고 있으며 죄인과 성도 모두를 영원히 잠잠하게 만들 것이다.[80]

8) 모세는 메시아 모형이다.

아마 구약 시대의 나타나는 인물 중 모세가 가장 전형적인 메시아 모형이라 할 수 있다. 모세는 비천한 곳에서 출생하였으며(출2:1-10), 세상에 있는 동안의 사역과 죽은 후에 다시 나타남 등은 예수 그리스도와 거의 비슷한 모형이다. 특히 하나님은 이스라엘을 구원해 내는데 모세를 선택하셨고 그를 사용하셨다(출3:7-10). 그리고 이스라엘을 위하여 왕궁에서 호화 호식하는 안락한 환경보다 이스라엘과 함께 고난 받기를 원했다(출2:11-15, 히11:24-25).[81] 그는 중보자로(신32:30-35), 변호자로(신17:1-7), 예언자로(신18:15), 피를 뿌려 구원을 예비했다(출12:1-13).[82]

9) 그 외에도 메시아 언약이 많이 있다.

---

80) 매튜헨리 주석
81) 히11:24-25 믿음으로 모세는 장성하여 바로의 공주의 아들이라 칭함을 거절하고, 도리어 하나님의 백성과 함께 고난 받기를 잠시 죄악의 낙을 누리는 것보다 더 좋아하고,
82) 성경종합 연구 P.102

※ 대제사장인 아론은 죄를 씻기 위하여 제사를 드렸다(레16:11, 15).
　※ 아사셀 : 이스라엘의 죄를 지고 광야로 보내지는 염소는 자신의 몸으로 우리의 죄를 담당하신 그리스도의 모형이다(레16장, 사53장).

6. 여호수아에게 주신 메시아 언약

　모세가 죽은 후 여호수아가 그의 뒤를 물려 받아 이스라엘을 이끌고 요단강을 건너 여리고성을 정복하므로 약속의 땅인 가나안 땅을 정복하게 된다. 이것은 하나님이 이미 그들의 조상인 아브라함에게 언약(약속)으로 주신 메시아 언약이었다. 창15:13-16에 "여호와께서 아브람에게 이르시되 너는 정녕히 알라. 네 자손이 이방에서 객이 되어 그들을 섬기겠고 그들은 사백년 동안 네 자손을 괴롭게 하리니 그 섬기는 나라를 내가 징치할지며 그 후에 네 자손이 큰 재물을 이끌고 나오리라. 너는 장수하다가 평안히 조상에게로 돌아가 장사될 것이요. 네 자손은 사대 만에 이 땅으로 돌아오리니 이는 아모리 족속의 죄악이 아직 관영치 아니함이니라 하시더니"라고 했다.

　우리가 성경을 읽고 연구하다가 보면 신기하게 메시지를 발견할 수 있는데, 하나님의 언약은 하나님이 반드시 성취하신다는 것을 우리는 볼 수 있다. 고로 메시아 언약에 쓰임 받은 인물들은 노예도 감옥에 들어간 죄인도 살인자도 기생도 쓰임 받았는데 시대적인 응답과 축복을 받아 누렸던 것을 우리는 볼 수 있다. 창18:21에 "내가 이제 내려가서 그 모든 행한 것이 과연 내게 들린 부르짖음과 같은지 그렇지 않은지 내가 보고 알려 하노라"라고 했고, 출3:8에 "내가 내려와서 그들을 애굽인의 손에서 건져내고 그들을 그 땅에서 인도하여 아름답고 광대한 땅, 젖과 꿀이 흐르는 땅 곧 가나안 족속, 헷 족속, 아모리 족속, 브리스 족속, 히위 족속, 여부스 족속의 지방에 이르려 하노라" 라고 한 것처럼 하나님은 약속을 하시고 그 약속을 그대로 시행하심을 볼 수 있다.

그리고 하나님은 약속의 땅에서 이스라엘 백성들이 안식(安息)하게 하셨다(1:15).[83] 안식은 하나님의 선물을 통해 하나님과 함께 사는 것을 나타내 준다.[84] 그리고 안식의 주인을 잊어서는 안 된다. 안식일의 주인은 우리 주 예수 그리스도시다(마12:8 인자는 안식일의 주인이니라.) 그렇다면 그리스도 안에 들어갈 때 참 안식이 있다.

7. 왕으로 오실 메시아 언약(신17:14-20)[85]

왕하17:38 "또 내가 너희와 세운 언약을 잊지 말며 다른 신들을 경외치 말고."

1) 이스라엘 나라에는 왕이 필요했다.

① 독립된 국가가 되어야 하기 때문이다.
② 하나님을 공경하는 왕이 세워지면 나라가 살기 때문이다.
③ 왕이 설 것을 예언되었다.

---

83) 폴 R. 하우스 「구약신학」 Old Testament Theology p. 349 357
84) Trent C. Butler. *joshua*. Word Biblical Commentary 7(Waco. Tex. : Word. 1983. p. 22
85) 류광수 2002. 12. 29. 핵심 메시지

a. 타국인에게 세우지 말고 형제 중에서 왕을 세워야 한다.

b. 말을 많이 둔 자를 금지했다.[86] 왜냐 하면 말을 많이 얻으려고 애굽으로 백성을 많이 돌아가게 하기 때문이다. 하나님은 이스라엘 백성이 다시 애굽으로 내려가는 것을 제일 싫어 하셨다. 그 이유는 메시아 언약을 놓치고 엉뚱한 짓을 또 할 것을 알고 계셨기 때문이다.

c. 아내를 많이 두지 못하게 하셨다.

신17:17(현대인의 성경)에 "왕은 또 아내를 많이 두어서는 안 됩니다. 그렇게 되면 그 마음이 여호와를 떠나게 될 것이다. 그리고 그는 자기를 위해 은과 금을 많이 쌓아 두어서도 안 됩니다"라고 했다. 백성을 잘 다스려야 할 한 나라의 최고 지도자가 여자와 물질에 눈이 어두워 버리면 그 백성들은 불행하게 된다.

e. 말씀을 평생 옆에 두고 살 것을 당부하셨다.

> 신17:18-19 "누구든지 왕위에 오르는 사람은 레위 지파의 제사장들이 보관하고 있는 율법서를 베껴서 그 사본을 자기 곁에 두고 평생 동안 읽으며 그의 하나님 여호와를 두려운 마음으로 섬기는 법을 배우고 거기에 기록된 모든 법과 규정을 충실히 지켜야 했다."

2) 이스라엘에는 왕이 필요했으나 인간에게는 참된 왕이 나올 수 없다.

① 창 3:15 백성들의 근본 문제를 진단하고 해결할 왕이 필요했다.

---

86) (현대인의 성경) 신 17:16 "왕은 말을 많이 소유해서는 안 되며 말을 사려고 백성을 이집트로 보내서도 안 됩니다. 이것은 여호와께서 여러분에게 다시는 그리로 돌아가지 말라고 말씀하셨기 때문입니다."

지금도 유대인들은 다윗같은 왕이 오기를 기다리고 있다.

② 그러나 이 메시아 언약의 비밀을 아는 왕이 귀하다. 한 나라 지도자가 하나님의 비밀인 복음을 깨닫고 백성을 다스린다면 하나님은 그 나라에 큰 은총을 베풀어 주실 줄 확신한다.

③ 지금도 마찬가지다. 이 땅에 어려움은 복음이 희미하게 되고 있기 때문이다.

복음이 희미하면 성의 없는 답변을 말할 수밖에 없다. 이런 유머가 있다. 어떤 여인이 질문을 했다. "우리나라 돈에는 왜 여자가 없죠?" 하니까 답변을 하는 사람이 "500원 짜리 동전에 학이 암컷이요"라고 했다. 또 어떤 사람이 "인터넷을 하는데 한 10분쯤 하면 왜 다운이 되죠" 하니까. "9분만 하시구려"라고 했다. 이런 대답이 시원한 대답이 될 수 있을까? 지금 영적으로 시달리는 사람에게 해답을 줄 수 있는 사람이 누구인가? 사탄의 정체를 알고 그리스도의 권세를 알고 주님이 우리에게 주신 권세를 가진 자만이 영적문제를 위해 기도하면 역사가 일어난다. 주님은 말씀하시기를 막16:17에 "믿는 자들에게는 이런 표적이 따르리니 곧 저희가 내 이름으로 귀신을 쫓아내며"라고 하셨다. 실제로 바울은 마게도냐 첫 성(城)인 빌립보에서 귀신들려 점치는 여인이 자기를 괴롭히니까 명령 기도를 하여 귀신을 쫓아내었다.

> 행16:18에 "이같이 여러 날을 하는지라. 바울이 심히 괴로와하여 돌이켜 그 귀신에게 이르되 예수 그리스도의 이름으로 내가 네게 명하노니 그에게서 나오라 하니 귀신이 즉시 나오니라."

류광수 목사가 정신병 든 아가씨 치료하고 간증을 했는데 다음과 같다. 한 달 반 동안 성경공부를 했다. 예수 그리스도 능력이면 간단한데 한 달 반 동안 성경공부한 이유는 두 번 다시 안 걸리도록 하기 위해서다. 예수 그리스도 이름으로 귀신아 나가라 하면 되는데 나가는 것이 문제가 아니라 또 들어오는 것이 문제이다. 우리가 믿음으로 예수 이름으로 명령을 하면 무엇을 못하겠는가? 그러나 이 아가씨가 영적 비밀을 잘 모르니 또 어려움을 당하게 되는 것이다. 귀신은 또 들어가게 되어 있다. 이 사람에게 아예 들어 갈 수 있는 길을 봉쇄해 버려야 하는 것이다. 근본적인 해결을 해 주어야 한다. 그래야 이길 것이 아닌가. 그러면 이 부분에 대해서 대화로 말씀을 나누어야 한다. 「너는 절대 망하지 않는다. 그러나 이것 때문에 마귀에게 이용당하는 것이라」는 것을 가르쳐야 한다. 그러면 말씀을 깨닫는 귀가 열리게 된다. 이 아가씨에게는 심각한 가정문제가 있었다. 그 부분에 대해 이야기 해주었다. 이 문제는 너의 책임이 아니다. 지금 이러고 있는 것이 귀신을 따라 가고 있는 것이다. 이 말에 눈이 확 열려 버렸다. 「지금 이러한 것이 바로 제일 싫어하는 아버지와 어머니가 가는 길을 또 따라 가는 것이다」라고 했더니, 이 아가씨가 아버지와 어머니가 가는 길이라는 말에 놀랐다. 사실은 이 아가씨가 아버지와 어머니에게 상처를 너무 많이 받았다. 아버지가 어머니를 너무 때려서(구타) 병신을 만들어 버리고 아버지도 집을 나가 버린 것이다. 어머니가 병신이 되어 기어 다니는 것을 보고서 매일 충격이 되어 돌아버린 것이다. 이렇게 된 것은 너의 책임이 아니라 네 부모님의 책임이라고 분명히 말해 주었다. 그랬더니 그때부터 마음 문을 열고 말씀을 듣고 치유를 받았다. 지금은 아주 훌륭한 직장인이 되고 전도자가 되었다. 우리가 이 부분을 잘 치료해 주어야 한다. 그 누구든지 간에 고칠 수 없고 사단이 건드릴 수 있는 부분이 있다. 이 부분을 우리가 기도로써 도와주어야 한다. 성령 충만하면 끝나지만 성령 충만하지 못하면 자꾸만 실패한 삶이 된다는 사실을 알아야 한다. 복음을 깊이 알아야 되는 이유가 어디 있느냐? 바로 여기에 있다. 복음을 깊이 깨달으면 땅에서 승리하게 되어 있는 것이다. 하나님의 축복을 받게 되어 있다. 복음을 깊이 알라고 하는 이유가 바로 이 세상 사는 동안에 실패하지 않게 하는데 있다.[87]

3) 하나님은 올바른 왕을 세워서 메시아 언약이 계속 계승되기를 원하신다.

하나님은 「한나」(הנה)라는 여인에게 불임하게 하신 이유는 나실인(ryzIn: 나지르 '구별하다', 성별되거나 헌신된 사람)인 사무엘 선지자를 태어나게 해서 이스라엘을 다스릴 왕을 세우게 하시려고 하셨다(사무엘상서). 사무엘이 이스라엘의 초대 왕인 사울 왕과 지금도 유대인들이 사모하는 다윗 왕과 그의 아들 솔로몬에게 기름을 부어 왕으로 세웠다.

4) 기름부음 받은 자의 뜻

'기름 부음을 받은 자' 란 말은 히브리어로 מָשִׁיחַ(마쉬아흐)인데 '기름 부음을 받은, 성별된 사람', 특히 메시아, 왕, 이스라엘의 대제사장을 의미한다.

מָשִׁיחַ(마쉬아흐)는 동사(動詞)인 מָשַׁח(마솨흐)에서 유래했는데

---

87) 류광수 목사 「에베소서 6장 강의」 중에서

מָשַׁח(마솨흐)의 뜻은 '기름으로 문지르다, 기름을 바르다, 성별하다, 칠하다, 기름 붓다' 라는 뜻이다.[88]

구약시대에 왕, 선지자, 제사장에게 기름을 부어 세우게 하셨다. 이스라엘을 제대로 지도하고 메시아 언약을 놓치지 않도록 할 참 왕과 참제사장, 참선지자가 없으니 메시아를 보내어 주시겠다고 약속하신 것이다.[89] מָשִׁיחַ(마쉬아흐) 는 바로 우리가 말하는 그리스도의 이름 구약 히브리어로「메시아」이시다.

그 이름이 예수 그리스도다. 요일2:20에 "너희는 거룩하신 자에게서 기름 부음을 받고 모든 것을 아느니라"라고 했고, 요일2:27에 "너희는 주께 받은 바 기름 부음이 너희 안에 거하나니 아무도 너희를 가르칠 필요가 없고 오직 그의 기름 부음이 모든 것을 너희에게 가르치며 또 참되고 거짓이 없으니 너희를 가르치신 그대로 주 안에 거하라"라고 했다. 이 모든 것을 기름 부음을 받아야 깨닫게 된다 라고 성경은 말한다.

5) 이스라엘 왕 중에 메시아 언약을 제대로 깨달은 왕이 다윗 왕

다윗의 자손이라는 칭호는 메시아라는 칭호와 밀접한 관계를 맺고 있다. 다윗의 자손이라는 칭호 자체는 신약에서 여러 번 나타나고 있다(마15:22, 20:30). 또한 초기 그리스도인들이 예수의 다윗 혈통에 대한 중요성을 인식했다는 암시가 나타나고 있다.

---

88) 고영민「성서 원어 대사전」교문사 1973. 11. 15.
89) Ibid

① 다윗은 주의 언약을 잊지 않고 끝까지 붙잡았다.

「현대인의 성경」 시44:17에 "우리가 이 모든 일을 당했으나 주를 잊었거나 주와 맺은 계약을 어기지 않았습니다."

② 다윗은 항상 오실 메시아를 바라보고 살았다.

시16:8에 "내가 여호와를 항상 내 앞에 모심이여 그가 내 우편에 계시므로 내가 요동치 아니하리로다"라고 다윗이 말한 것을 볼 수 있다. 베드로는 다윗의 말을 인용했다. 「현대인의 성경」 행2:25에 "다윗은 그분에 대하여 이렇게 말하였습니다. "나는 항상 내 앞에 계신 주를 보았다. 그가 내 오른편에 계시므로 내가 흔들리지 않을 것이다.""

③ 하나님은 다윗에게 주신 메시아 언약이 대대로 알려져야 하기 때문에 이스라엘을 다스릴 자가 대대로 이어질 것을 약속하셨다.

그의 자손은 하나님의 백성을 영원히 다스린다. 하나님의 민족이 위대한 민족이 되었을 때 하나님은 그 민족에서 한 계보 즉, 다윗의 계보를 택하여 그의 약속 즉, 그 계보에서 위대한 왕이 탄생하시어 영원히 살아 계시사 영원한 우주 왕국을 세우시는 일을 시작하셨다.[90] 대하7:18에 "내가 네 나라 위를 견고케 하되 전에 내가 네 아비 다윗과 언약하기를 이스라엘을 다스릴 자가 네게서 끊어지지 아니하리라 한 대로 하리라"라고 했다.

---

90) Halley's 「BIBLE HANDBOOK (성서 핸드북)」 - 기독교문사 1980 5. 30. p. 35

8. 시가서에 나타난 메시아 언약

1) 욥기서에 나오는 메시아 언약들 <구속자>

① 우리의 산울은 메시아의 모습이다(1:10).

욥의 번영에 대하여 사단은 불만을 품었다(10절). 하나님의 특별한 백성들과 그들에게 속한 모든 것은 하나님의 특별한 보호를 받는다. 즉, 하나님의 은혜는 하나님의 백성들의 영적인 생명을 산울로 두르며, 하나님의 섭리는 그들의 자연적인 생명을 두르신다. 하나님께서는 게으르거나 불의한 가운데 있는 욥이 아니라 정직하고 근면한 가운데 있는 욥을 형통케 하셨다. 주께서 그 손으로 하는 바를 복되게 하사 마귀는 그것을 매우 분하게 여겨 말했다. "나는 주께서 그를 산울로 두르신 것을 보았나이다." 그는 그것을 보고 상심하여 욥이 하나님을 섬긴 유일한 이유는 하나님께서 그를 매우 형통케 하셨기 때문이라고 주장했다.[91]

② 판결자(중재자)는 메시아 모습이다(9:33).

판결자는 히브리어로 מוֹכִיחַ(모키카)인데, יָכַח(야카흐)에서 유래한 단어다. יָכַח(야카흐)는 '올바르다, 심판하다, 주장하다, 변론하다 책망하다' 라는 뜻이 있기 때문에 מוֹכִיחַ(모키카)는 '판결자, 심판자, 바로잡는 자, 책망하는 자' 란 뜻이 있다. 우리 주님은 메시아(그리스도)로서 우리를 책망하시고, 바로 잡아 주시고, 고쳐 교정해 주시고, 중보자로서 변론해 주시는 분이시다.

---

91) 로버트 보이드「나침반—종합성경연구」나침반사. 1984. 11. 1 p. 255

아랍인들 사이에서 행해진 고대의 관습은 상호 계약이나 협정을 맺으려 할 때 양편 사이에 다른 사람, 즉 판결(재판)자를 세워 예리한 돌로써 계약자들의 가장 긴 손가락의 안쪽 근처에 상처를 낸 다음 각자의 옷자락을 잘라 피를 찍어 그들 사이에 놓인 일곱 개의 돌 위에 바른다. 이런 일이 되어지는 동안 판결자는 신(神)에게 간구한다. 이런 의식을 마친 후에 계약을 성립시킨 자, 즉 판결자는 그 계약을 지키는 일이 정의로운 일이라고 여기는 당사자와 그 친구들과 교제를 나눈다. 판결자의 직무는 양편에 평화적인 해결을 가져다주는 것이다. 욥이 친구들과의 다툼이 생겼을 때 암시하는 바가 곧 이러한 관습이라고 볼 수 있다. 이것이 우리의 재판장이신 그리스도의 아름다운 모습이다. 그리스도는 우리가 하나님과 화목할 수 있도록 하나님과 우리의 불화를 해결하시려고 오셨다. 그 증거의 말씀은 딤전2:5에 "하나님은 한 분이시요 또 하나님과 사람 사이에 중보도 한 분이시니 곧 사람이신 그리스도 예수라"라 했고, 요일2:1에 "나의 자녀들아 내가 이것을 너희에게 씀은 너희로 죄를 범치 않게 하려 함이라. 만일 누가 죄를 범하면 아버지 앞에서 우리에게 대언자가 있으니 곧 의로우신 예수 그리스도시라" 했고, 고후5:18에도 "모든 것이 하나님께로 났나니 저가 그리스도로 말미암아 우리를 자기와 화목하게 하시고 또 우리에게 화목하게 하는 직책을 주셨으니"라고 한 것을 보면 우리의 재판관은 바로 그리스도이심을 알 수 있다.[92]

2) 시편에 나오는 메시아 언약들

시편에 메시아 예언들은 그의 다 내용들이 오실 메시아에 관련된

---

92) 로버트 보이드 「나침반-종합성경연구」 나침반사. 1984. 11. 1 p. 256

내용들이다. 부분적으로 다윗이 부르짖는 소리로 나타나지만, 그것은 다윗의 위대한 후손인 예수 그리스도를 완전하고 정확하게 설명해 주고 있다. 사복음서의 설명에서 그리스도의 모습을 찾는 것보다 아마도 시편에서 훨씬 더 완전한 모습을 찾을 수 있을 것이다. 복음서에서는 그리스도가 기도하러 갔다는 것이 나오는데 시편에는 그의 기도 내용이 실려 있다. 복음서에는 그가 십자가에서 죽으신다는 내용이 있는데, 시편에는 십자가에서 돌아가실 때 예수님의 심정을 우리가 파악할 수 있게 해준다. 복음서에서는 예수님이 하늘에 계신 아버지께로 돌아가신다고 표현하는데, 시편은 하나님 아버지와 함께 보좌에 앉으신다고 말한다. 메시아에 관한 시편은 네 가지의 성격으로 그리스도를 생생하게 묘사하고 있다. ① 고난 받는 메시아로, ② 통치하는 왕으로서, ③ 다윗의 후손인 인자로서, ④ 하나님의 아들로서 곧 하나님으로서, 그리스도를 묘사하고 있다.[93]

시편에 나타난 메시아 예언에 관한 내용들을 살펴보면 다음과 같다.
- 왕은 거절당하고, 왕국을 세우며 통치한다(2편)
- 인자(人子)(8편)
- 왕의 부활(16편)
- 그리스도의 죽으심과 부활, 영광의 경험(18편)
- 그리스도와 그의 구원(救援)(20편)
- 그리스도의 왕다운 영광(21편)
- 선한 목자가 십자가에 못 박히심(22편)
- 선한 목자는 자기 양을 보호한다(23편).
- 목자 장은 영광의 왕이시다(24편).

---

93) Ibid

- 순종하는 그리스도(40편)
- 왕의 영원한 보좌(45편)
- 그리스도의 고난당하심(69편)
- 왕의 영원한 우주의 통치(72편)
- 다윗 왕조가 영원토록 확고해짐(89편)
- 통치하는 왕(97편)
- 그리스도의 의(義)로운 법(法)(101편)
- 영원한 제사장(110편)
- 버린 돌의 높아짐(118편)
- 다윗 왕권(王權)의 영원(永遠)한 계승자(繼承者)(132편)

이상 시편에 나타난 메시아 예언에 관한 내용들을 알아보았다. 그래서 우리는 그리스도에 대한 체험과 그 안에서 우리가 영적인 체험을 해야겠다. 이외에도 메시아 예언에 관한 내용은 시편에 너무 많이 나온다. 메시아가 탄생할 때 박사들이 경배하는 예언과 진리를 증거하는 자, 교사 성전을 깨끗케 하심, 통치자들로부터 반대 당함, 유대인들이 거부함, 친구에 의해 배신당함, 불의한 증인, 말없이 박해받음, 조롱당하고 박해받음, 모욕당하고, 이유 없이 미움을 당하고, 옷을 제비뽑음, 원수들을 위해 기도, 쓸개 탄 포도주를 주고, 창에 찔리고(22:16), 뼈가 꺾이지 않음(34:20), 하나님께 버림받음(22:1), 젊은 나이에 죽음(89:45), 장사되었으나 무덤에 있지 않음(16:10), 부활하심(16:10), 사로잡은 자를 이끄심(68:11), 선물을 주시고(68:18), 승천과 보좌 우편에 앉으심(16:11). '여기까지는 B.C. 1,000~970년경에 예언되어 그리스도의 지상에서의 사역으로 100% 성취되었다. 지금도 그리스도는 교회의 머리가 되심(118:22), 그리고 모든 원수(사탄, 흑암 권세)를 이기실 것이 예언되었다.(110:1). 특히 "진리는 땅에서 솟아나고"라는 말씀이 시편 85:11에 기록되어 있다. 성경 본문의 문맥을 무시하고 해석한다고 말하는 자도 있으나, 이와 달리 매장되어 있는 성경에 나타난 옛 도시(성터)에서 발굴되는 많은 고고학(考古學)적 발견물들로 '진실임'을 밝힐 수 있다는 생각도 있다. 고고학적 발견물들은 땅을 파헤침으로 찾아낼 수 있었다.[94]

3) 잠언에 나오는 메시아 언약들

① 잠언서의 핵심단어가 '지혜(智慧)'다. 잠언에 '지혜'란 말이 104번 나온다. 그 어느 성경보다 많이 나온다. 하나님의 지혜는 바로 그리스도이시다. 골2:3에는 "그(그리스도) 안에 지혜 지식의 모든 보화가 감추어져 있느니라"라고 바울은 말했다. 특히 고전1:24에 "…그리스도는 하나님의 능력이요 하나님의 지혜니라"라고 했다. 그리스도는 하나님의 지혜이시다. 그래서 그리스도로 충만하면 지혜가 충만한 것이다. 또 잠 9:10에 "여호와를 경외하는 것이 지혜의 근본이요"라고 했다.

② 형제보다 더욱 친밀한 친구는 바로 메시아 예언의 내용이다. 잠 18:24에 "많은 친구를 얻는 자는 해를 당하게 되거니와 어떤 친구는 형제보다 친밀하니라"라고 했다. 주님은 말씀하시기를 "사람이 친구를 위하여 자기 목숨을 버리면 이에서 더 큰 사랑이 없나니"(요15:13)라고 하셨다.

---

94) Ibid p. 269

③ 원수를 사랑하는 것은 메시아 모습이다. 잠25:21-22에 "네 원수가 배고파 하거든 식물을 먹이고 목말라 하거든 물을 마시우라. 그리하는 것은 핀 숯으로 그의 머리에 놓는 것과 일반이요. 여호와께서는 네게 상을 주시리라"라는 말씀을 보면 잘 알 수 있다.[95] 원수를 사랑하는 것은 메시아이신 그리스도가 하신 것이다.

4) 전도서에 나오는 메시아 언약들

① 메시아가 가난한 지혜자로 (9:14-16)

② 메시아가 창조자(創造者)로 (12:1)

신약 성경에 메시아께서 창조자이심을 보여준다. 요1:3에 "만물이 그로 말미암아 지은 바 되었으니 지은 것이 하나도 그가 없이는 된 것이 없느니라" 하고 했고, 골1:16에 "만물이 그에게 창조되되 하늘과 땅에서 보이는 것들과 보이지 않는 것들과 혹은 보좌들이나 주관들이나 정사들이나 권세들이나 만물이 다 그로 말미암고 그를 위하여 창조되었고" 하고 한 것을 보면 그리스도께서 천지만물을 창조하셨다.

③ 메시아가 해(太陽, Sun)로 나타난다(12:2).[96]

전도서의 핵심 단어가 "헛되다"라고 한다. 그렇다면 왜 모든 것이 헛되는가? 여기에서 놀라운 진리를 깨달을 수 있다. 메시아에 관한 언약을 놓치고 모르고 살면 아무리 노력하고, 많이 가졌다 할지라도 헛되다는 말이다. 창1:2에 "혼돈, 공허, 흑암"의 상태가 아닌가. 그러면

---

95) Ibid p. 289
96) Ibid p. 289

어떻게 하면 헛되지 않은가? 성경은 여기에 관한 해답을 말하고 있다. 성경의 두 곳에서 헛되지 않는 말씀이 나오는데, 사65:23에 "그들의 수고가 헛되지 않겠고 그들의 생산한 것이 재난에 걸리지 아니하리니 그들은 여호와의 복된 자의 자손이요, 그 소생도 그들과 함께 될 것임이라"라고 했으니 예수 그리스도를 믿음으로 하나님의 자녀가 되는 권세를 얻어야(요1:12) 헛되지 않는 것이다. 고전15:58에도 "그러므로 내 사랑하는 형제들아 견고하며 흔들리지 말며 항상 주의 일에 더욱 힘쓰는 자들이 되라. 이는 너희 수고가 주 안에서 헛되지 않은 줄을 앎이니라"라고 했으니 구약시대는 메시아 언약을 붙잡고 하나님의 복된 자의 자손만 되면 모든 것이 헛되지 않는 삶을 살 수 있었다. 신약시대는 그리스도의 부활을 믿고 하나님의 자녀가 된 복음 깨닫고 그리스도를 구주로 영접하고 믿는 자가 그 모든 수고가 헛되지 않는다는 약속의 진리의 말씀이 분명하다.

5) 아가서에 나오는 메시아 언약들

① 사랑의 수선화로(2:1)

② 골짜기의 백합화로(2:1)

③ 만(萬) 사람에게 뛰어난 자로 – 즉 하늘나라의 신랑으로(5:10)
　신랑은 신부의 모든 허물을 가리운다(4:7, 7:10). 그리그 그 여자(신자)를 기뻐한다. 그 신랑은 흠이 없다.죄가 전혀 없는 義人). 그리고 신부를 극진히 사랑한다.

④ 그 전체가 사랑스러운 자로 (5:16)

아가서에 나타난 메시아에 대한 모습들은 너무나 무조건 우리를 사랑하신 주님의 모습을 볼 수 있다.

9. 선지서에 나타난 메시아 언약

1) 메시아 언약은 이사야서에서 가장 많이 나오고 대표적이다.[97]

이사야서의 영적 교훈이 「그(메시아)가 오실 것이다」이다. 그리고 그리스도의 모습을 잘 말해 주고 있다. 구약성경의 어떤 책에서도 볼 수 없는 특별한 것은 그처럼 풍부하게, 다양하게 직분으로, 그리고 이상의 예언에서처럼 영광스럽고 아름답고 정확하게 메시아(그리스도)를 묘사한 책은 없다. 이사야에서 초림의 사역과 재림에 있어서 신자들에게 메시야가 분이신가 잘 묘사되고 있다.[98]

선지자(예언자)란 히브리어로 נָבִיא(나비)인데 "용출한다"는 어원적(語源的) 의미(意味)를 가지는데, נָבִיא(나비)는 동사(動詞) נָבָא(나바)에서 유래 했다. נָבָא(나바)는 '예언하다', 즉 (예언이나 단순한 담화로) '영감에 의해 말하다' (또는 노래하다) '예언하다' (하는), '예언자 노릇하다' 특히 '용출(湧出)하다' 라는 뜻이다. 하나님께서 그 영감(靈感)[99]을 그 사람에게 주시어 솟아나게 하신다는 것이다. 하나님

---

97) Ibid p. 310
98) Ibid p. 310
99) 영감(靈感)은 히브리어로 רוּחַ(루아흐)인데 '바람, 호흡, 내쉼, 생명, 숨, 마음, 영, 생기, 공기, 기분, 경향' 이란 뜻을 가지고 있다.

이 세우신 선지자(예언자)는 하나님의 신에 감동하여 하나님의 예언의 말씀을 선포하게 된다.[100]

또 선지자 이사야는 주전 800년경에 벌써 그리스도의 영광을 내다 보았으니, 그 예언의 가장 깊은 것은 35장과 53장인데, 35장은 그리스도께서 구속(球速)하신 신약시대의 영광이고, 53장은 그리스도의 죽으심과 다시 부활하시는 영광이다. 이 두 장이야말로 구약 중 신약이다.[101] 선지자는 메시아 언약을 빼놓고 다른 메시지를 전하면 안 된다. 하나님은 선지자들을 통해서 메시아 언약을 선포하도록 하셨다. 심지어 신약 성경에 바울은 갈1:9에 "우리가 전에 말하였거니와 내가 지금 다시 말하노니 만일 누구든지 너희의 받은 것 외에 다른 복음을 전하면 저주를 받을지어다"라고 했다. 우리 주님도 계 22:18-19에 "내가 이 책의 예언의 말씀을 듣는 각인에게 증거하노니 만일 누구든지 이것들 외에 더하면 하나님이 이 책에 기록된 재앙들을 그에게 더하실 터이요. 만일 누구든지 이 책의 예언의 말씀에서 제하여 버리면 하나님이 이 책에 기록된 생명나무와 거룩한 성에 참예함을 제하여 버리시리라"라고 하셨다. 하나님의 말씀만큼 정확한 것이 없고, 성경은 진리다. 그래서 성경은 약속대로 반드시 성취된다. 이 사실을 믿는 믿음 자체가 얼마나 축복인가.

① 이사야가 본 메시아의 「동정녀 탄생」 예언

사7:14에 "그러므로 주께서 친히 징조로 너희에게 주실 것이라. 보라 처녀가 잉태하여 아들을 낳을 것이요. 그 이름을 임마누엘이라 하리라"라고 했다. 참고로 알 것은 여기에 「처녀」란 말이 '처녀'인가,

---

100) 박윤선 「이사야 주석」 p. 15
101) Ibid. p. 7

'젊은 여자' 인가라는 논란이 있지만 히브리 원어로 보면 결혼하기 전 처녀가 맞다.[102]

성령님의 감동함을 받은 복음서의 기자는 주의 천사가 「요셉」에게 나타나서 정혼한 「마리아」에게 잉태된 자는 성령으로 된 것을 가르쳤다. 또 이 모든 일은 벌써 이사야 선지자를 통해 예언된 것을 이루려 한 것이라고 밝히고 있다. 마1:18-23 예수 그리스도의 나심은 이러하니라. 그 모친 마리아가 요셉과 정혼하고 동거하기 전에 성령으로 잉태된 것이 나타났더니, 그 남편 요셉은 의로운 사람이라. 저를 드러내지 아니하고 가만히 끊고자 하여 이 일을 생각할 때에 주의 사자가 현몽하여 가로되 다윗의 자손 요셉아 네 아내 마리아 데려오기를 무서워 말라. 저에게 잉태된 자는 성령으로 된 것이라. 아들을 낳으리니 이름을 예수라 하라. 이는 그가 자기 백성을 저희 죄에서 구원할 자이심이라 하니라. 이 모든 일의 된 것은 주께서 선지자로 하신 말씀을 이루려 하심이니 가라사대, 보라 처녀가 잉태하여 아들을 낳을 것이요. 그 이름은 임마누엘이라 하리라 하셨으니 이를 번역한 즉 하나님이 우리와 함께 계시다 함이라.[103]

복음서의 기자는 문제의 구약 히브리어의 עַלְמָה(알마)를 헬라어 παρθένος(팔데노스) 즉 [처녀]인 동정녀(童貞女)란 말로 받아 옮겼다.[104]

---

102) עַלְמָה(알마)의 뜻은 ('베일을 쓴' 또는 남의 눈에 띄지 않는) '젊은 여자' :- 처녀, 소녀, 동정녀
 παρθένος(팔데노스) '처녀', 함축적으로 결혼하지 않은' 딸' <마 1:23 눅 1:27>여명.
 young marriageable woman, virgin, a chaste man;
103) 매튜헨리 주석
104) 김희보. 「구약신학논고」 예수교 문서 선교회. 1980. 9. 31. p. 293-302

우리를 구원하실 메시아로 오실 그 분은 동정녀의 몸에서 태어나야 하고, 십자가에 못 박혀 돌아 가셔서 3일 만에 부활하심으로 우리의 구세주 예수 그리스도가 될 수 있다. 오늘날 한국에 자칭 그리스도가 14명 정도 된다고 하니 한심스러운 일이다. 더 놀라운 일은 그런 잘못된 교주에게 많은 기존 신자들이 빠져 들어가고 있다는 사실이다. 이단의 영이 들어가면 할 수 없다.[105]

② 이사야가 본 메시아 이름을 살펴보면 – 임마누엘(עִמָּנוּאֵל) – 예언

사7:14 그러므로 주께서 친히 징조로 너희에게 주실 것이라. 보라 처녀가 잉태하여 아들을 낳을 것이요. 그 이름을 임마누엘(עִמָּנוּאֵל)이라 하리라.[106]

사8:8 흘러 유다에 들어와서 창일하고 목에까지 미치리라. 임마누엘(עִמָּנוּאֵל)이여 그의 펴는 날개가 네 땅에 편만하리라 하셨느니라.

사8:10 너희는 함께 도모하라 필경 이루지 못하리라. 말을 내어라 시행되지 못하리라. 이는 하나님이 우리와 함께 하심이니라. * 임마누엘(אֵל עִמָּנוּ ← עִמָּנוּאֵל)

하나님이신 메시아(그리스도)께서 인간의 모습으로 우리와의 언약 속에서 우리와 화목하신 하나님이라 하리라. 이 임마누엘의 약속이 마1:23에 천사가 다시 그대로 성취되었음을 알렸다. 그래서 예수는 그리스도시요 또 임마누엘이시다. 정말로 우리에게는 한없는 은혜가 아닐 수 없는 이름이다.

---

105) 벧후2:1 그러나 민간에 또한 거짓 선지자들이 일어났었나니 이와 같이 너희 중에도 거짓 선생들이 있으리라. 저희는 멸망케 할 이단을 가만히 끌어들여 자기들을 사신 주를 부인하고 임박한 멸망을 스스로 취하는 자들이라.

106) עִמָּנוּאֵל(임마누엘) '하나님이 우리와 함께 계시다' ; 이사야가 말한 메시아의 예표적 이름
 * 메시아에 대한 상징적, 예언적 이름, '우리와 함께 하시는 하나님'

③ 이사야가 본 메시아 「한 아기」 예언

사9:6 이는 한 아기가 우리에게 났고 한 아들을 우리에게 주신 바 되었는데 그 어깨에는 정사를 메었고 그 이름은 기묘자라, 모사라, 전능하신 하나님이라, 영존하시는 아버지라, 평강의 왕이라 할 것임이라.

[KJV] For unto us a child is born, unto us a son is given: and the government shall be upon his shoulder: and his name shall be called Wonderful, Counsellor, The mighty God, The everlasting Father, The Prince of Peace.

• 한 아기(a child)

'한 아기'란 말은 히브리어로 יֶלֶד(드)인데 그 뜻은 태어난 어떤 것, 즉 '소아' 또는 '소생', 소년, 어린애, 열매, 자식, 어린 사람(어린자), 아이, 아들, 자손(子孫), 청년(靑年)이란 뜻이다. 메시아는 어른으로 오시는 것이 아니고 마리아의 몸을 빌려 어린 아이로 태어날 것을 예언한 언약이다.

• Wonderful, 기묘자(奇妙者)

기묘자란 말은 히브리어로 פֶּלֶא(페레)인데 그 뜻은 기적에 의한 일, 경이(경이로운, 경이롭게), 기적, 불가사(不可事)란 뜻이다. 이는 인성(人性)을 초월한 기이(奇異)하신 분을 의미하는 바 곧, 메시아의 신성(神性)을 가리킨다. 삿13:18에 "여호와의 사자가 그에게 이르시되 어찌하여 이를 묻느냐 내 이름은 기묘니라"라고 했다. 이것은 초자연적인 기독교의 창립자이신 그리스도 예수에게 대한 적당한 이름이다. 이 말이 합당한 것은 그의 화육(化肉)이나 그의 부활(復活)이 보통 이적과는 달라서 하나님 자신의 출현을 의미하는 이적이기 때문이다. 「바빙크」는 말하기를 "예수님의 성육신(聖肉身)과 죽으심과 그의 부활(復活)과 그의 승천(昇天)은 하나님의 위대한 구속(救贖) 행위이다. 이런 구속 행위는 원리(原理)에 있어서 영광, 나라의 회복을 의미하는 운동이다. 이런 구속 행위는 무엇을 계시하기 위한 방편만이 아니고 하나님 자신의 계현(啓現) 그 자체이다. 그래서 이적이 바로 역사(歷史)요, 역사가 바로 이적화(異蹟化)한 것이다"라고 하였다.[107] 실로 그러하다.

• Counsellor, 모사(謀士)

'모사' 란 말은 히브리어로 יָעַץ(야아쯔)인데 그 뜻은 '충고하다' 인데 재귀동사로 '숙고하다' 또는 '결심하다', 공포하다, 조언하다, 조언을 받다, 조언자, 모사, 결정하다, 궁리해내다, 의도하다, 협의하다, 계획하다라는 뜻이다. 메시아께서 우리를 구원하시는 지모(智謀)의 신(神)이심을 보여준다.

> 사11:2 여호와의 신 곧 지혜와 총명의 신이요 모략과 재능의 신이요 지식과 여호와를 경외하는 신이 그 위에 강림하시리니

그는 그 자체(自體)가 지혜(智慧)라고 할 만큼(잠8:1-31, 고전1:30) 털 끝 만큼도 어두움이 없으신 지혜의 소유자이시다. 그는 하나님 나라에서 이 지혜로 통치하시고, 이 세상 사람들이 이 지혜로 돌아오기를 원하신다. 예수 그리스도를 '모사' 로 받도록 그의 지도를 전적으로 받았더라면 세상 나라들은 벌써 수 천년 전에 진정한 화평 가운데서 지낼 뻔 하였다. 그러나 그들은 그를 순종하지 않았음으로 여러 천

---

107) 박윤선 「박윤선 이사야 주석」 영음사 1980년 7월 10일 p. 110

년 동안 평화 회의를 공전시킬 분으로서 전쟁에 전쟁을 연출하기를 분망하고 있다.〈＊그들은 유대인을 두고 한 말이다.〉[108] 이것은 성경 역사에서 이미 증명된 사실이다.

• The mighty God, 전능(全能)하신 하나님

'전능하신 하나님'이라는 말은 히브리어로 אֵל גִּבּוֹר (엘 끼뽈)인데 '힘 있는 하나님'이란 뜻이다. גִּבּוֹר(끼뽈)은 강력한, 폭군, 전사, 우두머리, 빼어나다, 거인(巨人), 강한 (사람), 힘센 (사람), 용사(勇士) 라는 뜻이 있다. גֶּבֶר(게베르) '용맹한' 사람 혹은 '용사', 힘센 이란 뜻이고, גָּבַר(까바르) 는 '강하게 되다', 함축적으로 '이기다', '무례한 행동', 초과하다, 확립하다, 위대하게 되다, 강하게 되다, 승하다, 더 큰(힘)을 가지다, 강하게 하다, 더 강하게 되다, 용맹스럽게 되다. 라는 뜻이 있으니 메시아 즉 그리스도는 실로 전능(全能)하신 하나님 이시다. 그래서 그리스도께서는 지혜(智慧, 全知)가 있을 뿐 아니라 그것을 실시하시는 힘까지 소유하신 전능(全能) 자이시다.[109]

• The everlasting Father, 영존(永存)하신 아버지

'영존하신 아버지'란 히브리어로 אֲבִיעַד(아비 아드 The everlasting) 인데 그의 백성에 대한 그의 사랑스러운 보호가 영원할 것을 가리킨다. 곧, 이것은 그의 영원한 부성적(父性的)인 사랑을 보여준다. 그는 힘이 있을 뿐 아니라 사랑이 영원하시다. 그리고 그의 약속도 영원(永遠) 분변(分辨)하시다. 그래서 어떤 이들은 '영생의 근원되시는 아버

---

108) 박윤선. p. 110-111
109) Ibid. p. 111

지', 혹은 '영생을 주시는 자'라고 한다. 성령의 감동을 받은 이사야는 그리스도를 '아들'이라고도 하고 또 '아버지'라고도 한다. 여기서 우리는 그리스도께서 삼위일체(三位一體) 중(中) 한 분으로서 아버지와 일체(一體)이심을 알 수 있다(요14:7-9).[110]

• The Prince of Peace, 평강(平康)의 왕

'평강의 왕'이란 히브리어로 שַׂר שָׁלוֹם (쌀 쇼롬)인데 그리스도께서 모든 죄인들을 하나님과 화목하게 하시는 중보자(中保者)로서(고후5:19) 신자들에게 영적 평안을 주실 뿐 아니라 모든 사람끼리도 서로 평화를 이루어(엡2:13-18) 필경은 영광의 왕국을 이루고 영원한 평강을 설립시킬 것을 가리킨다(살전2:7, 벧후3:14). 그는 우리 개인들을 하나님과 화목케 하여 환난 가운데서도 평화롭게 지나게 하며 모든 사람들로 더불어 화평스럽게 한다. 그 뿐 아니라 그가 재림하실 때에는 이 세상에 전쟁들도 없어진다. 이 말씀(평강의 왕)이 메시아(그리스도)를 가리킨 사실은 유대인 학자들도 의심하지 않는다(Alexander).[111] שָׁלוֹם (쇼롬)은 '안전한', 즉 (상징적으로) '잘 있는', '행복한', '정다운'; 또한 (추상명사로) '안녕', 즉 건강, 번창, (좋은) 건강, (완전한) 평안, 평화로운, 평화롭게, 번영하다(번창, 번영하는), 쉬다, 안전한(안전히) 이란 뜻이고, שַׂר (싸르)는 '수령,' (어느 지위나 계층의) 장관, (지배하는) 두목(수령, 우두머리), 대장, 지배자, 관리자, 주인, 고용주, 감시자, 통치자란 뜻이다. 그래서 구약시대는 장차 오실 메시아는 하나님을 떠나 사탄의 종노릇을 하며 고통당하고 멸

---

110) Ibid.
111) Ibid.

망 받을 인간을 구원하시고 모든 문제를 해결하실 분으로 평강의 주(主)로 오실 것을 약속(언약)하신 것이다.

④ 여호와의 싹(사4:2)
사4:2 그 날에 여호와의 싹이 아름답고 영화로울 것이요 그 땅의 소산은 이스라엘의 피난한 자를 위하여 영화롭고 아름다울 것이며

여기에 여호와의 '싹' 은 히브리어로 חָמַצ(쩨마흐)인데 '자라난 것, 싹, 싹트는 발아(發芽), 성장, 가지' 란 뜻이 있다. 그래서 '싹' 은 메시아를 지칭하는 것으로서(슥6:12) 장차 다윗의 가문을 통해 인간의 몸을 입고 피어날 영광스러운 싹이신 메시아, 즉 예수 그리스도를 가리킨다. 한편 이러한 메시아에 대한 표현으로 예레미야 선지자는 왕(겔23:5)이라는 단어를 사용했고, 스가랴 선지자는 '순' (슥3:8)이라는 단어를 사용하였다.[112] 고로 그리스도는 약속(언약)대로 이 땅에 때 묻고 오염되고 부패하고 죽은 상태가 아닌 '새로운 싹' 으로 나오셔서 인류를 구원하셨다. 마치 봄기운에 나온 새싹처럼 우리에게 새 생명이 되신다. 주님은 요6:51에 말씀하시기를 "나는 하늘로서 내려 온 여호와로라 떡이니 사람이 이 떡을 먹으면 영생하리라 나의 줄 떡은 곧 세상의 생명을 위한 내 살이로다" 라고 하셨다.

⑤ 이사야가 본 그리스도 구속에 관한 예언
사52:15 후에는 그가 열방을 놀랠 것이며 열 왕은 그를 인하여 입을 봉하리니 이는 그들이 아직 전파되지 않은 것을 볼 것이요, 아직 듣지 못한 것을 깨달을 것임이라 하시니라.

---

112) 그랜드 종합주석-이사야 편-성서교재주식회사-1998년 6월 30일 p. 92

* 옛날 한글 성경에는 「그가 열방에 피를 뿌리며」라고 되어 있다.

'뿌리며' 라는 말은 히브리어로 נָזָה(나자)인데 '분출하다' 즉 '흩뿌리다', (특히 속죄에서) 뿌리다, 살포하다, 뛰다, 깜짝 놀라게 하다 라는 뜻이 있지만, 레4:6에 "그 제사장이 손가락에 그 피를 찍어 여호와 앞 곧 성소 장 앞에 일곱 번 뿌릴 것이며"라고 했다. 즉 피를 뿌릴 때 이 단어를 사용한 것을 본다. נָזָה(나쩨)는 장차 메시아가 열국의 모든 백성들에게 자기의 피를 뿌려 구속할 것을 예언한 말로 보아 그 문맥상으로나 그 단어 「נָזָה(나쩨)」(So shall he sprinkle)를 사용한 예를 보아서 조금도 무리가 없다.[113]

⑥ 이사야가 본 이새의 줄기(가지)와 이새의 뿌리에 관한 메시아 언약
　사11:1 이새의 줄기에서 한 싹이 나며 그 뿌리에서 한 가지가 나서 결실할 것이요.
　사11:10 그 날에 이새의 뿌리에서 한 싹이 나서 만민의 기호로 설 것이요 열방이 그에게로 돌아오리니 그 거한 곳이 영화로우리라.

'이새의 줄기에서 한 싹이 나며' 라 함은 다윗 왕통(암9:11)의 남은 그루터기에서 난 '가지 (혹은 싹)' 로서 메시아가 나실 것을 의미한다. 불신 유대인들도 역시 메시아를 가리켜 '무너진 것의 아들' 이라고 한다. 미천(微賤)하고 약한 싹은 예수 그리스도의 초림 사역을 상징하기에 적합하다. '싹' 은 미약하나 무럭무럭 자라난다(하나님 나라 확장의 특징). 그처럼 예수 그리스도께서 초림하셔서 하신 사역은 영광과 권세를 취하는 방식보다 연약한 모습이었다. 미천하게 수난(受難)의 일로(一路)로 고요히 걸어 나온 것이다. 그의 사역은 보기에 비

---

113) Ibid. p. 303-306

천하지만 성령님의 사역이 잠재(潛在)하여 계신다. 그래서 이사야가 말한 '줄기', '가지', '뿌리'는 다 이새의 아들 다윗을 통해 약속하신 메시아를 장차 보내 주시겠다는 하나님의 언약을 말한다. 이새는 다윗의 아버지인데 미천한 농부였다(삼상16:1, 삼하7:8). 다윗이란 말을 쓰지 않고 '이새'를 사용한 목적은, 여기 예언 대상이 미천한 인물인 사실을 가리키려는 것이다. '한 싹'이란 것은 그의 연약성을 보여준다. 예수 그리스도는 실상 다윗의 자손이면서도(마1:1) '이새'처럼 미천하고 또 연약한 사람이었다. '가지'란 말은 히브리어로 נֵצֶר(네쩨르)인데 나사렛($Na\zeta a\rho\epsilon\theta$ 나자레드)을 가리키기도 하는 것으로서 미천한 것을 가리킨다(마2:23, 요1:46).[114] 예수 그리스도는 이 세상에서 왜 미천하여 보이는가? 그 이유는 이 세상은 하나님을 모르는 생활을 도리어 유력하게 보기 때문이다. 그 뿐 아니라 그리스도의 천국 운동은 영적인 까닭이다. 다시 말하면 그것은 죄악과 사탄을 대적하는 것으로서 눈에 보이지 않기 때문이다.

⑦ 이사야가 말한 메시아 언약들이 더 이상 많아 자세히 다 기록할 수 없어 대충 소개한다면 다음과 같다.[115]

- 빛 되신 분(흑암 세력을 꺾는) (9:2)
- 견고한 돌 (11:1)
- 여호와의 영광 (40:5)
- 하나님의 택한 사람 (42:1)
- 지혜롭고 의로운 하나님의 종 (42:1, 52:13, 53:11)

---

114) 박윤선 p.125
115) 나침판 「종합성경연구」

- 자유케 하는 이방인의 빛 (42:6-7)
- 여호와의 팔 (53:2)
- 연한 순 (53:2)
- 마른 땅에서 나온 줄기 (53:2)
- 멸시를 받아 싫어버린 바 된 메시아 (53:3)
- 슬픔의 사람 (53:3)
- 거룩한 대속자 (53:5)
- 죄악의 담당자 (53:6)
- 잠잠한 고난자 (53:7)
- 끊어진 가지 (53:8)
- 곤욕을 당하는 목자 (53:8)
- 나의 죄를 위한 속건제물 (53:10)
- 만족하는 구원자 (53:11)
- 백성에 대한 증거 (55:4)
- 이스라엘의 거룩한 자 (55:5)
- 나의 힘 (12:2)
- 나의 노래 (12:2)
- 나의 구원 (12:2)
- 단단한 곳에 박힌 못 (22:23)
- 그 아비 집에 영광의 보좌 (22:23)
- 빈궁한 자와 빈핍한 자의 보장 (25:4)
- 폭풍 중에 피난처 (25:4, 32:2)
- 곤비한 땅에 큰 바위 그늘 (25:4, 32:2)
- 귀한 기초 돌 (28:16)
- 견고한 기초 (28:16)

- 피하는 곳 (32:2)
- 마른 땅에 냇물 (32:2)
- 우리 재판장 (33:22)
- 우리에게 율법을 세우신 자 (33:22)
- 목자 (40:11)
- 마광(磨光 숫돌에 갈 마, 빛 광)한 살 (49:2)
- 우리의 질고와 슬픔의 담당자 (53:4)
- 우리의 의로운 중보자 (53:11)
- 강한 자 (53:12)
- 중재하는 제사장 (53:12)
- 인도자와 명령자 (55:4)
- 구속자 (59:20)
- 영영한 빛 (60:20)
- 의의 왕 (32:1 33:17, 22)
- 열 왕의 입을 봉하는 자 (52:15)

2) 에스라서, 느헤미야서와 에스더서에 나오는 메시아 언약
   －남은 자들을 약속의 땅으로 회복시키시는 하나님－

① 에스라서에 나오는 메시아 언약들

에스라서의 영적 교훈은 「하나님의 성전을 수리하라」이다. 메시아는 성전의 주인이시다. 시30:1에 다윗은 "여호와여 내가 주를 높일 것은 주께서 나를 끌어 내사 내 대적으로 나를 인하여 기뻐하지 못하게 하심이니이다"라고 했고, 시65:4에 "주께서 택하시고 가까이 오게 하사 주의 뜰에 거하게 하신 사람은 복이 있나이다. 우리가 주의 집 곧

주의 성전의 아름다움으로 만족하리이다"라고 했고, 시138:2에 "내가 주의 성전을 향하여 경배하며 주의 인자하심과 성실하심을 인하여 주의 이름에 감사하오니 이는 주께서 주의 말씀을 주의 모든 이름 위에 높게 하셨음이라"라고 했다. 요한은 계21:22에 "성안에 성전을 내가 보지 못하였으니 이는 주 하나님 곧 전능하신 이와 및 어린 양이 그 성전이심이라"라고 했다.

그리고 느헤미야서에서 성벽이 재건되었다. 내적인 것이 외적인 것보다 먼저 수리되었다. 마음(내적인 것)을 먼저 깨끗이 하라. 그리하면 다른 모든 것(외적인 것)이 깨끗해질 것이다. 바로 그리스도 보혈의 능력이 아니고는 깨끗해질 수 없다. 다른 것으로는 불가능하다. 에스라서에 나오는 메시아 언약들은 다음과 같다.

- 고레스 왕(이방인) — 하나님께서 바벨론 포로에서 자기 백성을 해방시키고 고레스를 택하신 것은 영적인 속박에서 우리를 해방시키는 그리스도 모습을 보여 준 것이다. 그리고 유대인들은 메시아(그리스도)가 오기를 기다리고 있다. 고레스 왕이나 메시아 둘 다「하나님의 기름 부음 받은 자」로서 메시아 언약을 말한다.[116]
  - 하나님의 목자(사44:28, 요10:11)
  - 이스라엘의 원수를 정복한 자(사45:1, 계19:11-20)
  - 거룩한 성 예루살렘을 회복한 자(사44:28, 슥14:9-11)
  - 유일하시고 진실하신 하나님을 영화롭게 하는 자(스1:2, 요17:4)

② 느헤미야서에 나오는 메시아 언약들 느9:6에 "오직 주는 여호와시라. 하늘과 하늘들의 하늘과 일월성신과 땅과 땅 위의 만물과 바다

---

116) 나침반「종합 성경연구」

와 그 가운데 모든 것을 지으시고 다 보존하시오니 모든 천군이 주께 경배하나이다"라고 했고, 느9:15에 "저희의 주림을 인하여 하늘에서 양식을 주시며 저희의 목마름을 인하여 반석에서 물을 내시고 또 주께서 옛적에 손을 들어 맹세하시고 주마하신 땅을 들어가서 차지하라 명하였사오나"라고 했다. 하늘과 땅을 통치하시고 다스릴 그분은 바로 메시아이시다.

③ 에스더서에 나오는 메시아 언약들

에스더서에 나오는 모르드개는 장차 올 메시아(그리스도)의 모습이다. 모르드개는 히브리어로 מָרְדֳּכַי(모르데카이)인데 이스라엘의 구원자로 일해 왔다. 그래서 메시아의 모습이다. 모르드개는 끝까지 굴하지 않는 절개의 정신이 강했다. 이는 자신의 사명을 아는 그리스도가 죽기 위해 예루살렘에 가는 것을 굳게 결심했다(에3:2-4, 사50:7, 눅9:51, 눅19:10, 딤전1:15). 이는 메시아를 예표한 것이다. 또 모르드개는 주님처럼 멸시를 많이 받았다(에3:5, 사53:3, 요15:25). 또 모르드개가 시험을 받았던 것도 메시아의 모습을 볼 수 있다(에4:1, 마4:1-11).

3) 예레미야서와 예레미야애가서의 메시아 언약들

① 예레미야서에 나오는 메시아 언약들
- 길르앗의 유향 (8:22)
- 이스라엘의 소망 (14:8)
- 우리의 토기장이 (18:6)
- 한 의로운 가지 (23:5)

- 왕 (23:5)
- 메시아의 신성 (23:5)
- 너희 왕 다윗 (30:9)
- 메시아의 고향에서 아기들이 대량으로 살해될 것을 예언 (31:15, 마2:17-18)[117]
- 우리의 쉴 곳 (50:6)

특별히 메시아가 동정녀의 몸에서 탄생할 것을 예언했다. 렘31:22 에 "패역한 딸아 네가 어느 때까지 방황하겠느냐. 여호와가 새 일을 세상에 창조하였나니 곧 여자가 남자를 안으리라"라고 했다.[118]

저희의 마음을 하나님께 흔들림 없이 붙들어 매어야 한다. 그들은 하나님께서 저희에게 주신 보증을 통하여 이 일을 행하도록 격려를 받고 있다. 그것은 곧 하나님께서 '새 일을 세상에 창조하였나니 곧 여자가 남자를 안으리라'는 것이다. 여자처럼 약하고 힘이 없어 군사로 부르심 받기에 부적합한(사 54:6) 하나님의 교회가 강한 남자를 포위하여 승리하게 되리라는 말씀이다. 교회는 여자에 비유되고 있다 (계 12:1). 그리고 '성도들의 진을 두르는(계 20:9)' 군대들에 대해 보게 되거니와 이제 성도들의 진이 그 군대를 두르게 될 것이다. 많은 유명한 성경 해석자들은 이 '새 일'을 그리스도의 성육신으로 해석한다. 이에 대한 징조가 때때로 그들에게 주어지곤 했었다(사7:14, 9:6). 한 여자, 곧 동정녀 마리아는 자신의 태로 '전능 자'를 둘러쌌다. 왜냐하면 본문에서 사용된 단어 게베르(גֶּבֶר Geber)는 전능 자를 뜻하며, 하나님은 기보르(גִּבּוֹר Gibbor), 곧 '능하신 하나님(렘 32:18)'

---

117) 래롤드 윌밍턴(H. L. Wilmington) 「로고스 성서가이드」 로고스출판사 1983. 12. 10. P.218
118) 나침반 「성경종합연구」

으로 불리고 있기 때문이다. 이사야서 9:6에서 그리스도 또한 그렇게 부르고 있다. 그는 곧 '전능하신 하나님' 이시다.[119] 그렇다.

② 예레미야애가서에 나타난 메시아 언약들
• 나의 기업 (3:23-24)

한글 표준새번역 성경에는 "주의 사랑과 긍휼이 아침마다 새롭고, 주의 신실이 큽니다"라고 했다. 주님의 사랑과 긍휼이 아침마다 새롭게 되는 것은 메시아를 통해서만이 가능(可能)한 일이다.

• 때리는 자 (3:30)

「매튜헨리」는 '때리는 자'에 대하여 이렇게 말하고 있다. "그때는 우리에게 고통을 주는 사람들에 대하여 온유해지고 그들을 용서해 주려는 마음을 지니게 될 때이다(30절). 우리 주 예수께서 이 일에 모범을 보이셨다. 곧 그는 '때리는 자들에게 등을 맡기신' 것이다(사 50:6). 남들의 비난과 멸시를 참을 수 있으며, 욕을 욕으로 고통을 고통으로 갚지 않는 사람들은 그 멍에를 매는 것이 유익하며 자기에게 영적인 성장을 가져온다는 것을 깨닫게 될 것이다"[120]라고 했다. 우리 주님은 우리의 구속을 완성하시고, 우리의 모든 문제를 해결하시기 위해서 비난과 멸시와 채찍에 맞으셨다. 이 말씀 그대로 성취되었다. (마27:26 "이에 바라바는 저희에게 놓아주고 예수는 채찍질하고 십자가에 못 박히게 넘겨 주니라." 마27:30 "그에게 침 뱉고 갈대를 빼앗아 그의 머리를 치더라.")

---

119) 디럭스 바이블 프로그램
120) Ibid.

4) 에스겔서에 나타난 메시아 언약들

① 성육신

겔1:26 "그 머리 위에 있는 궁창 위에 보좌의 형상이 있는데 그 모양이 남보석 같고 그 보좌의 형상 위에 한 형상이 있어 사람의 모양 같더라."

> 요1:14 말씀이 육신이 되어 우리 가운데 거하시매 우리가 그 영광을 보니 아버지의 독생자의 영광이요. 은혜와 진리가 충만하더라.

② 인자

겔2:1 "그가 내게 이르시되 인자야 일어서라 내가 네게 말하리라 하시며"

> 마9:6 그러나 인자가 세상에서 죄를 사하는 권세가 있는 줄을 너희로 알게 하려 하노라 하시고 중풍병자에게 말씀하시되 일어나 네 침상을 가지고 집으로 가라 하시니

③ 왕

겔21:26 "나 주 여호와가 말하노라. 관을 제하며 면류관을 벗길지라. 그대로 두지 못하리니 낮은 자를 높이고 높은 자를 낮출 것이니라."

겔21:27 "내가 엎드러뜨리고 엎드러뜨리고 엎드러뜨리려니와 이것도 다시 있지 못하리라. 마땅히 얻을 자가 이르면 그에게 주리라." 이는 메시아 통치를 말한다. 사탄은 인간이 아무리 열심히 살고, 성공을 했다하더라도 두려워하지 않는다. 예수 이름 앞에 굴복한다. 마가는 막1:27에 "다 놀라 서로 물어 가로되 이는 어찜이뇨 권세 있는 새

교훈이로다. 더러운 귀신들을 명한 즉 순종하는도다 하더라"라고 말했다. 히브리서 기자는 말하기를 히2:14 "사망의 세력을 잡은 자 곧 마귀를 없이 하시며"라고 했다.

④ 연한 가지
겔17:22 나 주 여호와가 말하노라 내가 또 백향목 꼭대기에서 높은 가지를 취하여 심으리라. 내가 그 높은 새 가지 끝에서 연한 가지를 꺾어 높고 빼어난 산에 심되

연약한 가지는 메시아에 대한 약속(언약)이 분명하다. 「매튜헨리」는 연약한 가지에 대하여 이렇게 말했다. "인간의 불신앙이 하나님의 약속을 무효로 만들지는 못한다. 하나님은 그것을 성취할 또 다른 '다윗의 씨'를 찾으실 것이다. 다윗의 집은 다시 칭송을 받을 것이다. 즉 재 가운데서 또 다른 불사조(不死鳥)가 일어날 것이다. 경고하는 데 사용된 나무의 비유가 여기서는 약속으로 나타나고 있다(22-23절). 이 약속은 다윗의 집안의 한 가지인 스룹바벨이 포로 상태에서 돌아온 유대인들의 머리가 되어 성읍과 성전을 재건하며 교회와 나라를 재건하게 되었을 때 부분적으로 성취되었다. 그러나 그것은 메시아의 왕국에서 완전히 성취될 것이었다(눅1:32). 하나님께서 친히 다윗의 집안을 회복시키는 일을 행하신다. 느부갓네살은 자기에게 의지하고 있는 다윗의 집안을 재건하려고 했었다(5절). 그러나 그가 심은 나무는 말라 버렸고 뽑혀졌다. 하나님께서는 다음과 같이 말씀하셨다. "자, 다음에는 내가 심으리라." 내가 또 백향목 꼭대기에서 높은 가지를 취하여 심으리라. 다윗의 집안은 '그 높은 새 가지 끝에서' 꺾은 한 연한 가지 가운데서 소생된다. 스룹바벨이 그러하였다.

그에게 기대할 만한 것은 단지 '작은 일의 날' (슥 4:10)이었으나 그 앞에서 큰 산들이 평지가 되었다. 우리 주 예수는 '백향목 꼭대기의 높은 가지' 이다. 즉 뿌리에서 가장 멀리 떨어져 있으며 하늘에 가장 가까우시다. 이는 그의 나라가 이 세상에 속한 것이 아니기 때문이다. 그는 '새 가지 끝에서' 취한 바 되셨으며 '연한' 나무이시고 '마른 땅에서 나온 뿌리' (사 53:2, 한글 개역에는 '줄기' 로 되어 있음 – 역주) 이자 여호와께서 심으신 의의 가지이시다. 이 가지는 빼어난 산에(22절), 즉 '이스라엘의 높은 산에' (23절) 심어진다. 그는 스룹바벨을 그곳으로 인도하여 개가를 부르게 하셨다. 그리고 그는 거기서 예수를 일으키셔서 여호와로라 중에 흩어진 이스라엘 집의 잃어버린 양들을 모으게 하시며 그를 거룩한 여호와로라 시온에서 왕으로 세우시고 시온 산에서부터 복음을, 즉 예루살렘에서부터 여호와의 말씀을 전파하게 하셨다. 그때에 최초로 기독교회가 선 것이다. 그보다 훨씬 전에는 유대의 교회들이 있었다. 거기서부터 그것은 멀리 또 널리 퍼지게 된다. 유대 나라는 스룹바벨의 시대에 매우 미미하게 시작하였다. 즉 쉽게 뽑힐 것 같은 연한 가지로 시작하였다. 그러나 뿌리를 박고 퍼져서 얼마 후에는 많은 나라들, 즉 '각양 새' 가 그 아래 깃들이게 되었다. 이방인들이 교회로 모이게 된 사실이 곧 '각양 새' 가 와서 '그 가지 그늘 아래 거한다' 로 표현된 것이다(참조. 단 4:21). 이로써 하나님께서는 영광을 받으실 것이다(24절). 그리스도께서 높임을 받으신 것과 사람들 가운데 그의 나라를 세우신 것은 만물이 무한한 지혜와 전능한 섭리에 의해 다스려진다는 진리를 가장 확실히 설명해 준다. '들의 모든 나무가' 다음과 같은 사실을 알게 될 것이다. 하나님께서 낮추고 말리시고자 하시는 나무는 그렇게 될 것이다. 하나님께서 높이고 무성케 하시고자 하는 나무는 그것이 현재 아무리 낮고 말라 있다

할지라도 그렇게 될 것이다. 지금은 그처럼 거대하게 보이는 느부갓네살의 집은 멸절되고, 지금은 그처럼 보잘 것 없이 보이는 다윗의 집은 다시 흥왕하게 될 것이다. 그리고 유대 민족은 지금은 연약하게 보이나 강한 나라가 될 것이다. 사단의 나라는 오랫동안 세상을 지배하나 결국 무너질 것이며, 그리스도의 나라는 업신여김을 받으나 다시 서게 될 것이다.[121] 그래서 연한 가지는 바로 메시아를 말한다. 여기에 관해서는 이사야 선지자도 말하기를 사53:2에 "그는 주 앞에서 자라나기를 연한 순 같고"라고 했다. 그리스도는 전능자이시며, 하늘과 땅의 모든 권세를 가지신 분(마28:18)이시지만 연약한 우리를 강하게 회복시켜 주시기 위해서 자신이 연약한 모습으로 이 땅에 오신 것이다.

⑤ 목자(牧者)(겔34:23, 37:24)
겔34:23 내가 한 목자를 그들의 위에 세워 먹이게 하리니 그는 내 종 다윗이라. 그가 그들을 먹이고 그들의 목자가 될지라.

다윗은 "여호와는 나의 목자시니 내가 부족함이 없으리로다"(시23:1)라고 했고, 우리 주님은 자신을 가리켜 "나는 선한 목자라"(요10:11, 14)라고 하셨다.

⑥ 다윗(겔34:23, 37:24)
겔34:23에 "내가 한 목자를 그들의 위에 세워 먹이게 하리니 그는 내 종 다윗이라. 그가 그들을 먹이고 그들의 목자가 될지라"라고 했고, 겔37:24에 "내 종 다윗이 그들의 왕이 되리니 그들에게 다 한 목자가 있을 것이라"라고 했다. 하나님은 다윗과 그의 가문을 통해 메시

---

121) Ibid.

아 언약이 계승(繼承)되기를 원하셨다. 그래서 사11:1에 "이새(다윗의 친부)의 줄기에서 한 싹이 나며 그 뿌리에서 한 가지가 나서 결실할 것이요"라고 예언되었고, 마9:27에 "예수께서 거기서 떠나 가실새 두 소경이 따라 오며 소리 질러 가로되 다윗의 자손이여 우리를 불쌍히 여기소서 하더니"라고 한 것을 보면 그 당시(신약 초기시대) 유대인들은 다윗의 후손으로 메시아가 오실 것을 기다리고 있었다는 것을 볼 수 있다. 두 소경이 예수님을 메시아이심 알았던 것이다. 그래서 '다윗의 자손이여'라고 부르짖은 것이다.

⑦ 유명한 종식(種植, 씨를 뿌리고 식물을 심는 일

겔34:29에 "내가 그들을 위(爲)하여 유명(有名)한 종식(種植, 파종)할 땅을 일으키리니 그들이 다시는 그 땅에서 기근(饑饉)으로 멸망(滅亡)하지 아니 할지며 다시는 열국(列國)의 수치(羞恥)를 받지 아니 할지라." 표준새번역 성경에는 "내가 그들에게 기름진 옥토를 마련하여 줄 것이니 그들이 다시는 그 땅에서 흉년으로 몰살을 당하지도 않고, 다른 나라에게 다시 수모를 당하지도 않을 것이다"라고 했다. 이 말씀을 「박윤선」 박사께서는 "「유명한 종식할 땅」이란 것은 히브리 원어로 마타 레솀(מַטָּע לְשֵׁם)이니 '이름을 위한 심음'(Plantation for a name)이라고 번역된다. 그것은 곡식을 심으면 잘 되기로 유명하다는 뜻이다"[122]라고 했다. 하나님은 아브라함에게 말씀하시기를 창22:18에 "또 네 씨로 말미암아 천하 만민이 복을 얻으리니 이는 네가 나의 말을 준행하였음이니라 하셨다 하니라"라고 하셨다. 여기에 씨는 메시아를 말한다.

---

122) 박윤선 「에스겔 주석」 p.253

전도서에 보면 매장(12장)마다 '헛되다' 는 말이 기록되어 있다. 아무리 열심히 많이 씨를 뿌린다하더라도 가라지나 잡초를 뿌린다면 아무런 소용이 없이 헛될 것이 분명하다. 그러나 그리스도 복음의 씨를 뿌리면 30배, 60배, 100배의 결실을 할 수 있다. 이사야는 그리스도 복음을 가진 자를 "거룩한 씨"를 말했다.

사6:13 그 중에 십분의 일이 오히려 남아 있을지라도 이것도 삼키운 바 될 것이나 밤나무, 상수리나무가 베임을 당하여도 그 그루터기는 남아 있는 것 같이 거룩한 씨가 이 땅의 그루터기니라.

⑧ 마른 뼈에 생기(生氣)[123] (37:1-10)

미래에 이스라엘의 회복을 예언한 내용이다. 메시아 언약을 배척했기 때문에 마른 뼈처럼 비참하게 된 것이다. 즉 불신자들은 영적으로 이미 죽어 아주 말라 버린 마른 뼈다귀에 불과하다. 그러나 메시아 복음이 선포되면 생기가 들어가 일어나 큰 군대가 될 것을 예언한 내용들이다. 그리고 그리스도를 메시아로 영접하면 하나님의 자녀가 되는 것이다.

⑨ 헤엄칠 물 (47:1-12)

제단 문턱에서부터 흘러나온 이 신비로운 강물은 죄인을 위한 하나님 구원과 은혜 가운데서 성장함과 주를 아는 지식과 구주 예수 그리스도와 같은 것이다. 이 강물은 그리스도께서 아버지로부터 떠나

---

123) 「생기」는 히브리어로 j' Wr (루아흐)
　'바람' ; 그 유사성에서 '호흡', 즉 느낄 수 있는 (또는 거칠기까지 한) 내쉼; 상징적으로 '생명', '분노', '하찮음' ; 연루된 의미로 하늘의 '영역' ; 그 유사성에서 '영', 그러나 단지 의사를 표현하고 활동하는 이성적인 존재에게만 사용됨: ─ 공기, 분노, 돌풍, 숨 이란 뜻이다.

내려오셔서 제단(십자가) 위에 오르신 것처럼 전(성전)의 제단 쪽에서 흘러 내려오는 것이다. 이 강물이 흘러나오는 목적은 우리의 모든 것을 고치시기 위함이다(8절). 또 살리시고(9절), 열매를 맺기 위해서다(12절). "헤엄칠 물"은 신자의 성장과 치료와 축복의 강물을 들어가면, 발목 깊이(3절)는 하나님의 뜻이 역사하시는 곳으로 확실하게 들여 놓는 것을 의미하고, 무릎 깊이(3절)는 기도하는 생활을 말하고, 허리 깊이(4절)는 하나님의 말씀을 공부하는 것을 말하고(롬13:14에 "진리로 너희 허리띠를 띠고"), 헤엄칠 물(5절)이란 그리스도인은 이제 충분하게 물을 공급받는다는 것이다. 그래서 롬13:14에 "오직 주 예수 그리스도로 옷 입고 정욕을 위하여 육신의 일을 도모하지 말라"라고 했다. 강변 쪽으로 가까이 있으면 가까이 갈수록 나의 모습은 더 많이 노출되고 강 쪽으로 더 깊이 들어갈수록 내 모습은 덜 보이며 주님은 더 많이 보이게 된다. 그리고 헤엄칠 물, 즉 잠기는 물은 그리스도의 풍성한 은혜를 말하기도 한다.

> 엡1:7 우리가 그리스도 안에서 그의 은혜의 풍성함을 따라 그의 피로 말미암아 구속 곧 죄 사함을 받았으니
> 엡3:8 모든 성도 중에 지극히 작은 자보다 더 작은 나에게 이 은혜를 주신 것은 측량할 수 없는 그리스도의 풍성을 이방인에게 전하게 하시고

⑩ 여호와의 영광[124] (43:4)

메시아가 태어날 때 천사들이 찬양하기를 눅2:14에 "지극히 높은 곳에서는 하나님께 영광이요. 땅에서는 기뻐하심을 입은 사람들 중

---

[124] "영광"은 히브리어로 כָּבוֹד(카보드)인데, 본래 의미는 '무거움', 그러나 좋은 의미에서 다만 상징적으로 '장관', 또는 '풍부함' :— 영화로운(영화롭게), 영광, 존귀(존귀한)

에 평화로다 하나니라"라고 했다. 메시아가 이 땅에 오시므로 구약의 모든 예언은 성취되고, 하나님께는 영광이 되는 것이다.

> 딛2:13 복스러운 소망과 우리의 크신 하나님 구주 예수 그리스도의 영광이 나타나심을 기다리게 하셨으니
> 사60:1 일어나라 빛을 발하라. 이는 네 빛이 이르렀고 여호와의 영광이 네 위에 임하였음이니라.

5) 다니엘서에 나타난 메시아 언약들

① 메시아 초림 시대

이것이 이방 열강의 환상을 본 느부갓네살의 꿈에 대한 해석에서 나타나 있다(2:31-45).

'머리는 정금이요'(가장 귀하고 오래가는 금속), '정금으로 된 머리는 현존하고 있는 갈대아 제국을 나타내는 것이었다.(37-38절). 가슴과 팔들은 은이요'(금 다음으로 가치 있는 금속), '은으로 된 '가슴과 팔들'은 메대와 바사 제국을 나타내는 것이었다. 왕만 못한 다른 나라가 일어날 것이요(39절). 배와 넓적다리는 놋이요, 놋으로 된 '배와 넓적다리'는 바사 제국의 마지막 왕인 다리오를 패배시킨 알렉산더에 의해 세워진 헬라 제국을 나타내는 것이었다. 실제 알렉산더는 자신이 세계를 정복하였음을 자랑하였다. '종아리는 철이요'(놋과 철은 보다 질이 떨어지는 금속), 철로 된 '종아리와 발'은 로마 제국을 나타내는 것이었다. 철처럼 강한(40절) '그 발은 얼마는 철이요, 얼마는 진흙' 이었다.[125]

---

125) 디럭스 바이블

로마 제국 말기에 그 나라는 점점 미약해져서 결국 발의 발가락이 열 개이듯이 열 개의 나라로 나누어지고 말았다. 이 나라들 중 어떤 나라들은 철처럼 강했으나 반면 어떤 나라들은 흙처럼 약하였다(42절). 그들이…… 피차에 합하지 아니함(43절),이라고 기록된 바. 로마 제국은 오랫동안 원로원과 민회, 귀족과 평민 사이에 통치권이 나뉘어져 있는 채 합쳐지질 못했다. 마리우스(Marius)와 술라(Sulla), 케사르(Caesar)와 폼페이(Pompey) 사이에 내전이 있었는데, 이들 양 파는 마치 철과 진흙과도 같이 섞이지 못하였다.

> 단2:34 또 왕이 보신즉 사람의 손으로 하지 아니하고 뜨인 돌이 신상의 철과 진흙의 발을 쳐서 부서뜨리매
> 단2:45 왕이 사람의 손으로 아니하고 산에서 뜨인 돌이 철과 놋과 진흙과 은과 금을 부서뜨린 것을 보신 것은 크신 하나님이 장래 일을 왕께 알게 하신 것이라. 이 꿈이 참되고 이 해석이 확실하니이다.

사람의 손으로 뜨이지 아니한 돌은 예수 그리스도의 나라를 나타내는 것이었다(45). 이는 그것이 인간의 권세나 정략으로 세워지거나 유지될 것이 아니기 때문이었다. 그래서 바로 복음 교회는 이 세상에 세워질 것이긴 하나 이 세상에 속한 나라가 아니다. 즉 그것은 인간 세상에 세워질 하나님의 나라이다. 이 하나님의 나라는 반드시 예수 그리스도를 통해서 세워진다. '하늘의 하나님' 께서(44) 이 나라를 세우셔서 그리스도에게 권세를 주시고 그를 그의 거룩한 시온 산에 왕으로 세우실 것이었다. 그것은 종종 신약에서 '천국' 으로 불리워지는데 이는 그것이 위로부터 주어진 것이며 또한 그것이 위엣 것을 추구하기 때문이다. 그리스도께서 친히 영원히 통치하실 것이므로 후계자가 필요 없으신 왕인 것처럼 그의 나라 역시 어떠한 전복도 있지

않을 왕국이다. 참으로 하나님의 나라는 유대인들에게서 취하여져서 이방인들에게 주어졌다(마21:43). 그것은 메시아의 나라로 기독교이다. 이 나라는 반드시 승리를 거두게 될 나라이다. 그 나라는 마치 '사람의 손으로 아니하고 산에서 뜨인 돌이' 신상을 부서뜨린 것처럼 '모든 나라를 쳐서 멸할 것이다' (44-45절). 그리고 그리스도의 나라에 복종하는 나라들에서는 그리스도의 복음이 뿌리를 내리고 있는 한 압제와 우상 숭배 그리고 수치스런 모든 일들이 사라지게 될 것이다. 우리 구주께서 '이 돌이 사람 위에 떨어지면 저를 가루로 만들리라' (마21:44)고 말씀하실 때 바로 이상의 사실을 언급하고 계시는 듯하다. 그것은 영원한 나라가 될 것이다. 주께서 영원히, 즉 시간의 끝까지 뿐만 아니라 시간과 날들이 더 이상 있게 되지 않을 때도 통치하실 것이다. 또한 하나님께서는 영원까지 만유의 주로서 만유 안에 계실 것이다. 다니엘은 이와 같이 꿈을 해석하여 느부갓네살을 만족케 한 후에 엄숙한 단언으로 말을 맺는다. 그는 이 꿈이 하나님께로부터 나온 것임을 단언한다. 크신 하나님이 장래 일을 왕께 알게 하신 것이라. 즉 그것은 술객들의 신들이 할 수 있는 것이 아니었다. 그는 이 꿈에 의해 예언된 것은 의심할 나위없이 틀림없다는 사실을 단언한다. 우리는 하나님께서 알려 주신 것은 무엇이든지 신뢰할 수 있어야 한다.

② 그리스도의 지상 사역(단9:20-26)

단9:25 그러므로 너는 깨달아 알지니라. 예루살렘을 중건하라는 영이 날 때부터 기름부음을 받은 자 곧 왕이 일어나기까지 일곱 이레와 육십이 이레가 지날 것이요.

여기 "기름부음을 받은 자 곧 왕"은 바로 메시아 즉 그리스도를 말한다. 히브리어로 "기름부음을 받은 자"는 מָשִׁיחַ(마쉬아흐)라고 한다. 바로 메시아(מָשִׁיחַ)를 말한다. 이를 헬라어로는 그리스도(Χριστός)라고 한다. Χριστός는 동사(動詞) χρίω에서 온 말인데 '기름을 바르다 또는 공직 또는 종교적 직무에 헌신하다' 라는 뜻이다. 즉 메시아 그리스도라는 말은 기름부음을 받은 자를 말하는데, 구약 시대에 선지자, 제사장, 왕을 세울 때 하나님이 그들의 머리에 기름을 부어 세우게 하셨다(삼하5:3 저희가 다윗에게 기름을 부어 이스라엘 왕을 삼으니라. 왕상19:16 너는 또 님시의 아들 예후에게 기름을 부어 이스라엘 왕이 되게 하고 또 아벨므홀라 사밧의 아들 엘리사에게 기름을 부어 너를 대신하여 선지자가 되게 하라.)

그리스도는 우리에게 참선지자로서 하나님을 알게 하시고 하나님을 만나는 새롭고 산 길을 내어 주시기 위해서 십자가에서 고난 당하셨다(마27:51, 히10:19-20).

> 요14:6 예수께서 가라사대 내가 곧 길이요 진리요 생명이니 나로 말미암지 않고는 아버지께로 올 자가 없느니라.
> Ἐγώ εἰμι ἡ ὁδὸς καὶ ἡ ἀλήθεια καὶ ἡ ζωή (에고 에이미 헤 호도스 카이 헤 알래데이아 카이 헤 조에)

헬라어 원어성경에 길, 진리, 생명이란 단어 앞에 '그' 라는 관사(冠詞 an article.)가 있어 '그 길,' '그 진리,' '그 생명' 이란 의미다. 그래서 '그 길' 은 '유일(唯一)한 길' 이다. 다른 길이 없다. '그 진리' 또 다른 진리가 있을 수 없다. '유일한 진리다.' '그 생명' 도 단 하나 밖에 없는 '유일한 생명' 을 말한다. 베드로가 이 말씀을 깨닫고는 행4:12에 "다른 이로서는 구원을 얻을 수 없나니 천하 인간에 구원을 얻을만한 다른 이름을 우리에게 주신 일이 없음이니라" 라고 했다. 〈그리스도의 유일성〉

그리스도는 "만왕(萬王)의 왕(王)이시요, 만주(萬主)의 주(主 אֲדֹנָי The Lord)가 되신다"(딤전6:15, 계17:14).

그리고 그리스도의 영적인 왕국이 설립될 것을 예언하고 있다. "이 열 왕의 때에 하늘의 하나님이 한 나라를 세우시리니 이것은 영원히 망하지도 아니할 것이요. 그 국권이 다른 백성에게로 돌아가지도 아니할 것이요. 도리어 이 모든 나라를 쳐서 멸하고 영원히 설 것이라. 왕이 사람의 손으로 아니하고 산에서 뜨인 돌이 철과 놋과 진흙과 은과 금을 부서뜨린 것을 보신 것은 크신 하나님이 장래 일을 왕께 알게 하신 것이라. 이 꿈이 참되고 이 해석이 확실하니이다." (2:44-45 / 요18:36). 그리고 「티투스」(Titus)에 의한 A. D. 70년의 예루살렘의 멸망이 예언되어 있다(9:27, 11:31, 12:11, 마24:15).

③ 다니엘서에도 메시아 모습들이 많이 나온다.
- 돌 (2:35, 45) — 이스라엘에게 거치는 돌(롬9:31-33)
  　　　　　　— 이방인에게 뜨인 돌(2:35-45)
  　　　　　　— 교회에 모퉁이 돌(벧전2:6-7)
- 태산 (2:35)
- 신들의 아들 (3:25)
- 옛적부터 항상 계신 이 (7:9)
- 인자(人子) (7:13)
- 왕국(王國)의 주인(主人) (7:14)
- 만왕(萬王)의 왕 (8:25)
- 지극히 거룩한 자 (9:24)
- 기름부음 받은 자(메시아) (9:25)

그리고 특별히 메시아 강림의 시기에 대하여 9:24-26에 말하고 있다. 바울은 이 예언을 인용했다.

> 갈4:4 때가 차매 하나님이 그 아들을 보내사 여자에게서 나게 하시고 율법 아래 나게 하신 것은

다니엘은 그리스도의 초림의 시기의 상황에 대해 놀라운 예언을 하였다. 히브리 년 월로는 「한 이레」는 7년이므로 69×7= 483년이다. 다니엘의 예언 시기는 아닥사스다 왕의 예루살렘을 재건하라는 명령이 내려진 B.C. 445년 3월 14일에 시작되었다. 다니엘의 예언은 메시아, 예수 그리스도께서 483년 후 십자가에서 죽임을 당하셨을 때 이루어졌다. 이러한 다니엘의 예언은 "세상의 죄를 종식시키는" 메시아가 오실 때는 아직 미래의 사건이라고 주장하는 오늘날의 눈먼 유대인들에게 치명적인 타격이 된다. 그리고 그리스도의 사역은 단9:24에 메시아의 사역에 대해서 다니엘은 "메시아는 ~을 마친다"라고 말했다. 또 우리 대신 고난당하심을 예언했다(단9:26). 마지막으로 메시아는 우주적으로 영원히 통치하실 것을 예언했다(단7:14). 참고할 사항은 사드락과 메삭, 아벳느고가 풀무불에 들어갔을 때 분명히 세 사람이 들어갔는데 네 사람으로 보였다. 많은 성경학자들이 그 한 분은 주님(장차 오실 메시아)이라고 말한다.

6) 호세아서에 나타난 메시아 언약들

「호세아」란 이름은 히브리어로 הושע(호쉐아)라고 하는데 '구원자'라는 뜻이다. 호세아란 이름이 바로 구원자이신 그리스도를 예표한다. 여호수아란 이름도 '구원'이란 뜻이다. 그리고 호11:1에 "이스

라엘의 어렸을 때에 내가 사랑하여 내 아들을 애굽에서 불러내었거늘"이라고 예언된 대로 마2:15에 "그리스도를 애굽에서 불러낸다." 언약대로 성취된 것이다.

현대인의 성경에 "내가 그 백성을 무덤에서 구원하며 죽음의 권세에서 건져낼 것이다. 죽음아, 네 재앙이 어디 있느냐? 무덤아, 너의 멸망이 어디 있느냐? 내가 그를 불쌍히 여기지 않을 것이다"(호13:14)라고 했다. 사실대로 주님은 무덤에서 3일 만에 부활하셨기 때문에 이 언약은 성취 되었다(마28:1). 이 말씀이 성취된 것을 바울은 인용했다. 고전15:55-57에 "사망아 너의 이기는 것이 어디 있느냐? 사망아 너의 쏘는 것이 어디 있느냐? 사망의 쏘는 것은 죄요. 죄의 권능은 율법이라. 우리 주 예수 그리스도로 말미암아 우리에게 이김을 주시는 하나님께 감사하노니"라고 했다. 그래서 주님은 사망의 왕이 아니고 부활(復活)의 왕이시다. 사망의 권세를 이기시고 승리하셨다.

또 안식일(安息日)을 폐지함에 대해서 호2:11에 "내가 그 모든 희락과 절기와 월삭과 안식일과 모든 명절을 폐하겠고"로 기록되어 있다. 이 말씀은 마28:1에 "안식 후 첫날에" 그리스도께서 부활하셨다. 그리스도께서 무덤에서 나오실 때는 구약시대의 안식일은 이미 끝났다. '안식일' 이란 말은 헬라어로 $\sigma\alpha\beta\beta\acute{\alpha}\tau\omega\nu$, ← $\sigma\acute{\alpha}\beta\beta\alpha\tau o\nu$ (중성 소유격 복수)인데, 원래는 '안식일의 마지막에' 혹은 '안식 후' 라고 읽혀진다. 그리스도의 부활 후 그리스도인들의 예배를 드리는 날은 '주간(週刊)의 첫 날' (안식 후 첫 날, 오늘 날 주일)이 되었다(막16:9, 요20:19, 행20:7, 고전16:2). 첫 날은 그리스도께서 죽음을 이기신 부활(復活)을 기념하는 것이다. 그리고 그리스도 안에 참 안식(安息)이 있다. 그리스도 밖에는 참 안식이 없다(마12:8 인자는 안식일의 주인이니라 하시니라.)

7) 스가랴서에 나타난 메시아 언약[126)]

① "순" (6:12)

"순"은 히브리어로 צֶמַח(쩨마흐)라고 하는데, '싹, 자라난 것(곳), 싹트는 발아(發芽), 성장, 가지' 라는 뜻이다. 즉 생명이 있음을 의미한다. 그루터기는 베임을 당하여도 다시 싹이 나고 가지가 되고 많은 열매를 맺게 된다. 그래서 사6:13에 "그 중에 십분의 일이 오히려 남아 있을지라도 이것도 삼키운 바 될 것이나 밤나무, 상수리나무가 베임을 당하여도 그 그루터기는 남아 있는 것 같이 거룩한 씨가 이 땅의 그루터기니라"라고 했고, 주님도 요15:5에 "나는 포도나무요 너희는 가지니 저가 내 안에 내가 저 안에 있으면 이 사람은 과실을 많이 맺나니 나를 떠나서는 너희가 아무 것도 할 수 없음이라"라고 말씀하셨다.

② "그는 나귀를 타신다"(9:9).
그는 예루살렘 입성할 때 나귀새끼를 타고 입성하셨다(마21:1-22).

③ "은 삼십"은 예수님의 배반됨과 매수당함(11:12).

④ "찌른바 그의 재림을 예언한다"(12:10 - 계1:7).

⑤ "샘"은 메시아의 속죄와 생명의 원천을 의미함(13:1).
샘이 열렸다 함은 곧, 바로 앞에서 언급된 바 있는(슥 12:10) 예수

---

126) 나침반 「종합성경연구」

그리스도의 옆구리가 찔린 것을 뜻한다. 이는 거기서 깨끗케 하는 물과 피가 흘러나왔기 때문이다. 죄는 부정한 것이다. 따라서 그것은 마음과 양심을 더럽히며 하나님께 미움을 받게 하고 스스로를 불안케 한다. 아울러 하나님의 일을 하기에 부적절하게 만들지만, 하나님의 자비와 그리스도의 공로는 너무 커서 어떠한 죄와 죄인이라도 용서하실 수가 있다(고전 6:11). 율법 시대에는 씻을 수 있는 놋대야와 놋바다가 있었다. 그러나 그것들은 단지 담는 그릇일 뿐이었으나 우리에게는 항상 넘쳐흐르는 샘이 있다. 그것은 '열린 샘'이다. '다윗의 족속'에 대해서 뿐만 아니라 '예루살렘 거민'에 대해서도, 즉 크고 부한 자들에게 뿐만 아니라 비천하고 보잘것 없는 자들에게도 열려 있는 것이다. 그는 십자가의 피로 죄악을 없애신다(1절). "그 날에 즉 복음 시대에 샘이 열리리라." 즉 참으로 회개하는 모든 자들을 죄의 오염에서 깨끗하게 하기 위한 준비가 이루어졌다. '그 날에' 곧 자기들의 죄를 애통케 하기 위해 은혜의 성령이 부어질 때에 그들의 양심은 '모든 죄에서 깨끗케 하시는 예수의 피'로 깨끗케 될 것이며 평온케 될 것이다(요일 1:7).

8) 그 외 소선지서에 나오는 메시아 언약들

① 요엘서에 나오는 메시아 언약들

• 유다의 회복 (2:18,19) — 메시아는 유다의 후손으로 오신다.

창49:9-10에 "유다는 사자 새끼로다. 내 아들아 너는 움킨 것을 찢고 올라갔도다. 그의 엎드리고 웅크림이 수사자 같고 암사자 같으니 누가 그를 범할 수 있으랴. 홀이 유다를 떠나지 아니하며 치리자의 지팡이가 그 발 사이에서 떠나지 아니하시기를 「실로」가 오시기까지 미치리니 그에게 모든 백성이 복종하리로다"라고 했다. 실제로 그리스도는 유다의 후손으로 오셨다.

- **열방을 심판할 그리스도 (3:2, 12)**
  욜3:2 내가 만국을 모아 데리고 여호사밧 골짜기에 내려가서 내 백성 곧 내 기업된 이스라엘을 위하여 거기서 그들을 국문(심판)하리니 이는 그들이 이스라엘을 열국 중에 흩고 나의 땅을 나누었음이며

"국문하리니"란 말씀은 히브리어로 וְנִשְׁפַּטְתִּי(베니쉬쉐파트티) שׁפט 라고 하는데 동사 שׁפט(쇼파트)의 니팔 동사 완료형 1인칭 단수다. 그리고 ו(바우)는 접속사다. שׁפט(쇼파트)의 뜻은 '심판하다', '판결하다', '통치하다' 라는 뜻이 있다. 그러면 누가 이스라엘을 위하여 만국을 심판하고 다스릴 자가 어디 있는가? 이는 메시아이신 예수 그리스도이심이 분명하다.

- **그 백성의 피난처가 되고 소망이 된다 (3:16).**

  창49:24 요셉의 활이 도리어 견강하며 그의 팔이 힘이 있으니 야곱의 전능자의 손을 힘입음이라. 그로부터 이스라엘의 반석인 목자가 나도다.

반석인 목자는 그리스도를 말한다. 반석은 피난처를 말한다. 고전10:4에 "이 반석은 곧 그리스도라"라고 했다. 그리고 예수님이 친히 자기를 "선한 목자라"고 하셨다(요10:11, 14).
바울 사도는 골1:27에 "이 비밀은 너희 안에 계신 그리스도시니 곧 영광의 소망이니라"라고 했고, 딤전1:1에도 "우리 구주 하나님과 우리 소망이신 그리스도 예수"라고 했다. 바울은 그리스도 외에는 소망

이 없음을 말했다.

- 믿음으로 말미암아 은혜로 구원받음 (2:32)
    욜2:32 누구든지 여호와의 이름을 부르는 자는 구원을 얻으리니 이는 나 여호와의 말대로 시온산과 예루살렘에서 피할 자가 있을 것임이요. 남은 자 중에 나 여호와의 부름을 받을 자가 있을 것임이니라.

구원은 오직 그리스도를 통해서만 이루어진다. 베드로는 행4:12에 "다른 이로서는 구원을 얻을 수 없나니 천하 인간에 구원을 얻을만한 다른 이름을 우리에게 주신 일이 없음이니라 하였더라"라고 했고, 예수님 자신도 요14:6에 "내가 곧 길이요 진리요 생명이니 나로 말미암지 않고는 아버지께로 올 자가 없느니라"라고 말씀하셨다. 예수 그리스도를 믿음으로 하나님의 자녀가 되고(요1:12), 구원도 받을 수 있다(요3:16, 요5:24).

- 그리스도를 통해 성령을 보내실 것을 약속
    욜2:28-29에 말세에 성령을 보내 주시겠다는 약속이 있다. "그 후에 내가 내 신을 만민에게 부어 주리니 너희 자녀들이 장래 일을 말할 것이며 너희 늙은이는 꿈을 꾸며 너희 젊은이는 이상을 볼 것이며, 그 때에 내가 또 내 신으로 남종과 여종에게 부어 줄 것이며"라고 했다. 약속대로 그리스도께서 승천하시고 10일 만에 성령이 오순절 날 임하셨다(행2:1-47).

② 아모스서에 나오는 메시아 언약
「만군의 하나님」(4:13)으로 나온다. 그리고 그리스도께서 십자가에

못 박히실 때 땅이 어두워질 것을 예언했다(8:9, 마27:45). 주(主)는 히브리어로 אֲדֹנָי(아도나이)인데 바로 장차 오실 메시아에 관한 언약을 볼 수 있다. אֲדֹנָי(아도나이)는 주 하나님과 그리스도에게만 대명사로 사용한다. 한글개혁성경에는 אֲדֹנָי(아도나이)를 「나의 주(The Lord), 주님」으로 번역했다. אֲדֹנָי(아도나이)는 여호와의 호칭으로 야훼 대신 사용한 유대인의 하나님에 대한 경외의 표시로 사용한 것으로 알 수 있다. 그래서 אֲדֹנָי(아도나이)는 바로 메시아를 의미하기도 한다.

③ 오바댜서에 나오는 메시아 언약

「만왕(萬王)의 왕」으로 나온다.(21)[127]

오바댜 1:21 구원자들이 시온 산에 올라와서 에서의 산을 심판하리니 나라가 여호와께 속하리라.

「평지 사람」(19절) 메시아를 통해 최후의 승리를 거둔다(17~21). "평지 사람(19절)"은 남국(南國)인 유대가 회복된 국권을 전국적으로 잡을 것을 가리키는 바, 이는 예수 그리스도로 말미암아 일어날 천국 복음 운동을 상징하는 말씀이다.[128]

④ 요나서에 나오는 메시아 언약

「더 큰 선지자」(마12:39-41)로 그리스도의 모습이 있고, 특히 요나는 그리스도의 죽으심과 장사되심과 부활하심의 모형이다(12:38-41). 요나서가 우리에게 주는 교훈(敎訓)은 그리스도 복음을 전해야 하는

---

127) Ibid
128) 박윤선 「오바댜 주석」 영음사 1979. 3. 30. p.236

우리의 사명을 말한다. 모든 사람이 죄를 범하였으므로(롬3:23) 누구든지 오직 예수 그리스도를 믿음으로 구원을 얻게 된다(요5:24). 그리고 그리스도 안에만 구원이 있다.

⑤ 미가서에 나오는 메시아 언약들
- 민족들에 대한 증거 (1:2-3)
- **뺨을 맞은 재판자** (5:1)
- 이스라엘을 다스릴 자 (5:2)
- 맞으심 (5:1, 비교, 마27:30 그리스도께서 로마 군병들의 채찍에 맞으셨다.)
- 근본이 상고에, 태초 (5:2 비교, 요1:1~3)
- 베들레헴에 태어남, 이스라엘을 다스릴 자, 왕이신 그리스도 (5:2, 비교, 마2:2)
- 특별히 미가서에 메시아가 오실 장소인 마을(동네)까지 예언하고 있다.

미5:2 베들레헴 에브라다야 너는 유다 족속 중에 작을지라도 이스라엘을 다스릴 자가 네게서 내게로 나올 것이라. 그의 근본은 상고에, 태초에니라.

이 예언의 정확성에 대하여 놀라지 아니할 수 없다(참고, 제2장 3. 1, 아브라함에게 복을 주신 이유 중 지시할 땅인 가나안 땅을 약속함), 고대 세계에서는 세 대륙, 즉 유럽과 아시아와 아프리카가 알려져 있었다. 그 중에서 아시아가 선택되었지만 아시아에도 많은 나라가 있었다. 그 아시아 여러 국가 중에서도 약속의 땅으로 부르는 이스라엘이 지명되었다. 이 곳도 유다와 갈릴리와 사마리아로 나뉘어져 있었다. 그 가운데 유다가 뽑히게 되었다. 그러나 유다에도 많은 고을(마을)이 있었다. 그렇지만 수천의 고을 중에서 베들레헴이란 고을이 뽑히게 되어 이 영광스러움을 얻게 된 것이다. 미가 선지자는 "베들레헴 에브라다"를 지명했다. 왜 이 베들레헴을 지명했을까? 약속의 땅에는 동명(同名) 두 곳의 베들레헴이 있었다. 또 다른 장소는 갈릴리 지방의 스블론 지경 안에 베들레헴이 있다(수19:15). 그러나 미가 선지자는 유다 지방에 있는 베들레헴을 말하고 있다(룻1:1). 이 곳은 다윗의 가문의 고향이기도 하다. 베들레헴의 뜻은 히브리어로 לֶחֶם בֵּית(베트레헴)인데 '떡 집'이다. 이 얼마나 "생명의 떡"(요6:35)이 태어나실 약속의 장소로 알맞은 곳인가! 그리고 에브라다의 뜻은 히브리어로 אֶפְרָתָה(Ephratah, 에브라다야) 혹은 אֶפְרָת(에프라트)인데 "수확이 풍성하다"라는 뜻이다. 에브라다는 베들레헴의 애칭이다. 이 이름 역시 구원의 모든 열매가 맺히기 시작하는(눅2:1-20) 장소에 적합한 이름이다. 전지전능(全知全能)하신 하나님께서 미가 선지자를 통하여 이 일들을 예언(말씀)하셨다.

- 이 사람은 우리의 평강이 될 것이라 (5:5)
- 원수를 진멸하는 그리스도 (5:9)

그리스도께서 우리의 평화가 되신다. 그분은 제사장으로서 우리의 죄를 속하시고 우리를 이끌어 하나님과 화해시키시지만 동시에 우리의 임금이 되사 우리의 평화가 되신다. 왕으로서 그분은 우리의 원수들을 정복하시며 마음을 어지럽히는 두려움과 욕망을 가라앉히신다. 그는 평강이라는 입술의 열매를 창조하신다. 메시야께서는 그의 백성들을 보호하고 구원하며 백성들의 원수들을 패퇴시키기 위해 사용될 적합한 도구들을 구하실 것이다.

⑥ 나훔서에 나오는 메시아 언약들

메시아 언약이 산성(山城)으로 나온다. 1:7에 "여호와는 선하시며 환난 날에 산성이시라. 그는 자기에게 의뢰하는 자들을 아시느니라" 라고 했다.

아름다운 소식을 전하고 화평을 전하는 자. 1:15에 "볼지어다. 아름다운 소식을 보(報)하고 화평(和平)을 전(傳)하는 자(者)의 발이 산(山) 위에 있도다. 유다야 네 절기(節期)를 지키고 네 서원(誓願)을 갚을지어다. 악인(惡人)이 진멸(殄滅)되었으니 그가 다시는 네 가운데로 통행하지 아니하리로다"라고 했다. 이 말은 그리스도께서 이 땅에 메시지를 전할 것을 예언한 것이다.

⑦ 하박국서에 나오는 메시아 언약들
- 그리스도의 구속 사역 (1:5, 비교, 행13:41)
- 믿음의 주, 예수 그리스도를 믿음으로 말미암아 의롭게 된 사람 (2:4, 비교, 갈2:16 의인은 믿음으로 말미암아 산다.)
- 그리스도가 다스릴 천년왕국을 예언함(재림 주) (2:14)
- 거룩한 성전에 계신 여호와 (2:20)
- 사랑의 주 (3:2)
- 소망과 구원의 주 (3:17~18)

⑧ 스바냐서에 나오는 메시아 언약들
- 그리스도의 희생 (1:7)

습1:7 주 여호와 앞에서 잠잠할지어다. 이는 여호와의 날이 가까웠으므로 여호와가 희생을 준비하고 그 청할 자를 구별하였음이니라.

- 이스라엘의 왕 (3:15)
- 이스라엘 가운데 계시는 여호와 (3:17)

⑨ 학개서에 나오는 메시아 언약

「만국의 사모하는 것」(만국의 보배)이다. 2:7에 "또한 만국을 진동시킬 것이며 만국의 보배가 이르리니 내가 영광으로 이 전에 충만케 하리라. 만군의 여호와의 말이니라"라고 했다. 모든 사람들의 마음 속에는 오직 예수 그리스도 안에서만 발견할 수 있는 귀중한 소망(所望)이 있다. 이제 우리들의 모든 소망의 중심이 예수 그리스도 안에 있으면 영원한 축복 속으로 들어가는 것이다. 그리고 학개서의 주제가 성전 건축이다. 그렇다면 그리스도는 성전의 주인이시다(고전3:16).[129]

⑩ 스가랴서에 나오는 메시아 언약들

특히 스가랴서 11:1~12:14은 메시아의 고난을 통한 회복을 약속한다.[130]

- 우리의 종 순(가지,Branch)으로 오실 그리스도 (3:8, 6:12, 비교, 막10:45)
- 우리의 중보자이시며 주님이신 제사장과 왕 (6:13)
- 공의로우신 우리의 구원 (9:9) "나귀를 타고 예루살렘에 입성하심"
- 언약의 피 (9:11)
- 우리들의 기반이신 모퉁잇돌 (10:4)
- 우리의 죄를 담당하신 말뚝 (10:4)

---

129) 나침반 「종합성경연구」 p. 415
130) 소재열. 「신구약성경 맥 찾기」 갈릴리 2003. 12. 16. p. 345

- 우리의 방어자이신 싸우는 활 (10:4)
- 은(銀) 30에 배반당함 (11:12)
- 토기장이의 밭에 장사지낸바 됨 (11:13)
- 우리의 선물이신 은총의 영 (12:10)
- 그리스도가 손과 발은 찔릴 것을 예언 (12:10)
  (그리스도가 십자가에 못 박힐 것을 예언함)
- 우리를 정결케 하시는 샘 (13:1)
- 그의 제자들에게 버림받음 (13:7)
- 우리의 통치자이신 천하의 왕 (14:9)
- 우리의 숭배의 대상이 되시는 왕 만군의 여호와 (14:16)
- 장차 다가올 그리스도의 영광스런 재림 (14:4-21)
- 그날은 모든 사람들이 직접 그리스도를 볼 것이다 (15:4)
- 옆구리를 창에 찔림 (스가랴 13:1 / 요 19:34, 37)
- 그 날에 죄와 더러움을 씻는 샘이 다윗의 족속과 예루살렘 거민을 위하여 열리리라

8) 말라기서에 나타난 메시아 언약들

- 언약의 사자(使者) (3:1, 그리스도의 길을 예비하기 위하여 세례 요한이 나타날 것을 예언했다.)
- 연단하여 깨끗케 하는 자 (3:,3 하나님의 언약의 사자로서 그리스도께서 오셔서 죄를 연단하여 깨끗케 하실 것을 예언했다, (히1:1-3)
- 의(義)로운 해(태양) (4:2, 의로운 태양이신 그리스도가 이 땅에 오시면 영혼도 마음, 정신, 육체도 광선으로 치료하실 것을 예언했다.)
- 그리스도의 날에 엘리야 (4:5)

말4:5 보라 여호와의 크고 두려운 날이 이르기 전에 내가 선지 엘리야를 너희에게 보내리니

여기 선지 엘리야는 세례 요한을 말한다. 세례 요한을 엘리야라고 하는 이유는 두 사람의 사역(使役)이 유사(類似)하기 때문이다(눅 1:17).[131] 하나님은 그리스도 재림과 재림의 날이 오기 전에 선지 엘리야 같은 세례 요한을 보내어 메시아 오심을 선포하도록 하셨다.

말라기서의 주제는 「메시아의 재림을 앙망하라」는 것이다.

말4:5-6 보라 여호와의 크고 두려운 날이 이르기 전에 내가 선지 엘리야를 너희에게 보내리니, 그(메시아)가 아비의 마음을 자녀에게로 돌이키게 하고 자녀들의 마음을 그들의 아비에게로 돌이키게 하리라. 돌이키지 아니하면 두렵건대 내가 와서 저주로 그 땅을 칠까 하노라 하시니라.

우리는 그리스도의 복음에 대해 계속해서 기대해야 하며 그것의 시작을 선지자 엘리야의 출현에서 찾아야 한다(말 4:5,6). '율법과 선지자는 요한의 때까지' (눅 16:16)로서 그것들을 새벽별이 나타나기까지 다만 교회의 빛으로 계속 이어졌다. 유대의 박사들은 그 선지자를 아합의 시대에 이스라엘에서 예언한 엘리야의 동일 인물일 것이라고 한다. 곧 엘리야가 메시아의 선구자가 되기 위해 다시 올 것이라는 말이다. 그러나 그들 중의 다른 사람들은 그를 엘리야와 동일 인물로 보지 않고 그와 같은 영을 가진 또 다른 사람이라고 말한다. 하지만 우리 그리스도인들은 세례 요한이 바로 오게 되어 있었던 그 엘리야라는 것을 아주 잘 안다(마 7:10-13, 보다 명확히 표현되기는 마태복음

---

131) 박윤선 「소선지서 주석」 p.512

11:14에 '오리라 한 엘리야가 곧 이 사람이라.' 그리고 10절에도 같은 사람으로 기록된 바 '보라 내가 내 사자를 보내노니'). 엘리야는 아주 엄격한 사람이었고 죄를 책망하는 데 담대한 사람이었다. 세례 요한도 엘리야가 그러했던 것처럼 동일한 영과 능력을 힘입어 회개와 개혁을 외쳤다. 세례 요한은 임박할 진노와 그리스도의 손에 들린 키에 대해 말하면서 공의로운 경고와 함께 피할 길도 알려 주었다. 이 키는 그리스도께서 그의 타작마당을 깨끗케 하시는 도구이다. 마태복음 3:7,10,12을 보라. 세례 요한은 '아비의 마음을 그 자녀에게로 돌이키게 하고, 자녀들의 마음을 그들의 아비에게로 돌이키게 하여 주를 위하여 세운 백성을 예비할 것이다' (눅1:16,17).[132]

지금까지 구약에 나타난 메시아 언약을 논한 바와 같이 메시아 언약과 관계없이 성경(구약)을 연구한다면 아무런 소용없는 헛수고가 될 것이며, 헛된 신학이 될 것이고, 생명 없는 무덤의 사건일 것이다.

구약성경은 메시아의 오심을 예비하기 위하여 기록되었다. 구약성경 전체에 끊임없이 흐르고 있는 것은 온 세계를 통치하고 축복하실 한 위대한 분이 오실 것을 기대하고 예시한 것이다. 이 분은 오시기 오래 전부터 메시아로 알려졌다. 그의 오심을 예언한 것이 구약성경의 메시아에 대한 체계를 이루고 있다. 이 예언은 금실처럼 구약성경의 여러 가지 다른 책을 묶어 하나의 놀라운 통일성(統一性)을 이루고 있다.

---

132) 디럭스 바이블 「매튜헨리 주석」

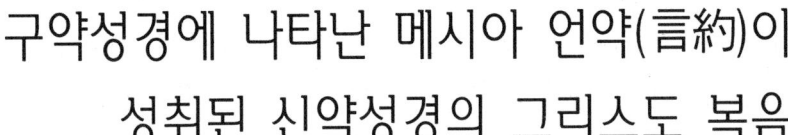

구약성경에 나타난 메시아 언약(言約)이 성취된 신약성경의 그리스도 복음

1. 하나님의 모든 언약들은 예수 그리스도를 통해 성취

1) 약속하신 모든 말씀은 예수 그리스도를 통해 성취

롬3:24에 "그리스도 예수 안에 있는 구속으로 말미암아 하나님의 은혜로 값없이 의롭다 하심을 얻은 자 되었느니라"라고 했고, 롬5:1에 "그러므로 우리가 믿음으로 의롭다 하심을 얻었은즉 우리 주 예수 그리스도로 말미암아 하나님으로 더불어 화평을 누리자"라고 했다. 또 롬5:17에 "한 사람의 범죄를 인하여 사망이 그 한 사람으로 말미암아 왕 노릇하였은즉 더욱 은혜와 의의 선물을 넘치게 받는 자들이 한 분 예수 그리스도로 말미암아 생명 안에서 왕 노릇하리로다"라고 했다. 한 분 예수 그리스도를 통(通)해서 우리는 생명을 얻고 흑암권세를 잡은 사탄과 싸워 이기며 왕 노릇하게 된다. 고전15:57에 "우리 주 예수 그리스도로 말미암아 우리에게 이김을 주시는 하나님께 감사하노니"라고 했고, 엡1:5에 "그 기쁘신 뜻대로 우리를 예정하사 예수 그리스도로 말미암아 자기의 아들들이 되게 하셨으니"라고 했고, 엡1:7에 "우리가 그리스도 안에서 그의 은혜의 풍성함을 따라 그의 피로 말미암아 구속 곧 죄 사함을 받았으니"라고 했고, 살전5:9에 "하나님이 우리를 세우심은 노하심에 이르게 하심이 아니요. 오직 우리 주 예수 그리스도로 말미암아 구원을 얻게 하신 것이라"라고 했다. 딛3:6에 "성령을 우리 구주 예수 그리스도로 말미암아 우리에게 풍성히 부어 주사"라고 했고, 히13:21에 "모든 선한 일에 너희를 온전케 하사 자기 뜻을 행하게 하시고 그 앞에 즐거운 것을 예수 그리스도로 말미암아 우리 속에 이루시기를 원하노라. 영광이 그에게 세세무궁토록 있을지어다. 아멘" 이라고 했다.

그리고 주님은 마5:17에 "내가 율법이나 선지자나 폐하러 온 줄로 생각지 말라 폐하러 온 것이 아니요 완전케 하려 함이로라"라고 말씀하셨고, 요1:17에 "율법은 모세로 말미암아 주신 것이요 은혜와 진리는 예수 그리스도로 말미암아 온 것이라"라고 하셨고, 눅24:27에 "이에 모세와 및 모든 선지자의 글로 시작하여 모든 성경에 쓴 바 자기에 관한 것을 자세히 설명하시니라"라고 했고, 요19:24에 "군병들이 서로 말하되 이것을 찢지 말고 누가 얻나 제비 뽑자 하니 이는 성경에 저희가 내 옷을 나누고 내 옷을 제비 뽑나이다 한 것을 응하게 하려 함이라"라고 한 것을 보면 예수 그리스도를 통하여 모든 언약이 성취되고 완성되는 것을 확실하게 알 수 있다.

2) 신약시대에는 그리스도로 우리에게 말씀하셨다.

히1:1-2에 "옛적에 선지자들로 여러 부분과 여러 모양으로 우리 조상들에게 말씀하신 하나님이 이 모든 날 마지막에 아들로 우리에게 말씀하셨으니 이 아들을 만유의 후사로 세우시고 또 저로 말미암아 모든 세계를 지으셨느니라"라고 했다. 예수는 우리의 구세주(救世主)가 되시는 동시에 메시아 곧 그리스도시다. 요1:41에 "그가 먼저 자기의 형제 시몬을 찾아 말하되 우리가 메시아를 만났다 하고"(메시아를 번역하면 그리스도라), 또 요4:25에 "여자가 가로되 메시아 곧 그리스도라 하는 이가 오실 줄을 내가 아노니 그가 오시면 모든 것을 우리에게 고하시리이다"라고 수가성 여자가 말했다. 베들레헴에 태어나 십자가를 지시고 우리의 모든 문제를 해결하시고 우리를 구원하신 그리스도는 구약성경에 하나님이 약속(언약)하신 메시아이시다.

3) 성경은 그리스도를 증거하고 있다.

요5:9에 "너희가 성경에서 영생을 얻는 줄 생각하고 성경을 상고하거니와 이 성경이 곧 내게 대하여 증거하는 것이로다"라고 했고, 요5:6에 "내게는 요한의 증거보다 더 큰 증거가 있으니 아버지께서 내게 주사 이루게 하시는 역사 곧 나의 하는 그 역사가 아버지께서 나를 보내신 것을 나를 위하여 증거하는 것이요"라고 했다. 행18:28에 바울은 "이는 성경으로써 예수는 그리스도라고 증거하여 공중 앞에서 유력하게 유대인의 말을 이김일러라" 했고, 롬1:2에도 바울은 "이 복음은 하나님이 선지자들로 말미암아 그의 아들에 관하여 성경에 미리 약속하신 것이라"라고 했다.

* **복음의 역사성**: 복음은 구약의 예언과 약속 속에서 계속 이어 왔다.

갈3:8에 "또 하나님이 이방을 믿음으로 말미암아 의로 정하실 것을 성경이 미리 알고 먼저 아브라함에게 복음을 전하되 모든 이방이 너를 인하여 복을 받으리라 하였으니"라고 했고, 벧전1:10-11에 "이 구원에 대하여는 너희에게 임할 은혜를 예언하던 선지자들이 연구하고 부지런히 살펴서 자기 속에 계신 그리스도의 영이 그 받으실 고난과 후에 얻으실 영광을 미리 증거하여 어느 시, 어떠한 때를 지시하시는지 상고 하니라" 했고, 롬3:21에 "이제는 율법 외에 하나님의 한 의가 나타났으니 율법과 선지자들에게 증거를 받은 것이라"라고 한 것을 보면 복음은 구약성경에 예언된 대로 계속 이어져 왔다. 여기서 우리는 복음의 역사적 사실을 분명하게 알 수 있다.

2. 메시아 언약대로 성취된 그리스도

> 요1:14 말씀이 육신이 되어 우리 가운데 거하시매 우리가 그 영광을 보니 아버지의 독생자의 영광이요 은혜와 진리가 충만하더라.

'성육신'(成肉身, the Incarnation)이나 '육신을 입다'(Incarnate)는 말은 성경에 나와 있지 않지만 이 말에 대응하는 '육체로'($\acute{\epsilon}\nu$ $\sigma\alpha\rho\kappa\acute{\iota}$, $\sigma\acute{\alpha}\rho\xi$)라는 말이 '성육신' 그 자체나 '성육하신 그리스도의 사역'을 묘사하는 동사와 함께 신약에 몇 번 나온다. 요1:14에 "말씀($\lambda\acute{o}\gamma o\varsigma$ 로고스)이 육신($\sigma\acute{\alpha}\rho\xi$ 사륵스)이 되어"라고 했다.

[로고스 $\lambda\acute{o}\gamma o\varsigma$(logos)]는 한글 개역에서 약 40종류로 번역되어 있는데, [말씀](마 7:28기타 빈출), [말](마 5:7기타), [도(道)](행 8:21, 14:25 기타), [전도](골 4:3), [송사](행 19:38), [이유](벧전 3:15), [일](막 1:45) 등의 의미를 가진다. [로고스]라는 말이 특별한 의미로 씌어져 있는

것은, 요 1:1-2, 4, 14인데, 그것은 그리스 철학에 있어서와 같은 우주의 이성 또는 하나님과 구별되면서 [하나님]이신 바로 [하나님 독생자]이다(→ 독생자).

1) 사복음서에 성취된 메시아 언약들

구약성경에서는 그리스도의 오심을 예비하기 위하여 기록되었다. 이것은 히브리 민족의 역사에 나타난 사건과 위기를 취급했다. 구약성경 전체에 끊임없이 흐르고 있는 것은 온 세계를 통치하고 축복하실 한 위대한 분이 오실 것을 기대하고 예시한 것이다. 이 분은 오시기 오래 전부터 메시아로 알려졌다. 그의 오심을 예언한 것이 구약성경의 메시아에 대한 체계를 말하고 있다. 이 예언은 금실처럼 구약성경의 여러 가지 다른 책을 묶어 하나의 놀라운 통일성을 이루고 있다. 처음에는 희미한 암시로 시작하여 차차 이야기가 진전됨에 따라 더욱 자세하고, 확실하고, 풍부한 예언이 되었다. 예언이 확실해짐에 따라 상징, 예표, 형태, 간접적 예견이 나타났다. 그래서 구약성경의 마지막에 가서는 그리스도의 이야기가 말과 상징으로 미리 쓰여지고 모습이 정해졌다. 이것들은 역사상 어떤 다른 사람을 절대로 나타낼 수 없는 그러한 것들이다. 확실한 예언과 형태가 있는 반면, 표면상으로는 확실하지 않은 암시적인 것도 많이 있는 것 같다. 그리고 어떤 사건이나 말씀은 나중에 그대로 이루어질 때까지 뜻이 확실하지 않은 것도 있다. 그러나 우리는 성서에 나타난 대로 깨달을 뿐이며 그 형태를 과장해서는 안 된다고 생각한다. 우리는 여기에서 구약성서의 순서대로 그리스도의 오심을 확실하게 지적한 구약성경의 구절을 간단하게 설명하려 한다.

① 여자의 후손 (창3:15)

「할레이」는 "여자의 후손은 뱀의 머리를 상하게 하고, 뱀은 그의 발뒤꿈치를 상하게 할 것이다. 이것은 인간이 죄를 지었음에도 불구하고 인간을 창조한 것은 성공적이었다고 하나님이 생각하시는 것 같다. 인간은 여자로 말미암아 멸망한 것처럼 인간은 여자로 말미암아 구속될 것이다. 인간을 구속할 사람은 여자의 후손이지만 남자의 작용이 없이 탄생할 것이다. 이것이 그리스도의 처녀 탄생에 대한 원시적인 암시인 것이다. 남자의 작용 없이 여자에게서 태어난 하와의 후손은 단 한 분밖에 안 계신다"[1]라고 했다. 그러나 다른 말들은 맞지만 "여자로 말미암아 구속될 것이다"라는 말은 조심스럽게 받아 들여야 하겠다. 그리스도가 '여자의 후손으로 온다' 는 말은 '하나님이 여자(마리아)의 몸을 이용해서 성령으로 잉태되어 그리스도가 이 땅에 오실 것을 말씀하신 것(언약)이다.

② 아벨의 제사 (창4:3-5)

"가인은 땅의 소산으로 제물을 삼아 여호와께 드렸고 아벨은 자기도 양의 첫 새끼와 그 기름으로 드렸더니 여호와께서는 아벨과 그 제물은 열납하셨으나 가인과 그 제물은 열납하지 아니하신지라." 이것은 피의 제물 즉 인간의 죄 때문에 그리스도께서 대신 죽으실 것을 암시한 것 같다[2]라고 「할레이」는 말했다. '그리스도께서 대신 죽으실 것을 암시한 것 같다' 라는 표현은 미흡하다고 생각한다. '그리스도께서 대신 죽으실 것을 말한다' 라고 정확하게 표현하면 좋겠다. 히

---

1) 할레이
2) Ibid

11:4에 분명하게 말하고 있다. "믿음으로 아벨은 가인보다 더 나은 제사를 하나님께 드림으로 의로운 자라 하시는 증거를 얻었으니 하나님이 그 예물에 대하여 증거하심이라. 저가 죽었으나 그 믿음으로써 오히려 말하느니라"라고 했다. 아벨의 제사는 '그 예물이 증거한다.' 「매튜헨리」도 이렇게 말했다. 그(아벨)는 '가인보다 더 나은 제사를 하나님께 드렸다.' 인간이 타락한 후에 하나님께서는 인간의 자손들이 예배를 통하여 하나님께 나올 수 있는 새로운 길을 열어 놓으셨다. 인간은 타락한 후에 희생 제물로 하나님께 예배를 드려야만 했다. 가인이 장남이었으나 하나님이 기쁘게 여기신 것은 아벨이었다. 사람을 진정으로 영광되게 하는 것은 태어난 순서에 따르는 것이 아니라 하나님의 은혜에 의해서이다. 아벨은 속죄의 희생 제물을 양떼 중에 첫 새끼를 드림으로 바쳤다. 가인은 희생 제물을 알았지만 오직 감사제만을 '땅의 첫 소산'으로 바쳤다.[3] 그리고 아벨은 양의 첫 새끼를 희생(번제) 제물로 하나님께 드렸다. 여기에서 상당히 깊은 진리를 또 발견할 수 있다. 바로 예수 그리스도를 의미한다. 여기에 관한 성경의 말씀들을 보면 출13:12 "너는 무릇 초태생과 네게 있는 생축의 초태생을 다 구별하여 여호와께 돌리라. 수컷은 여호와의 것이니라"라고 했고, 신15:19에도 "너의 우양의 처음 난 수컷은 구별하여 네 하나님 여호와께 드릴 것이니 네 소의 첫 새끼는 부리지 말고 네 양의 첫 새끼의 털은 깎지 말고"라고 했다.

> 롬8:29 하나님이 미리 아신 자들로 또한 그 아들의 형상을 본받게 하기 위하여 미리 정하셨으니 이는 그로 많은 형제 중에서 맏아들이 되게 하려 하심이니라.

---

3) 매튜헨리「창세기 주석」기독교문사 1981. 12. 10. p.150

③ 아브라함은 이삭을 바쳤다(창22:1-19)

아버지가 그의 아들을 바쳤다. 아버지는 마음 속으로 아들을 죽이기로 작정하고 있었다(창22:4). 그리스도가 대속 제물이 될 것을 말하고(22:13) 아들을 바치려던 모리아산은(22:4) 예수님이 십자가(十字架)에 못 박히신 산이고, 아브라함이 멜기세덱에게 십일조를 바친 산이다(창14:8). 살렘은 모리아산에 있었다. 멜기세덱이 아브라함의 민족을 통하여 보내실 분의 그림자인 것처럼 이것은 그분의 생애에 일어날 사건의 그림자였다.[4] 또「매튜헨리」는 "이삭 대신에 다른 제물이 준비되어 있었다(13절). 이삭의 구원에 대해서는 당연히 하나님께서 감사를 받으셔야 한다. 히브리 원어성경을 직역하면 '번제할 어린 양은 하나님이 자기를 위하여 친히 준비하시리라.' 는 뜻인데,[5] 아브라함의 말은 틀림없이 이루어진 셈이다. 이 사실은 언약의 씨, 곧 약속된 메시아와 관련하여 살펴져야 한다. 그리스도는 이삭을 대신한 이 수양처럼 우리를 대신해서 희생 제물이 되셨다. 그리하여 그의 죽으심으로 우리가 해방되었다. 그 축복된 씨가 이미 약속되었고 이제 이삭에 의해서 예표되었을지라도 그를 제물로 드리는 일은 연기되어야 했다. 그리고 그 동안에는 이 수양처럼 짐승을 제물로 드리는 제사가 어느 날엔가 저 위대한 제물에 의해서 이루어질 속죄의 보증으로서 드려져야 했다. 후에 제사 드리는 장소인 성전이 이 모리아산 위에 세워진(대하 3:1) 것은 주목할 만한 사실이다. 또한 그리스도께서 십자가에 달리신 갈보리 산이 그곳에서 멀지 않은 곳에 있다는 사실도

---

4) 할레이「성경핸드북」기독교문사 1980. 5. 30. p.417-418
5) 창22:8 아브라함이 가로되 아들아 번제할 어린 양은 하나님이 자기를 위하여 친히 준비하시리라 하고 두 사람이 함께 나아가서
וַיֹּאמֶר אַבְרָהָם אֱלֹהִים יִרְאֶה־לּוֹ הַשֶּׂה לְעֹלָה בְּנִי וַיֵּלְכוּ שְׁנֵיהֶם יַחְדָּו

주목할 만한 점이다. 이곳에 새로운 이름이 붙여졌다. 그것은 즐거이 하나님을 신뢰하는 모든 신자들을 격려하기 위해서였다. '여호와이레' 곧 '여호와께서 준비하심'이란 이 이름은(14절) 필시 '번제할 어린 양은 하나님이 자기를 위하여 친히 준비하시리라' (8절)는 아브라함의 말을 암시하는 이름일 것이다.[6]라고 했다. 신약성경 롬9:7에 "또한 아브라함의 씨가 다 그 자녀가 아니라. 오직 이삭으로부터 난 자라야 네 씨라 칭하리라 하셨으니"라고 했다.

* 정결치 못한 짐승에 대한 특주(特註)

돼지에 의해 발생되는 병(病)에 대하여 알아보면,

레11:7 돼지는 굽이 갈라져 쪽발이로되 새김질을 못하므로 너희에게 부정하니, 너희는 이 고기를 먹지 말고 그 주검도 만지지 말라. 이것들은 너희에게 부정하니라.

돼지는 굽이 갈라져 쪽발이지만 성경에 식물(食物)로 먹지 말라고 금(禁)한 것은 성경에 기록된 가장 중요한 위생법 중 하나다. 그 당시에는 냉장고가 없는 데다 돼지고기를 야외에서 불에 구워 가지고는 기생충을 완전히 죽일 수 없기 때문에 이것은 매우 위험하다. 돼지고기를 만질 때 이러한 기생충에 감염되는 것으로 보아 그 시체를 건드리지 말라고 말씀하신 것 또한 놀랄만한 일이다. 왜냐하면 사람이나 동물이 마지막 임종할 때(죽을 때) 나쁜 기생충과 바이러스(virus)가 시체 밖으로 빠져 나오기 때문에 성경에 시체를 가까이 하지 말라고 했다.

---

6) 매튜헨리 「창세기 주석」 디럭스 바이블 프로그램

레21:11 어떤 시체에든지 가까이 말지니
민6:6 자기 몸을 구별하여 여호와께 드리는 모든 날 동안은 시체를 가까이 하지 말 것이요.
겔44:25 시체를 가까이하여 스스로 더럽히지 못할 것이로되

그리고 기생충에 감염된 돼지고기를 잘못 요리해 먹으면 요리법이 발달한 오늘날에도 흔히 이런 병이 발생한다. 그 중 가장 보편적인 것은 선모충(旋毛蟲 a trichinas)[7] 트리키넬라 스피랄리스(Trichinella Spiralis)에 의해 발생하는 선모충병(旋毛蟲病)[8]이다. 사람이 트리키넬라(Trichinella) 유충(幼蟲)에 감염된 돼지고기를 먹으면 각각의 유충을 둘러싸고 있는 껍질은 소화액에 의해 용해되고 유충은 장벽(腸壁)에 붙는다. 그 곳에서 장(腸)을 뚫고 혈관(血管) 속으로 들어가기도 하고 암컷은 혈관(血管)이나 림프액[9] 속에 직접 알을 낳는다. 이렇게 하여 유충이 체내 각 부분에 운반되지만 단지 줄무늬근육에서만 발생할 수 있다. 특히 위액(胃液)이 주로 수분(묽은 염산)으로 되어 있기 때문에 돼지고기의 두터운 지방이 침투하기에는 어려운 것이다. 그래서 동물성 지방을 많이 섭취하면 첫째로 소화불량(消化不良)이 오기 쉽고, 둘째로 체내에 혈액을 끈끈하게 하여 혈액의 흐름을 방해한다. 그래서 섬유질이 많은 채소를 많이 곁들여 먹는 것이 좋다.

---

7) 〖생물〗 유생동물의 하나. 몸의 길이는 1~4mm이고 실 모양이며, 엷은 누런 빛을 띤 백색이다. 사람, 개, 돼지, 쥐 따위에 기생하는데, 작은 창자나 림프 또는 혈류를 따라 이동하다가 근육 속에 기생하여 고열이나 근육통을 유발한다. 사람에게는 주로 날돼지고기를 통해서 감염된다.
8) 〖의학〗 선모충이 사람의 몸 속에 기생하여 일으키는 병. 구역질, 설사를 비롯하여 근육통과 부종 증상이 있으며 가로막에 침입하기도 한다.
9) 〖의학〗 림프(lymph)는 고등 동물의 조직 사이를 채우는 무색의 액체. 혈관과 조직을 연결하며 면역 항체를 수송하고, 장(腸)에서는 지방을 흡수하고 운반한다. 림프액.

④ 실로 (창49:10-11)

「실로」라는 말은 히브리어로 שִׁילֹה(쉬로)라고 하는데 '평정한' 이란 뜻으로 메시아의 특징을 나타내는 통칭이며, 그의 것이다, 그에게 속한 것, 평온을 의미한다.

예언자들이 메시야를 가리켜 '평강' 또는 '안식' 이라고 부르는 것도 창세기 49:10의 '실로' (평강)를 연상한 것이다(사 2:2-4, 9:5,미 4:1-4, 슥 9:10, 눅 2:13,14, 요 14:27, 계 5:5).

왕의 홀(scepter)은 실로(그리스도)가 올 때까지 유다에서 떠나지 않을 것이다. 그에게 사람들은 모일 것이다. 그는 포도주로 자기의 옷을 씻었다. 여기에서 처음으로 아브라함의 민족에서 한 분이 탄생하여 모든 민족을 다스릴 것을 확실하게 예언하였다. 그는 멜기세덱이 (메시아의) 그림자였던 바로 그 분임에 틀림없다. 그는 유다 지파에서 나타나실 것이다(창49:10 홀이 유다를 떠나지 아니하며 치리자의 지팡이가 그 발 사이에서 떠나지 아니하시기를 실로가 오시기까지 미치리니 그에게 모든 백성이 복종하리로다.) 그의 옷을 포도주로 씻은 것은 그가 십자가에 못 박히실 것을 은유적으로 암시한 것 같다.[10] 또 「헹스턴버그」(Hengstenberg)는 다음과 같은 몇 가지 이유로 '실로' 란 말이 메시아에 대한 칭호라고 하였다. 민24:9, 17, 24에 발람이 이스라엘을 사자(獅子)로 비유하면서 "한 별이 야곱에게서 나리라"고 한 것은 창세기 49:9-10에 있는 야곱의 예언을 염두에 둔 것이다.

대상 28:4에 다윗이 유다에서 왕이 난다는 의미로 말하였는데, 그것도 '실로' 를 '다스리는 자' (메시아)로 해석한 셈이다. 그가 그 아들을 솔로몬(평강)이라고 한 것도 창세기 49:10의 '실로' (평강=안식의

---

10) 할레이 「성경핸드북」 기독교문사 1980. 5. 30. p. 418

뜻)를 염두에 두고 지은 것이라고 생각된다. 시편 60:7에도 다윗은 말하기를 "유다는 나의 홀이며"라고 하였는데, 이것도 창세기 49:9-10과 관련된 말이다. 또 예언자들이 메시아를 가리켜 '평강' 또는 '안식'이라고 부르는 것도 창세기 49:10의 '실로'(평강)를 연상한 것이다(사 2:2-4, 9:5, 미 4:1-4, 슥 9:10, 눅 2:13, 14, 요 14:27, 계 5:5).[11] 실로는 메시아 오실 것을 예언한 말씀이 분명하다.

⑤ 유월절 제정(출12장)

유월절은 히브리어로 hs' P(페싸흐)라고 하는데, '묵과함', 즉 '면제'라는 뜻이다. 유대인 유월절의 ('절기' 또는 희생물) 전문용어로만 사용된다. פֶּסַח(페싸흐)는 פָסַח(파싸흐)라는 말에서 유래했는데 פָסַח((파싸흐)는 "뛰다, 춤추다, 멈추다, 절름발이가 되다, 껑충 뛰다, 넘어가다"라는 뜻이다. 즉 유월절의 의미는 하나님을 떠나 사탄의 말을 듣고 원죄와 자범죄로 반드시 저주받아 실패와 고통을 당하고 사탄의 종노릇을 하다가 멸망당하고 영원한 지옥에 가야 마땅할 우리를 메시아이신 그리스도께서 다 해결해 주실 것을 구약시대에 언약으로 알려준 하나님의 약속이다.

하나님은 이스라엘 민족을 애굽에서 구원하셨다. 하나님은 애굽의 장자를 죽였다. 이스라엘의 집은 어린 양의 피로 표시(문설주와 인방에)되었다. 여호와는 그 표시가 있는 집을 건넜다. 이 절기는 모든 세대를 통하여 매년 지켜지고 있었다. 이것은 이스라엘의 가장 중요한 절기가 되었다. 애굽에서 구원된 것을 기념했다. 1400년 동안 히브리 민족은 정성껏 지켰다. 확실히 이것은 하나님의 계획으로 하나님의

---

11) 디럭스 바이블 「성경사전」

어린 양이신 그리스도(메시아)께서 인류를 죄에서 영원히 구원하기 위하여 유월절에 십자가에 달려 죽으실 것을 예시한 역사적인 대사건이었다. 이것은 얼마나 오래 전부터 그리스도의 오심을 하나님께서 계획하셨는지 알려준다.[12] 하나님은 오늘을 사는 우리에게까지 이 언약을 놓치지 않도록 성경에 기록하게 하셔서 신앙하도록 하셨다.

⑥ 불뱀(놋뱀, The Fiery Serpent) (민21:6-9)

불뱀은 히브리어로 שָׂרָף(싸라프 saraph) נָחָשׁ(나카쉬 nachash)라고 하는데, 광야에서 뱀이 사람을 물었다. 많은 사람들이 죽었다. 모세는 구리뱀을 만들었다. 그것을 보는 사람들은 모두 살았다. 예수님은 이 것을 자기가 십자가에 달릴 것으로 생각하셨다(요3:14 모세가 광야에서 뱀을 든 것 같이 인자도 들려야 하리니). 에덴동산에서 죄를 지은 인류는 십자가를 쳐다보고 살 수 있다. 그래서 히12:2에 "믿음의 주요 또 온전케 하시는 이인 예수를 바라보자. 저는 그 앞에 있는 즐거움을 위하여 십자가를 참으사 부끄러움을 개의치 아니하시더니 하나님 보좌 우편에 앉으셨느니라"라고 했다.

> 민21:9 "모세가 놋뱀을 만들어 장대 위에 다니 뱀에게 물린 자마다 놋뱀을 쳐다본즉 살더라."

놋뱀은 히브리어로 נָחָשׁ נְחֹשֶׁת(nechash nechosheth)하는데 '뱀' (נָחָשׁ nechash)은 נָחָשׁ(나하쉬)에서 온 말이며, נָחָשׁ(나하쉬)의 본래 의미는 쉿하는 '소리를 내다', 즉 (마술적인) 주문을 '속삭이다'; '예지

---

12) 할레이 「성경핸드북」 기독교문사 1980. 5. 30. p. 418

하다', 확실하게 점치다, 복술사(卜術士), 복술(卜術), 경험으로 배우다, 참으로, 점을 치다, 예언하다, 기적을 알다, 경험으로 알다, 열심히 관찰하다, 전조를 해석하다라는 말이다. 그렇다면 뱀은 사탄에게 인간을 유혹하여 타락하는 데 쓰임 받았고(창3장), 또 요한은 바로 큰 용(龍), 사탄, 마귀라고 했다(계12:9 "큰 용이 내어 쫓기니 옛 뱀 곧 마귀라고도 하고 사단이라고도 하는 온 천하를 꾀는 자라. 땅으로 내어 쫓기니 그의 사자들도 저와 함께 내어 쫓기니라"). 지금도 사탄은 많은 사람들이 역경에 빠지거나 어려운 일을 당하면 점쟁이에게 찾아가도록 역사하고 있다.

⑦ 영원한 왕위를 약속받은 다윗(삼하7:16)

"네 위가 영원히 견고하리라." 다윗의 가계(家系)가 영원히 하나님의 백성을 다스릴 것을 약속(언약)하기 시작했다. 이 약속은 이후의 구약성경에 계속 반복하여 점점 자세히 설명되다가 한 위대한 왕에게서 궁극적으로 이루어진다. 이 왕은 영원히 살고, 영원한 왕국을 건설할 것이다.[13] 사11:1에 "이새의 줄기에서 한 싹이 나며 그 뿌리에서 한 가지가 나서 결실할 것이요"라고 했고, 룻4:17에 "그 이웃 여인들이 그에게 이름을 주되 「나오미」가 아들을 낳았다 하여 그 이름을 「오벳」이라 하였는데 그는 다윗의 아비인 이새의 아비였더라"라고 했다. 그리고 마태도 마1:1에 "아브라함과 다윗의 자손 예수 그리스도의 세계라"라고 했다. 그러므로 메시아는 다윗의 후손으로 오실 것이 분명함을 말해준다.

---

13) Ibid p. 420

⑧ 이 약속(언약)은 솔로몬에게도 반복되었다(왕상9:5)

"내가 네 왕위를 영원히 견고하게 하리라." 이것은 다윗과 솔로몬에게 여러 번 반복되었다. 그러나 열왕기와 역대기는 다윗 왕국의 멸망과 히브리 민족의 포로를 말하고 있어 하나님이 다윗의 가계에 약속하신 영원한 왕위를 무시하고 있다. 그러나 이 때에 많은 선지자들이 나타나서 약속은 앞으로 이루어질 것이라고 예언했다. 에스라서, 느헤미야서, 에스더서는 멸망하여 흩어졌던 히브리 민족이 돌아오는 이야기를 하고 있다. 그러나 히브리 민족이 본국에 돌아와 재건하는 것은 다윗 왕위에 대한 약속을 이루는 데 필요했다.

⑨ 여호와의 기름 받은 자(시2편)

"기름 받은 자"(2절)는 히브리어로 מָשִׁיחַ(마쉬아흐)인데 מָשִׁיחַ(마쉬아흐)의 뜻은 '기름부음을 받은'; 보통(왕, 제사장 혹은 성자로) '성별된' 사람; 특히 '메시아', 기름부음 받은 자(메시아, 이스라엘의 왕, 이스라엘의 대제사장)를 의미한다. "……내가 나의 왕을 내 거룩한 산 시온에 세웠다"(6절). "……너는 내 아들이라"(7절). "……내가 열방을 유업으로 주리니"(8절). "……그 아들에게 입 맞추라"(12절). "……여호와를 의지하는 자는 다 복이 있다"라고 했다. 이것이 확실히 다윗의 계보(系譜)에 탄생하실 영원한 왕을 의미한다. 그(메시아)의 신성(神性), 그의 우주적 통치(統治), 그를 의지하는 자의 축복에 대해서 적극적으로 말하고 있다라고「할레이」는 말했다. 구약시대는 선지자와 제사장, 왕을 세울 때 하나님께서 기름을 그 머리에 부어 구별하게 하셨다. 그리스도는 참선지자(요14:6)와 큰 대제사장이며(히4:14 그러므로 우리에게 큰 대제사장이 있으니 승천하신 자 곧 하나님 아들 예수시라. 우리가 믿는 도리를 굳게 잡을지어다), 만왕의 왕이시오 만주의 주가 되신다(계19:16 그 옷과 그 다리에 이름 쓴 것이 있으니 만왕의 왕이요 만주의 주라 하였더라).

⑩ 메시아가 십자가에 고난당할 것을 예시(예언)(시22편)

"나의 하나님, 나의 하나님, 어찌하여 나를 버리시나이까?" (1절)

이 말을 히브리어로 אֵלִי אֵלִי לָמָה עֲזַבְתָּנִי (My God, my God, why hast thou forsaken me?)라고 한다.

주님이 마지막 운명하실 때 하실 말씀이 예언되었고 또 성취되었다. 헬라어로는 "Ηλι ηλι λεμα σαβαχθανι!" (마27:46 엘리 엘리 라마 사박다니)라고 한다.

이 말은 "당신이 나를 버렸다 해도 당신은 나의 하나님이십니다" 라는 뜻으로 말한 것이다.[14] 여기에서 우리가 다시 발견할 것은 주님이 히브리 방언으로 말씀하셨던 것이다. 왜냐하면 주님은 성경에 응하게 하시려는 것이다. 주님은 성경이 성취되었다는 사실을 말씀하고 싶은 의도가 진하게 내포되어 있는 것이다. "나를 보는 자는 다 비웃으며 …… 저가 여호와께 의탁하니 구원하실 걸"(7-8). 예수님의 적(敵)들이 바로 이 말로 조롱했다(마27:43). "내 수족을 찔렀나이다(16). 이것은 그(그리스도)가 십자가에 못 박혀 죽으실 것을 말한다(요20:20, 35). "내 겉옷을 나누며 속옷을 제비 뽑나이다." (18) 심지어 이렇게 자세한 것도 예언된 대로 다 성취되었다(마27:35). 이 모든 것은 예수님이 십자가 고난에 대한 말임에 틀림없다. 이것은 천년 전에 예언되었던 것이 그대로 성취된 것이다.

---

14) 매튜헨리 「마태복음 주석」 디럭스 바이블

⑪ 메시아 부활(시16:10)

"주의 거룩한 자로 썩지 않게 하실 것임이니이다." 이것은 사도행전 2:27, 31에 인용되어 그리스도의 부활을 말하고 있다. 장차 오실 메시아가 죽으실 것을 많이 암시하고 있다. 여기에서는 그의 죽음에 대한 승리와 영생을 확실하게 예언하고 있다.[15] 이 외에도 성경에는 메시아 고난과 부활에 관한 예언이 많이 있다.

「루터」(Luther)는 매일 3시간 동안 눈물의 기도로 승리했다. 그는 「멜랑톤」(Melanchthon)에게 편지하기를 "만일 우리의 주장이 옳지 않으면 내던져라. 그러나 옳은 데야 왜 두려우랴! 마귀가 우리를 죽이기 밖에 더 할 것이 무엇이냐?……만일 그리스도께서 우리와 함께 안 계시면 이 우주에 어디 계시랴! 우리가 교회 아니면 교회가 어디 있는가? 바바리아의 귀족들일까? 펠디난드일까? 법황일까? 터기 사람들일까? 누가 교회일까? 만일 우리가 하나님의 말씀을 가지지 않았다면 누가 가졌는가? 우리가 실패한다면 그리스도도 우리와 함께 실패하신다. 곧 우주의 대주재(大主宰)께서 실패하신다. 그렇다면, 나는 이 세상 권세 잡은 가이사와 함께 머물러서는 것보다 그리스도와 함께 실패하기를 원한다"[16]라고 했다.

⑫ 왕과 제사장이신 메시아(시110편)

이것은 장차 오실 왕의 영원한 통치와 영원한 제사장직을 말한다. 예수님은 이것을 인용하여 자신에게 적용하셨다(마2:42-44).

---

15) Ibid.
16) 박윤선 시편 주석 P.137

⑬ 메시아 시대에 대한 놀라운 예시(사2:2-4)

"만일 여호와의 전의 산이 모든 산꼭대기에 굳게 설 것이요 ……만방이 그리로 모여들 것이다. 많은 백성이 가며 이르기를 오라 우리가 여호와의 산에 오르며 야곱의 하나님의 전에 이르자. 그가 그 도(道)로 우리에게 가르치실 것이라. 우리가 그 길로 행하리라 하리니…… 여호와의 말씀이 예루살렘에서부터 나올 것임이니라. 무리가 그 칼을 쳐서 보습을 만들고 그 창을 쳐서 낫을 만들 것이며 이 나라와 저 나라가 다시는 칼을 들고 서로 치지 아니하며 다시는 전쟁을 연습치 아니하리라." 구약성경에 있어서 메시아의 예언서이며, 훌륭한 문학서(文學書)인 이사야서는 장차 오실 메시아의 영광스러운 통치를 묘사하고 있다.

⑭ 임마누엘(사7:13-14)

"다윗의 집이여! ……. 처녀가 잉태하여 아들을 낳을 것이요. 그 이름을 임마누엘이라 하리라." 이것은 다윗의 계보에서 임마누엘이라 하는 어떤 분이 처녀의 몸에서 탄생할 것을 말한다. 이사야를 통해 메시아의 처녀 탄생과 신성은 여기에서 예언되었다. 이것은 마1:23에 인용되어 예수님을 나타내고 있다.

임마누엘은 히브리어로 עִמָּנוּאֵל(임마누엘)이라고 하는데 '하나님이 우리와 함께 계시다', '우리와 함께 하시는 하나님' 인 메시아에 대한 상징적, 예언적 이름이다.

⑮ 베들레헴은 메시아의 출생지(미5:2-5)

"베들레헴 에브라다야 너는 유다 족속 중에 작을지라도 이스라엘을 다스릴 자가 네게서 내게로 나올 것이라. 그의 근본은 상고에, 태초에니라." 왕에 대한 예언을 좀더 정확하게 했다.[17] 하나님이 이사야에게 주신 언약의 말씀이 그대로 마태복음서에 성취되었다.

마2:4-6 "왕이 모든 대제사장과 백성의 서기관들을 모아 그리스도가 어디서 나겠느뇨. 물으니, 가로되 유대 베들레헴이오니 이는 선지자로 이렇게 기록된 바 또 유대 땅 베들레헴아 너는 유대 고을 중에 가장 작지 아니하도다. 네게서 한 다스리는 자(메시아)가 나와서 내 백성 이스라엘의 목자가 되리라 하였음이니이다"라고 마태는 기록하고 있다.

사복음서 기자들은 그리스도 생애의 사건과 모습을 예언에 부합시키기 위하여 구약성경을 많이 인용했는데 여기에 그리스도에 대하여 인용된 구약성경의 예언들을 제시한다. 이것들은 메시아에 대하여 확실하게 증명하고 있다. 따라서 우리는 구약성경에서 인용된 말씀에 대한 신약성경의 해석에 대해서 만족한다. 그것은 하나님의 뜻을 완전히 나타내고 있다. 인용된 예언은 다음과 같다.[18]

- 그는 다윗의 계보에서 나온다(마22:44, 막12:36, 눅1:69, 요7:42 / 삼하7:12-16)
- 그는 처녀에게서 탄생하신다(마1:23 / 사7:14)

아담의 타락 이후로 모든 인간은 죄(罪)를 지니고 탄생한다(롬3:23). 그리스도는 죄가 없어야 한다. 그러므로 하나님께선 동정녀의 몸을 통해서 그리스도를 보내셔야 하셨다.[19] 하나님이신 그리스도께서 이 땅에 오시는 하나님의 최선의 방법이다.

- 그는 베들레헴에서 탄생하신다(마2:15 / 호11:1

---

17) Ibid p.429
18) 할레이 「성경핸드북」 기독교문사 1980. 5. 30. p. 450
19) 최옥석 「영적 성경연구」 복음문화사 1993. 10. 4. p. 23

- 그는 나사렛에서 자라나신다(마2:23 / 사11:1)
- 그는 갈릴리에서 활동 하신다(마4:15 / 사9:1,2)
- 그의 오심은 엘리야와 같은 사자가 공포한다(마3:3, 11:10-14, 막 1:2-3 /말3:1, 4:5).
- 그가 오실 때 베들레헴의 어린 아이를 학살하게 된다(마2:18 / 창35:19-20, 48:7, 렘31:15).
- 그는 세상에 기쁨을 가져오신다(눅2:10, 4:18-19 / 사58:6, 61:1).

눅2:10 천사가 이르되 무서워 말라. 보라 내가 온 백성에게 미칠 큰 기쁨의 좋은 소식을 너희에게 전하노라(福音).

- 그는 이방인에게도 전도(傳道)하신다(마12:18-20, / 사42:1-4).
- 그는 병(病)을 낫게 (치료, 신유) 하신다(마8:17, / 사53:4)
- 그는 비유로 가르치신다(마13:14, 35 / 사6:9-10, 시78:2)
- 그는 통치자들로부터 불신(不信)과 배척(排斥)을 당하신다(마 15:8-9, 막7:6-7, 11, 요12:38-40 / 시69:4, 118:22, 사6:10, 53:1)
- 그는 예루살렘에 승리의 입성을 하신다(마21:5, 요12:1-15 / 사 62:11, 슥9:9, 시118:26).
- 그는 매 맞는 목자(牧者)가 되신다(마26:31, 막14:27 / 슥13:7)
- 그는 은(銀) 30에 제자로부터 배신을 당한다,(팔림) (마27:9-10, 요13:18 / 슥11:12-13, 시41:9).
- 그는 죄수와 함께 죽으신다(눅22:37 / 사53:9, 12).
- 그는 부자에 의하여 매장(장례 장지)되신다(마27:57-60 / 사 53:9). 〈설명은 되었으나 인용되지는 않았다.〉
- 그에게 식초와 쓸개(신포도주, 마취제)를 준다.(마27:34, 요19:29

/ 시69:21).
- 사람들은 그의 옷을 제비 뽑는다(요19:24, / 시22:18).
- 심지어 그가 죽으실 때 하실 말씀도 예언되었다(가상칠언) (마 27:46, 막15:34, 눅23:46 / 시22:1, 31:5).
- 뼈는 부러뜨리지 않는다(요19:36 / 출12:46, 민9:12, 시34:20).
- 그는 옆구리를 찔리신다(요19:37 / 시22:16, 슥12:10).
- 그는 3일 만에 죽은 자 가운데서 살아나신다(마12:40, 눅24:46). 이것에 대하여 구약성경에서 인용된 것은 없다. 행2:25-32, 13:33-35에 그가 죽은 자 가운데서 다시 살아나신 것은 시16:10-11에서 분명히 예언되었다. 예수님은 그가 3일 만에 부활하신 것이 기록되어 있다고 말씀하셨다(눅24:46). 그는 호6:2과 욘1:7 또 이삭이 3일 만에 죽음에서 구원된 것을(창22:4) 말씀하시는 것 같다.
- 그가 배척을 당하신 후에는 예루살렘이 멸망하고 큰 환란이 일어난다(마24:15, 막13:14, 눅21:20 / 단9:27, 11:31, 12:1, 11).
- 예수님은 자신이 예언을 이루기 위하여 죽게 될 것을 아셨다(마 26:54, 56).

이와 같은 예언들을 보고 우리는 놀라지 않을 수 없다. 예수님의 생애에 대하여 완전히 중요한 사건과 그것에 관련된 가장 작은 일까지도 구약성경에 확실하게 예언되어 있었다. 이것은 인간의 마음을 초월한 어떤 믿음이 일관적으로 작용하였음에 틀림없다.[20]

---

20) Ibid

2) 약속의 땅에 오실 것을 예언(언약)하신 대로 오신 메시아

눅2:11 오늘날 다윗의 동네에 너희를 위하여 구주가 나셨으니 곧 그리스도 주시니라.

가나안 땅에 메시아가 오실 것을 하나님은 작정하셨고 선민에게 알려 주셨다(창12:1).

① 하나님은 아브라함에게 이 엄청난 비밀을 말씀하셨다.

창12:1에 "여호와께서 아브람에게 이르시되 너는 너의 본토 친척 아비 집을 떠나 내가 네게 지시할 땅으로 가라"라고 했고, 창15:7에도 "또 그에게 이르시되 나는 이 땅을 네게 주어 업을 삼게 하려고 너를 「갈대아 우르」에서 이끌어낸 여호와로라"라고 했다. 하나님은 아브라함에게 메시아 오실 땅, 약속의 땅을 말씀하신 것이다.

② 선민들은 약속의 땅에 장례하기를 원했다.

이것은 하나님이 그들에게 주신 언약을 기억했다는 말이 된다. 창35:19에 "라헬이 죽으매 「에브랏」 곧 「베들레헴」 길에 장사되었고"라고 했다. 왜 그들은 약속의 장지(葬地)가 되기를 소원했을까? 그것은 하나님이 약속의 땅을 말씀하신 언약을 놓치지 않기 위해서 힘쓴 것으로 본다. 그러니 그들의 후손까지 약속대로 복을 받은 것이다.

③ 「룻」의 시아비인 「엘리멜렉」의 고향이 베들레헴이고 결국 룻이 베들레헴으로 돌아와 「보아스」와 재혼하여 메시아 족보(계보)를 이어간다. 룻1:1에 "사사들의 치리하던 때에 그 땅에 흉년이 드니라. 유다 베들

레헴에 한 사람이 그 아내와 두 아들을 데리고 「모압」 지방에 가서 우거하였는데"라고 했고, 결국 룻과 시어미 「나오미」는 베들레헴으로 다시 돌아온다(룻1:19-22). 왜냐 하면 하나님이 그들에게 주신 약속의 땅이니까.

④ 하나님은 베들레헴 사람 이새의 아들인 다윗을 택하여 이스라엘의 왕을 삼았다.

삼상16:1에 "여호와께서 사무엘에게 이르시되 내가 이미 사울을 버려 이스라엘 왕이 되지 못하게 하였거늘 네가 그를 위하여 언제까지 슬퍼하겠느냐. 너는 기름을 뿔에 채워가지고 가라. 내가 너를 베들레헴 사람 이새에게로 보내리니 이는 내가 그 아들 중에서 한 왕을 예선하였음이니라"라고 했다. 하나님은 이새가 베들레헴 사람이 아니었더라면 이새의 가문을 왕가(王家)로 지명하지 않았을 것이다. 그래서 삼상17:12-16에 "다윗은 유다 베들레헴 에브랏 사람 이새라 하는 자의 아들이었는데 이새는 사울 당시 사람 중에 나이 많아 늙은 자로서 여덟 아들이 있는 중 그 장성한 세 아들은 사울을 따라 싸움에 나갔으니 싸움에 나간 세 아들의 이름은 장자 엘리압이요, 그 다음은 아비나답이요, 제 삼은 삼마며, 다윗은 말째라. 장성한 삼인은 사울을 좇았고, 다윗은 사울에게로 왕래하며 베들레헴에서 그 아비의 양을 칠 때에 그 블레셋 사람이 사십일을 조석으로 나와서 몸을 나타내었더라"라고 다윗이 이스라엘의 제2대 왕으로 택함을 받으며 사무엘 선지자는 다윗의 머리에 기름을 붓게 된다. 그리고 또 사11:1에 "이새의 줄기에서 한 싹이 나며 그 뿌리에서 한 가지가 나서 결실할 것이요"라고 했다. 이것은 무슨 말이냐? 이새의 가문에서 다윗이 왕이 되어 메시아 언약을 계승(繼承)할 것을 말한다.

이 말씀들은 곧, 베들레헴이 고향인 다윗의 후손이 메시아로 오실 것을 예언(약속)하신 내용들이다.

⑤ 약속대로 메시아는 베들레헴에 태어났다

메시아가 베들레헴에 태어날 것을 예언한 그대로 정확하게 성취된 사실에 감탄하지 않을 수 없다. 메시아가 고향을 가지는 것은 당연하다. 다윗과 메시아가 한 고향인 베들레헴이란 사실이다. 고대 세계에서는 세 대륙, 즉 유럽과 아시아와 아프리카가 알려져 있었다. 그 중에서 아시아가 선택되었지만 아시아에서도 많은 국가가 있었다. 아시아의 여러 국가 중에서도 약속의 땅으로 불러온 이스라엘이 지명되었다. 이 곳도 유다와 갈릴리, 사마리아로 나뉘어져 있었다. 그 가운데 유다가 뽑히게 되었다. 그러나 유다에도 많은 고을이 있었다. 그렇지만 수많은 고을들 중에서 베들레헴만이 뽑히게 되어 이 영광스러움을 얻게 된 것이다. 미가 선지자는 「베들레헴 에브라다」를 지명했다. 왜 베들레헴을 지명했을까? 베들레헴은 동명(同名) 이(二) 곳이다. 갈릴리 지방의 스불론 지경 안에 또 다른 베들레헴이 있었다.[21] 그러나 미가는 유다 지방에 있는 베들레헴을 말하고 있다(룻1:1). 베들레헴의 뜻은 '떡 집' 이다. בֵּית לֶחֶם(베트레헴 Bethlehem)은 '떡의 집' 이란 뜻이다. 이 얼마나 '생명의 떡' 이[22] 태어나실 장소로 알맞은 곳인가! 그리고 「에브라다」는 히브리어로 אֶפְרָת(에프라트)라고 하는

---

21) 갈릴리의 베들레헴이다. 스불론 자손의 성읍이다(수 19:15). 이스라엘을 7년간 지도한 사사 입산의 출생지이며, 그의 무덤이 있는 곳이다(삿 12:8,10). 시므론의 서북쪽 8㎞ 지점에 있는 베잇 라함(Beit Lahm, 이스라엘 이름 Bet Lehem Hagelilit)과 동일시된다.
22) 요6:35 예수께서 가라사대 내가 곧 생명의 떡이니 내게 오는 자는 결코 주리지 아니할 터이요 나를 믿는 자는 영원히 목마르지 아니하리라.

데 '수확이 풍성하다' 는 뜻이다. 이 이름 역시 구원의 열매가 맺히기 시작하는(눅2:1-20) 장소에 적합한 이름이다. 전지전능(全知全能)하신 하나님께서 미가를 통하여 이 일들을 말씀하셨다.

마2:5-6에 "가로되 유대 베들레헴이오니 이는 선지자로 이렇게 기록된 바 또 유대 땅 베들레헴아 너는 유대 고을 중에 가장 작지 아니하도다. 네게서 한 다스리는 자가 나와서 내 백성 이스라엘의 목자가 되리라 하였음이니이다"라고 했고, 눅2:4-5에 "요셉도 다윗의 집 족속인 고로 갈릴리 나사렛 동네에서 유대를 향하여 베들레헴이라 하는 다윗의 동네로 그 정혼한 마리아와 함께 호적 하러 올라가니 마리아가 이미 잉태되었더라"라고 했고, 눅2:11에 "오늘날 다윗의 동네에 너희를 위하여 구주가 나셨으니 곧 그리스도 주시니라"라고 했다. 그리고 예수님의 족보 서론에 바로 언급이 되고 있다. 마1:1에 "아브라함과 다윗의 자손 예수 그리스도의 세계라"라고 분명히 말하고 있다. 요7:42에 "성경에 이르기를 그리스도는 다윗의 씨로 또 다윗의 살던 촌 베들레헴에서 나오리라 하지 아니하였느냐 하며"라고 했다.[23] 예수 그리스도는 약 2,000년 전 유대 땅 베들레헴에 마리아의 몸을 빌려 이 땅에 오셨다(사복음서). 여기에 관한 성취된 말씀들을 보면 다음과 같다.

> 요1:14 말씀이 육신이 되어 우리 가운데 거하시매 우리가 그 영광을 보니 아버지의 독생자의 영광이요 은혜와 진리가 충만하더라.
> 마1:16 야곱은 마리아의 남편 요셉을 낳았으니 마리아에게서 그리스도라 칭하는 예수가 나시니라.
> 눅1:38 마리아가 가로되 주의 계집종이오니 말씀대로 내게 이루어지이다

---

23) 김일권. 「이스라엘 역사」(유대인 연구)-총회신학교 교재 2004. p. 28

하매 천사가 떠나 가니라.
눅2:11 오늘날 다윗의 동네에 너희를 위하여 구주가 나셨으니 곧 그리스도 주시니라
요3:16 하나님이 세상을 이처럼 사랑하사 독생자를 주셨으니 이는 저를 믿는 자마다 멸망치 않고 영생을 얻게 하려 하심이니라.
롬1:3-4 이 아들로 말하면 육신으로는 다윗의 혈통에서 나셨고, 성결의 영으로는 죽은 가운데서 부활하여 능력으로 하나님의 아들로 인정되셨으니 곧 우리 주 예수 그리스도시니라.
고전15:47 첫 사람은 땅에서 났으니 흙에 속한 자이거니와 둘째 사람은 하늘에서 나셨느니라.
요이1:7 미혹하는 자가 많이 세상에 나왔나니 이는 예수 그리스도께서 육체로 임하심을 부인하는 자라 이것이 미혹하는 자요 적그리스도니

그러므로 구약성경에 메시아 언약을 약속하신대로 신약성경에 완전히 정확하게 그리스도 복음으로 성취된 사실을 그 누구도 부인(否認)할 수 없다. 우리는 이런 사실을 알고 믿어진 것이 너무나 감사하다. 할렐루야 아멘.

3. 유대인들이 오해하고 있는 그리스도 복음

1) 육신적 관점의 메시아 관

유대인들의 메시아관이 여러 가지로 분류되겠지만, 주된 메시아사상은 다윗의 재현이었다. 신약 시대 유대 문서들은 메시아를 '다윗의 씨'(spevrma스펠마, the descendants 후손)라고 했다. 요7:42에 "성경에 이르기를 그리스도는 다윗의 씨로 또 다윗의 살던 촌 베들레헴에

서 나오리라 하지 아니하였느냐 하며"라고 했다. 또 '다윗의 순(가지)', '다윗의 아들' 등으로 부르기도 하고, 또는 그냥 '다윗'이라 부르기도 한다. 이 '새 다윗'이 와서 다윗 왕조를 재건할 것을 고대하였던 것이다. 신약시대 유대인들은 다윗이 성지의 이방 민족들을 다 정복하고 다윗 왕조를 세웠듯이 그들을 로마와 같은 이방 민족의 압제로부터 해방시켜 줄 새 다윗을 기다려 왔던 것이다. 그들이 바라는 것은 군사적 왕으로서 '살롬'을 가져오는 메시아를 기다리고 있다.[24] 유대인들은 지금도 대부분의 유대인들이 율법을 지킬 때 메시아가 온다고 믿고 있다. 그러면 메시아는 이스라엘의 영광을 드러내고, 이방인들도 율법을 따르게 될 것이라고 생각한다.

2) 나무에 '달리는' 메시아를 거절.

왜냐하면 자기 민족으로 오시되 왕족으로 왕궁에 오실 줄 알고, 육신(세상)적인 혈통만 믿어 왔기 때문이다. 그래서 베들레헴에 오실 메시아 언약을 놓쳐버렸다(미5:2). 그들은 지금도 예루살렘(성전)에 오실 것을 믿고 있다. 그래서 그들의 신앙을 일컬어 시온이즘(Zionism)이라고 한다.

3) 나사렛 예수가 메시아임을 인정하지 않는 유대인들

*필자는 이스라엘 예루살렘에 있는 통곡의 벽에서 미국계 유대인 대학생을 만나 질문을 했다.

---

24) 김일권.

"What is Jesus?" (예수가 누군지 아느냐?)

그 학생의 대답은 "Jesus is Jew" (예수는 유대인이다)이라고 했다.

메시아가 이미 2000년 전에 베들레헴에 오셨는데 유대인들은 미가서 5장 2절에 베들레헴에 메시아가 오실 것을 약속한 것을 놓쳐버리고, 지금 예루살렘 성전이 있었던 곳에 오실 줄 알고 통곡의 벽에서 통곡하며 메시아를 기다리고 있다. 참으로 통곡할 노릇이다. 지금 한국교회나 세계교회의 신자들이 정말로 메시아 즉 그리스도를 얼마나 정확하게 알고 있는가? 그 분은 정말로 '하나님이시요.' 우리의 모든 문제를 해결하시기 위해서 십자가(十字架)에 못 박혀 돌아가셨으나 3일 만에 하나님이신 증거로 부활하셨다. 지금은 성령으로 우리와 함께 하신다. 그래서 「임마누엘」이라고 한다.

4) 유대인들이 실패하는 원인

① 유대인의 장점

근면, 성실 박애주의(구제, 봉사), 종교적 성실(정시기도, 금식기도), 교육의 우월성, 율법의 장점을 고수하였지만 그들이 왜 어려움을 당하는가? 훌륭한 정치인, 과학자, 석학들이 너무 많은데, 세계금융의 주도권을 잡고 있으면서 왜 불안하면서 살아가는가?

② 유대인의 실패

거듭되는 전쟁과 재앙의 원인을 그들은 잘 모르고 있다. 지금도 팔레스타인(Palestine)과 국경 없는 전쟁을 치르고 있다. 애굽에서 노예 생활을 400년 동안 했고, 바벨론과 앗수르에 포로 잡혀 갔으며 로마에 속국이 되기도 했다. 그리고 전 세계로 방황하는 후손이 되었다. 그러면서 지금도 그 원인을 모른채 전쟁 준비에 급급하며, 모슬렘들의 테러 때문에 불안해하고 있다. 지금 성지 순례자들이 이스라엘 국경을 넘으려고 입국 수속을 하려고 하면 2시간 정도는 걸린다. 그만큼 이스라엘(유대인)은 불안하다. 아랍국 23개 나라가 이들을 괴롭히고 있다. 지금도 이스라엘은 팔레스틴과 싸우고 있다. 유대인처럼 기도만 많이 한다고 되는 것은 아니다. 이런 말이 있다. 어느 교회 예배 중에 장로님이 너무 기도를 길게 하니 목사님이 나오셔서 '우리는 성경봉독 합시다' 라고 했다고 한다. 개인기도는 길게 하는 것이 좋고 대표(공중)기도는 짧을수록 좋은데 대부분 반대 현상으로 한다.

③ 유대인들은 진정한 말씀(언약, 복음) 회복에 실패

유대인들은 지금까지 고통의 원인을 모르고 있다. 창3장에 하나님이 금지한 선악과를 따먹고 그 때부터 인간에게 모든 영육간에 문제가 오고 사망의 권세 아래서 사탄의 지배를 받고 우상숭배하고 후손까지 망하고, 저주와 재앙이 들이 닥친 메시지를 모르고 있다.

유대인들은 더욱 해결책을 모르는 상태다. 「여자의 후손」인(창3:15) 예수 그리스도께서 해결하신 복음을 모르고 있다. 아직도 그들은 메시아 초림을 기다리고 있다. 더욱 「처녀가 잉태하여 아들을 낳을 것이요. 그 이름을 임마누엘이라 하리라」(사7:14)는 말씀이 4복음서(약 2,000년 전)에 성취되었는데, 그리스도께서 십자가 위에서 "다 이루었다" 라고 하신 메시지를 더욱 모르고 있다. 그러니 인간이 왜 멸망을 하는지, 어떻게 하면 구원을 얻는지 모르고 있다. 그들은 율법대로 살면 해결이 되는 줄 알고 있다. 그들은 율법주의에 빠져 있다.

* 착각에 관한 이야기가 있다.

강대국 사람들끼리 얘기를 나누었다. 러시아인이 말하기를 "우리가 처음으로 우주에 갔지" 하니까. 미국인이 말하기를 "달에는 우리가 먼저 갔지." 이 말을 들은 금발의 여인이 말하기를 "태양에는 우리가 먼저 갈 거야"라고 하니까. 러시아인과 미국인은 고개를 저으며 하는 말이 "바보야, 태양에는 착륙할 수 없단 말이야. 타 죽을 거야"라고 하니 금발의 여인이 하는 말이 "밤에 가면 되지"라고 했다. 밤이 되면 태양이 식어 불이 꺼지는 줄 착각했던 것이다. 우리의 심령이 어두워지면 하나님이 안 보이는 것이다. 도리어 '하나님이 없다'라고 우겨댄다. 큰 소리를 치면 이기는 세상인가? 하나님이 없는 불신자 세계가 이와 같다.

실존주의 철학자 「키에르케고르」는 이런 예화를 들었다. "한 극장에서 멋진 쇼(show)가 진행됐다. 그 쇼는 갈수록 재미가 있었다. 관객들은 환호하며 쇼를 즐겼다. 그런데 지배인이 갑자기 나타나 관객들에게 호소했다. '지금 극장에 화재가 발생했습니다. 관객들은 질서 있게 밖으로 대피하십시오'라고 하자 관객들은 우레와 같은 박수를 보냈다. 관객들은 농담으로 여기고 '오늘 밤 가장 멋진 쇼가 곧 공연될 것이다'라는 막연한 믿음을 갖고 있었다. 지배인은 거듭 대피하기를 요청했으나 그럴 때마다 더욱 큰 박수가 쏟아졌다. 마침내 거센 불길이 극장 안을 모두 삼켜버렸다. 그제야 관객들은 농담으로 여긴 것이 잘못이구나 깨달았지만 때는 늦었다." 오늘날 복음을 전하면 농담으로 여기는 시대다. 결국 영원한 저주와 불행을 초래하게 될 것이다. 항상 현실을 똑바로 직시하는 사람만이 불행을 예방할 수 있다. 하나님의 말씀을 읽고 정확하게 깨닫는 것은 너무나 큰 축복이다.

4. 하나님이 그리스도를 이 땅에 보내 주신 목적

1) 그 누구도 인간의 근본 문제를 해결할 수 없다.

① 원래의 인간의 모습 (창1:26-28) 〈인간의 근본문제란?〉

하나님은 에덴동산을 아름답게 행복하게 지으시고 인간을 자기 형상대로 가장 고귀하게 창조하셨다. 그래서 이것이 우리 원래의 신분이다. 하나님은 우리 인간을 창조하실 뿐만 아니라 만물을 다스릴 주도권(권세)도 주셨다. 그리고 흙으로 인간을 빚어 그 코에 생기를 불어 넣으셨다. 그래서 아담은 생령(生靈)이 되었다(창2:7).

② 그런데 인간에게 큰 문제가 왔다.

이것을 일명 '창3장 문제' 라고도 하고 또는 '원죄' 라고도 한다. 하나님은 아담에게 지시하셨다. 동산에 모든 생명나무의 실과는 마음껏 따 먹되 동산 중앙에 선악을 분별하는 나무의 실과는 절대 따 먹지 말라. 만약에 네가 따 먹는 날에는 정녕(반드시) 죽으리라(창 2:17)고 하셨다.

하나님이 지으신 들짐승 중에 뱀이 가장 간교했다. 사탄은 그 뱀을 이용하여 하나님이 절대 따먹지 말라고 하신 선악을 분별하는 나무의 실과를 따 먹도록 먼저 아담의 아내인 하와에게 유혹을 하게 되었다. 여자가 먼저 선악과를 따먹고 자기 남편인 아담에게도 주어 같이 범죄하게 되었다. 이것을 원죄라고 한다. 범죄(원죄) 결과는 다음과 같다.

a. 하나님을 떠나게 되었다(창 3:1-6). 물을 떠난 고기가 살 수 없고, 나무뿌리가 흙을 떠나서는 살 수 없듯이 사람은 하나님을 떠나 살 수

없다. 마치 어린 아이가 부모를 떠나 불안하게 유리방황하듯이 인간은 하나님 떠나 사탄(귀신)을 섬기게 되어(우상숭배) 불행하게 영원히 멸망하게 되었다.

b. 선악과를 따먹은 원죄로 말미암아 모든 사람이 죄인이 된 것이다(롬 3:10). 의인이 한 명도 없다. 이로 인해 온갖 저주와 재앙으로 실패를 거듭하고 고통 가운데 살다가 결국 사망하게 되고 영원한 지옥의 고통에서 면할 길이 없다.

c. 결국 사탄의 자녀가 되고 사탄의 지배를 받고, 종노릇 하게 되어 스스로 빠져 나오지 못하는 지경에 들고 말았다(요8:44).

그래서 하나님 떠난 인간은 아무리 공을 닦아도 원죄는 해결할 수 없고, 아무리 선행을 해도 원죄는 해결할 수 없다. 마치 "전쟁이 일어나 어린 아이들이 죽어 가는데 그 어린 아이들이 무슨 책임이 있는가?"라는 질문과 같다. 그렇게 착하게 살고 남을 위해 희생하고 좋은 일을 많이 했는데 왜 질병에 걸리고 어려움을 당하는 이유는 뭔가? 하나님을 떠난 인간은 하나님을 만나기 이전에는 사탄의 지배를 받게 되어서 그렇다.

「파스칼」은 말하기를 "하나님이 인간의 마음 속에 허공을 만드셨는데 하나님 외에는 다른 것으로 채울 수가 없다. 만일 다른 것으로 채우려면 바닷물을 마시는 것 같아서 마시면 마실수록 더 갈증이 심하다"라고 말했다. 배고픈 어린 아이는 아무 것이나 좋은 것이든 나쁜 것이든 무조건 입에 갖다 넣는 것처럼 지금 불신자들의 상태가 그렇다. 전쟁이 일어나 어린 아이들이 죽어 가는데 아이들에게 무슨 책임이 있는가? 인간은 아무리 공을 닦아도 원죄는 해결할 수 없다. 아무리 선을 행하여도 원죄는 해결할 수 없다. 하나님 외에는 그 누구도 해결할 수 없다. 그래서 하나님이신 독생자 예수 그리스도께서 이 땅에 약속대로 오셨다(요1:14).

③ 불신자의 상태는 6가지다.

a. 불신자의 신분은 마귀 자녀다(요8:44).
* 이런 유머가 있다. 아이들이 자기 아빠에게 "아빠! 나 어떻게 태어났어?"라고 하면,
- 60년대 아빠는 "쓸데없는 건 묻지 마라! 쪼끄만게 별 것을 다 알려한다"라고 하고,
- 70년대 아빠는 "다리 밑에 있기에 주워왔지"라고 하고,
- 80년대 아빠는 "큰 새가 엄마 배꼽 위로 물어 와서 놓고 갔지"라고 하고,
- 90년대 아빠는 "산부인과에서 안고 왔지"라고 하고,
- 2000년대 아빠는 "우리 아기 인터넷으로 다운 받았지!"라고 한다고 한다.

이와 같이 지금 불신자들은 마귀 자녀이면서 마귀 자녀인줄 모르고 있다. 그래서 왜 행복이 없는지, 왜 인생이 고달프고 괴로운지, 허무한지 모르고 살아간다. 성경에만 그 해답을 말하고 있다.

> 요8:44 너희는 너희 아비 마귀에게서 났으니 너희 아비의 욕심을 너희도 행하고자 하느니라. 저는 처음부터 살인한 자요. 진리가 그 속에 없으므로 진리에 서지 못하고 거짓을 말할 때마다 제 것으로 말하나니 이는 저가 거짓말쟁이요. 거짓의 아비가 되었음이니라.

b. 불신자는 심각한 영적문제에 빠져 있다. 그래서 마귀를 섬기며 우상숭배하게 되어 그 운명에서 스스로 빠져 나오지 못하고 역술인,

점쟁이, 무당에게 찾아가 물어 볼 만큼 불안한 삶을 살게 된다(엡2:2, 히2:14, 창3:7). 그러다 보니 혹 정신 쪽으로, 어떤 이는 육신의 병으로, 어떤 이는 삶으로 각각 다른 양상으로 드러난 것 뿐이다.

　c. 결국 마귀를 섬기다 보니 정신적인 영적 문제가 오게 되어 온 가정과 가문에 그 영향이 들어와 희귀한 질병이나 온갖 예기치 못한 흉악한 사건들이 벌어진다. 마귀에게 노예 생활을 할 수밖에 없다. 정신병의 원인은 대부분 귀신이 들어 그렇다. 엡2:3에는 「본질상 진노의 자녀」라고 했고, 행10:38에는 「마귀에게 눌린 자」라고 했다. 재미나는 말이 있다. "마귀는 마지막까지 귀찮게 따라다니며 괴롭히는 존재다."

　d. 이 때 또 오는 문제가 있는데 육신적인 문제가 온다. 온갖 저주가 들이 닥치는데 경제문제, 육신 질병, 가정문제, 자녀문제와 여러 갈등이 온다. 아무리 좋은 약과 영양가 있는 음식을 먹어도 이름 모를 질병에 시달리게 되어 불안하게 살아간다 (창 3:16-19, 행 8:4-8).

　e. 부자도, 가난한 자도, 신자도, 불신자도 누구나 이 세상을 떠나게 되지만 불신자는 결국 지옥에 가게 된다. 이 세상에서 마귀 종노릇하고 불행하게 고통과 번민 중에 살다가 영원한 지옥에 갈 수 밖에 없는 운명에 잡혀 있다(히 9:27, 눅 16:19-31, 창 3:19).

　f. 자신만 망하는 것이 아니고 후손까지 망한다. 이렇게 지독하고 악한 영적 유산을 후손에게 물려주게 된다 (고전10:20, 출20:4-5, 창 4:1-15).

④ 인간은 사탄의 역사를 막을 수 없다.
　a. 사탄의 정체를 알아보면 다음과 같다.
　　ⓐ 겔 28:12-14 원래는 그룹, 천사다.
　　ⓑ 사 14:12-14 천사장인데 타락해서 사탄이 되었다.

ⓒ 계 12:1-9 큰 용(龍) 옛뱀, 마귀, 사탄
ⓓ 요 8:44 거짓의 아비
ⓔ 엡 2:2 공중 권세 잡은 자
ⓕ 요 12:31, 요16:11, 고후 4:4 세상 임금, 세상 신
ⓖ 벧전 5:8, 약 4:7 하나님의 자녀인 신자와 대적이다.

b. 사탄의 이름은 다음과 같다.
ⓐ 사탄, 사귀(邪鬼)

사탄은 히브리어로 שָׂטָן(Satan, 싸탄)인데, 동사 שָׂטַן(싸탄)에서 유래 되었다. שָׂטַן(싸탄)이란 뜻은 '공격하다, 고발하다, 대적하다, 대항하다, 적대시하다, 반대하다, 반역하다' 라는 뜻이다. 헬라어로는 Satavn(사탄)이라고 한다. 그래서 사탄은 하나님을 대적하고 반역한 놈이다(대상21:1, 마4:10).[25] 사탄은 '더러운 귀신을 부하로 두고 통솔하는 악한 귀신의 우두머리' 라고, 마12:24에 "바리새인들은 듣고 가로되 이가 귀신의 왕 바알세불을 힘입지 않고는 귀신을 쫓아내지 못하느니라" 라고 했다. 사탄은 하나님과 하나님의 자녀인 우리 인간에 대한 최고로 큰 원수(대적)다. 인간을 범죄하게 하여 하나님 떠나게 하고, 자기의 지배를 받게 하며, 결국 멸망받게 하는 것이 자기의 소원이다. 그런데 불신자들은 사탄을 섬기고 있다(우상숭배). 고전 10:20에 불신자들의 제사는 귀신에게 하는 것이라고 한다.

ⓑ 마귀

마귀는 히브리어로 שֵׁד(쉐드)라고 하고, 헬라어로는 διάβολο(디

---

25) 「디럭스 바이블」 프로그램

아볼로스 the devil)라고 한다. שֵׁד(쉐드)는 동사 שׁוּד(슈드)에서 유래되었는데, שׁוּד(슈드)의 본래 의미는 '부풀어' 오르다, 즉 상징적으로 (함축적으로 '오만함으로') 파멸시키다, 황폐케하다. 붕괴시키다, 파괴하다, 망쳐놓다, 황폐화시키다[26]라는 뜻이 있다. 마귀는 우리의 마음과 생각을 부풀게 하고 흥분시켜서 하나님을 모르도록 교만하게 하고 심령이 어둡게 한다(고후4:3-4). 그리고 실패시키고 파멸시키고 황폐케 한다.

ⓒ 아바돈

אֲבַדּוֹן 'Αβαδδών(아밧돈) Abaddon;파괴하는 '천사', 아바돈, 붕괴, 멸망, 멸망의 장소, 무저갱의 사자의 이름, 죽음의 권세를 잡은 자며 지상에 대환난을 일으키는 장본인, 아볼루온, 바알세불, 벨리알 이라고 한다.[27]

c. 사탄의 목적은
    ⓐ 요 10:10 인간을 멸망시키고
    ⓑ 엡 6:13 하나님을 대적하고
    ⓒ 마 4:1-10 예수님을 시험하고 사탄 자신을 숭배하게 한다.
    ⓓ 마 25:41 결국 불신자들을 지옥가게 하는 것이 사탄의 목적이다.

d. 사탄의 통로는 우리의 생각이나 마음, 입술이 될 수 있다.

---

26) 고영민
27) Ibid.

욥2:10에 "그가 이르되 그대의 말이 어리석은 여자 중 하나의 말 같도다. 우리가 하나님께 복을 받았은즉 재앙도 받지 아니하겠느뇨. 하고 이 모든 일에 욥이 입술로 범죄치 아니하니라"라고 했고, 시39:1에 "내가 말하기를 나의 행위를 조심하여 내 혀로 범죄치 아니하리니 악인이 내 앞에 있을 때에 내가 내 입에 재갈을 먹이리라 하였도다"라고 했고, 시59:12에 "저희 입술의 말은 곧 그 입의 죄라. 저희의 저주와 거짓말을 인하여 저희로 그 교만한 중에서 사로잡히게 하소서"라고 했다.

* 참고 성경 구절들
마25:41 또 왼편에 있는 자들에게 이르시되 저주를 받은 자들아 나를 떠나 마귀와 그 사자들을 위하여 예비된 영영한 불에 들어가라.
계20:10 또 저희를 미혹하는 마귀가 불과 유황 못에 던지우니 거기는 그 짐승과 거짓 선지자도 있어 세세토록 밤낮 괴로움을 받으리라.
살후2:7 불법의 비밀이 이미 활동하였으나 지금 막는 자가 있어 그 중에서 옮길 때까지 하리라
살후2:8 그 때에 불법한 자가 나타나리니 주 예수께서 그 입의 기운으로 저를 죽이시고 강림하여 나타나심으로 폐하시리라.

e. 주님이 우리 신자에게 주신 권세를 알아야 한다.
주님이 우리에게 주신 권세(權勢)에 대한 성경말씀들을 보면 다음과 같다.
막3:15 귀신을 내어 쫓는 권세도 있게 하려 하심이러라.
막10:1 예수께서 그 열 두 제자를 부르사 더러운 귀신을 쫓아내며 모든 병과 모든 약한 것을 고치는 권능을 주시니라.
막16:17 믿는 자들에게는 이런 표적이 따르리니 곧 저희가 내 이름으로 귀신을 쫓아내며 새 방언을 말하며

막16:18 뱀을 집으며 무슨 독을 마실지라도 해를 받지 아니하며 병든 사람에게 손을 얹은즉 나으리라 하시더라.
눅10:19 내가 너희에게 뱀과 전갈을 밟으며 원수의 모든 능력을 제어할 권세를 주었으니 너희를 해할 자가 결단코 없으리라.
롬16:20 평강의 하나님께서 속히 사단을 너희 발아래서 상하게 하시리라 우리 주 예수의 은혜가 너희에게 있을지어다.
요일5:18 하나님께로서 난 자마다 범죄치 아니하는 줄을 우리가 아노라 하나님께로서 나신 자가 저를 지키시매 악한 자가 저를 만지지도 못하느니라.

⑤ 인간의 근본 문제를 위한 하나님의 언약(약속)
창 3:15 - 창세기에 나타난 언약 편 참고 -
하나님은 인간의 근본 문제인 원죄 해결을 위해 메시아를 보내어 주시겠다고 약속하셨고, 신약성경 복음서에 기록대로 성취하셨다.

2) 메시아가 이 땅에 오신 목적은 자기 백성을 구원하시기 위해서다.

하나님이 그리스도를 약속대로 이 땅에 보내주신 목적은 자기 백성을 구원하시기 위해서다(마1:21). 하나님께서 창세 전에 택하신(엡1:4) 자기 백성을 구원하시기 위해 당신의 독생자이신 예수 그리스도를 세상에 보내어 주시고(창3:15) 십자가에 고난을 받음으로 우리의 모든 죄와 저주를 그에게 담당시키셨다(사53:5, 요19:30).
특별히 예수님의 이름의 뜻을 보아도 알 수 있다. 마1:21에 "아들을 낳으리니 이름을 예수라 하라. 이는 그가 자기 백성을 저희 죄에서 구원할 자이심이라 하니라"라고 했는데, 여기에 「예수」는 헬라원어로 Ἰησοῦν(Ἰησοῦς 이에슈스 JESUS)인데 그 뜻은 「여호와 구원이시다.」 구약 여호수아(יְהוֹשֻׁעַ)를 헬라어로 음역하면 Ἰησοῦς [이에수스]이다. 즉 [여호와 구원]이란 뜻이다. 여호수아(יְהוֹשֻׁעַ)는 본 동사가 יָשַׁע(야샤)인데, '덮다, 구원하다' 란 뜻이 있다.[28] 예수 그리스도는 주님을 믿는 하나님의 자녀가 된 우리의 모든 허물과 죄를 덮어 주신다. 그래서 약5:20에 "너희가 알 것은 죄인을 미혹한 길에서 돌아서게 하는 자가 그 영혼을 사망에서 구원하며 허다한 죄를 덮을 것이니라"라고 했다. 우리 주님은 우리의 모든 허물과 죄를 덮어 주신다. 또 요3:15-16에 "이는 저를 믿는 자마다 영생을 얻게 하려 하심이니라. 하나님이 세상을 이처럼 사랑하사 독생자를 주셨으니 이는 저를 믿는 자마다 멸망치 않고 영생을 얻게 하려 하심이니라"라고 주님은 말씀하셨다. 하나님이 그리스도를 이 땅에 보내주신 궁극적인 목적은 택함받은 자기 백성을 구원하시는 것이다. 그래서 사도행전을 기록한 누가는 행13:48에 "이방인들이 듣고 기뻐하여 하나님의 말씀을 찬송하며 영생을 주시기로 작정된 자는 다 믿더라"라고 말했다.

3) 메시아가 오신 목적은 우리의 모든 문제를 해결하기 위해서다(3가지).

하나님이 그리스도로 약속대로 이 땅에 보내주신 목적은 우리 인간이 인간의 모든 문제들을 스스로 해결할 수 없기 때문에 그리스도를 약속대로 이 땅에 보내어 주신 것이다(요1:14). 그러면 왜 인간은 스스로 문제들을 해결할 수 없는지 알아보자.

---

28) 고영민

① 타락한 인간은 하나님을 만날 수 없었다. 그런데 하나님 만나는 길을 하나님이 내어 주셨다. 바로 그리스도가 선지자이시다. 그리스도가 운명하실 때 성소의 휘장이 위에서 아래로 찢어졌다. 이것은 하나님이 찢으신 것이다. 그 이유는 하나님이 우리에게 새롭게 살 수 있는 길을 내어 주시기 위해서이다(히10:19-20). 그리고 주님은 요14:6에 "내가 곧 길이요, 진리요, 생명이니, 나로 말미암지 않고는 아버지께로 올 자가 없느니라"라고 말씀하신 것을 보면 하나님 만나는 길은 오직 예수 그리스도 밖에 없다. 베드로도 이 말씀을 이해하고 있다. 행4:12에 "다른 이로서는 구원을 얻을 수 없나니 천하 인간에 구원을 얻을만한 다른 이름을 우리에게 주신 일이 없음이니라 하였더라"라고 말했다. 인간은 아무리 훌륭하고 권세와 명예를 가지고 노력해도 스스로 하나님을 만날 수 없다. 그래서 고생하다가 결국 지옥으로 가게 된다. 예수 그리스도를 믿음으로 하나님을 만나게 되니 쉽고도 간편하니 하나님의 사랑이요 주님의 은혜라 하지 않을 수 없다. 그러므로 인간은 하나님을 만나면 모든 문제를 해결받을 수 있다. 마치 물고기는 물을 만나야 하고, 나무는 그 뿌리가 흙에 박혀 있어야 살고, 부모 떠나 가출한 탕자 아이는 부모의 품에 돌아오면 행복하게 되는 것처럼 인간은 누구도 하나님 만나야 행복하게 된다. 그리고 영원한 천국의 축복을 누릴 수 있는 것이 성경 말씀의 약속이요 진리다.

② 타락한 인간은 선악과를 따먹은 원죄와 자범죄로 인하여 저주와 고통을 받을 수밖에 없지만(롬3:23, 6:23) 그리스도께서 십자가에서 해결하셨다(요19:30). 이는 그리스도께서 제사장직을 완수하실 것이다. 히5:5에 "또한 이와 같이 그리스도께서 대제사장 되심"이라 했고, 히3:1에 "그러므로 함께 하늘의 부르심을 입은 거룩한 형제들아

우리의 믿는 도리의 사도시며 대제사장이신 예수를 깊이 생각하라" 라고 했다. 그리고 바울은 엡1:7에 "우리가 그리스도 안에서 그의 은혜의 풍성함을 따라 그의 피로 말미암아 구속 곧 죄 사함을 받았으니" 골1:14에 "그 아들 안에서 우리가 구속 곧 죄 사함을 얻었도다" 라고 했다. 다른 것으로는 결코 인간의 원죄(창3장)와 자범죄를 해결할 수 없다. 오직 그리스도의 보혈을 믿음으로 사죄(赦罪)받게 된다. 그래서 바울은 롬8:1-2에 "그러므로 이제 그리스도 예수 안에 있는 자에게는 결코 정죄함이 없나니, 이는 그리스도 예수 안에 있는 생명의 성령의 법이 죄와 사망의 법에서 너를 해방하였음이라"라고 했다. 그러므로 예수 그리스도를 영접하고 믿는 자는(요1:12) 죄의식에 잡혀 살 필요가 없다. 이미 그리스도께서 십자가 위에서 다 지불하셨다. 그리고 죄 때문에 재앙을 당하고 망할 필요가 없게 되고, 죄 때문에 오는 모든 저주는 이미 끝났다.

③ 타락한 인간은 결국 사탄의 지배 아래 놓이게 되었고 사탄에게 눌려 살아 갈 수밖에 없었는데 그리스도의 왕권으로 사탄을 결박하고 우리를 지켜 주신다. 바로 이것이 그리스도의 왕권이다. 주님은 요1:12에 "영접하는 자 곧 그 이름을 믿는 자들에게는 하나님의 자녀가 되는 권세를 주셨으니"라고 말씀하신 것처럼 우리는 하나님의 자녀의 권세를 가졌다. 그리고 또 주님은 막3:15에 "귀신을 내어 쫓는 권세도 있게 하려 하심이러라"라고 하셨고, 눅10:19도 "내가 너희에게 뱀과 전갈을 밟으며 원수의 모든 능력을 제어할 권세를 주었으니 너희를 해할 자가 결단코 없으리라"라고 하셨고, 부활하신 이후에도 막16:17에 "믿는 자들에게는 이런 표적이 따르리니 곧 저희가 내 이름으로 귀신을 쫓아내며"라고 하셨다. 실제로 베드로는 예수 그리스도

이름으로 앉은뱅이를 일으켰고(행3:1-10) 빌립 집사는 평신도인데 큰 역사가 일어났다. 행8:5에 "빌립이 사마리아 성에 내려가 그리스도를 백성에게 전파하니" 행8:7에 "많은 사람에게 붙었던 더러운 귀신들이 크게 소리를 지르며 나가고 또 많은 중풍병자와 앉은뱅이가 나으니"라고 했다. 바울도 행16:18에 빌립보지역에 가서 점(占)치는 여인이 자기를 괴롭히니까 "이같이 여러 날을 하는지라 바울이 심히 괴로워하여 돌이켜 그 귀신에게 이르되 예수 그리스도의 이름으로 내가 네게 명하노니 그에게서 나오라 하니 귀신이 즉시 나오니라"라고 기록되어 있다.[29] 그렇다 예수 그리스도를 영접하고 믿는 하나님의 자녀라면 누구든지 예수 그리스도의 이름의 권세로 귀신(악령)을 쫓아낼수 있다. 그래서 바울은 롬16:20에 "평강의 하나님께서 속히 사단을 너희 발 아래서 상하게 하시리라"라고 했고, 그리고 사도 요한도 요일5:18에 "하나님께로서 난 자마다 범죄치 아니하는 줄을 우리가 아노라. 하나님께로서 나신 자가 저를 지키시매 악한 자가 저를 만지지도 못하느니라"라고 우리에게 확신을 심어준다. 「마르틴 루터」(Martin Luther, 1483-1546)는 말하기를 "개하고 마귀는 엎드리면 도망간다!'라고 했다.

5. 그러므로 모든 축복이 예수 그리스도 이름으로 가능(可能)하다

요1:16 우리가 다 그의 충만한데서 받으니 은혜 위에 은혜더라.

---

29) 디럭스 바이블

마28:18 예수께서 나아와 일러 가라사대 하늘과 땅의 모든 권세를 내게 주셨으니
요3:34-35 하나님의 보내신 이는 하나님의 말씀을 하나니 이는 하나님이 성령을 한량없이 주심이니라. 아버지께서 아들(그리스도)을 사랑하사 만물을 다 그(그리스도) 손에 주셨으니

1) 그 이름을 믿으면 하나님의 자녀가 되는 권세를 얻게 된다.

요1:12에 "영접하는 자 곧 그 이름을 믿는 자들에게는 하나님의 자녀가 되는 권세를 주셨으니"라고 했다. 예수 그리스도의 이름을 믿는 자는 하나님의 자녀가 되는 권세를 얻게 된다. 얼마나 감사한 일인가? 지금 불신자들은 사탄의 자녀로 종노릇하며 사탄을 섬기고 살 수 밖에 없지만 우리는 하나님을 섬기며 사니 감사한 일이다.

2) 그 이름을 부르기만 해도 구원을 얻게 된다.

베드로가 말하기를 행2:21에 "누구든지 주의 이름을 부르는 자는 구원을 얻으리라" 했고 바울도 말하기를 롬10:13에 "누구든지 주의 이름을 부르는 자는 구원을 얻으리라"라고 했다. 예수 그리스도의 이름을 부르기만 해도 구원을 얻게 된다. 그 만큼 예수 그리스도의 이름이 위대하다. 그리고 행4:12에도 "다른 이로서는 구원을 얻을 수 없나니 천하 인간에 구원을 얻을만한 다른 이름을 우리에게 주신 일이 없음이니라" 했다. 다른 이름으로 구원을 얻을 수 있는 이름이 이 세상에는 없다.

3) 그 이름으로 기도하면 응답을 받게 된다.

주님은 말씀하시기를 요14:14에 "내 이름으로 무엇이든지 내게 구하면 내가 시행하리라"라고 하셨다. 우리가 반드시 예수 그리스도 이름으로 기도하는 이유가 여기에 있다. 범죄 타락한 인간이 감히 하나님에게 기도를 올릴 수 없다. 때문에 예수님의 이름으로 기도하면 승리한다.

4) 그 이름으로 명령하면 능력이 나타난다.

행3:6에 "베드로가 가로되 은과 금은 내게 없거니와 내게 있는 것으로 네게 주노니 곧 나사렛 예수 그리스도의 이름으로 걸으라" 했다. 베드로는 한 번도 앉은뱅이를 일으켜 본 경험이 없다. 그러나 예수 그리스도의 이름의 비밀과 그 이름의 능력과 권세를 알고 믿게 되었다. 지금 우리도 예수 이름으로 명령하면 주님이 역사하신다.

5) 그 이름으로 명령기도하면 사탄이 결박되고, 귀신이 떠난다.

예수 그리스도의 이름으로 흑암 세력을 결박해야 할 이유에 대하여 성경 여러 곳에서 말하고 있다. 주님이 말씀하시기를 막16:17-18에 "믿는 자들에게는 이런 표적이 따르리니 곧 저희가 내 이름으로 귀신을 쫓아내며 새 방언을 말하며, 뱀을 집으며 무슨 독을 마실지라도 해를 받지 아니하며 병든 사람에게 손을 얹은즉 나으리라 하시더라" 라고 하셨고, 또 눅10:17에 "칠십 인이 기뻐 돌아와 가로되 주여 주의 이름으로 귀신들도 우리에게 항복하더이다"라고 보고를 한 것을 보면 그 이름의 권세는 대단한 것을 볼 수 있다. 행16:18에도 "이같이 여러 날을 하는지라 바울이 심히 괴로워하여 돌이켜 그 귀신에게 이르되 예수 그리스도의 이름으로 내가 네게 명하노니 그에게서 나오라 하니 귀신이 즉시 나오더라"라고 했다. 바울 사도는 예수 그리스도의 이름의 권세를 알고 있었다.

필자는 귀신들린 자들을 많이 치료해 보았지만 두 가지만 간증을 해보려고 한다. 어떤 아가씨가 주일학교 교사를 봉사하다가 갑자기 이상한 짓을 했다. 자기 코만 쳐다 보고 말을 잘 안하고 가만히 사색에 잠겨 있는 것이다. 그래서 성도들을 데리고 그 집에 가서 예배를 드리며 질문을 했다. "○○ 선생 예수님과 마귀와 싸우면 누가 이기겠나?"라고 하니까 귀신들린 아가씨가 말하기를 "그거야 싸워 봐야 알지요"라고 하는 것을 보고 아하 이미 귀신에게 잡혔구나하는 것을 판단하고 약 1주간 동안 계속 예배를 드리고 예수 이름으로 귀신을 추방하니 깨끗이 낫는 것을 보았다. 또 어떤 여인은 남편이 부도가 나서 피해 다니다가 밤에 형사에게 잡혀가는 모습을 보고 충격을 받아 온 동네로 돌아다니며 귀신에게 어려움을 당하였다. 교회 중직자 몇 명을 데리고 그 집에 찾아가 예배를 드렸다. 그 여인은 보혈의 관한 찬송을 부르니 굉장히 싫어했고, 똑 바로 앉지를 못했다. 막16:15-20을 읽고, 말씀을 간단하게 증거하고, 통성으로 기도하고 귀신을 결박하는 기도와 동시에 "예수 그리스도 이름으로 내가 너에게 명하노니 귀신아 나가라!"라고 명령 기도를 하니 온 몸이 파리해지고 경련을 일으키며 귀신은 나가고 그 여인의 얼굴이 본 얼굴로 돌아오고 정상적인 사람이 되었다. 만약에 그 여인을 정신병원에 입원을 시켰다면 지금까지 정신병에서 시달리고 있을 수 있다. 얼마나 예수 이름의 권세가 놀라운지 감사한 일이다. 정말로 우리 자신은 연약하지만 하나님은 완전하시고 우리 주님은 하늘과 땅의 모든 권세를 가지고 계시는 분이 분명하다. —아멘—

6) 그 이름으로 성령님이 임재하시고, 함께 하신다.

주님이 말씀하시를 요14:26에 "보혜사 곧 아버지께서 내 이름으로 보내실 성령 그가 너희에게 모든 것을 가르치시고 내가 너희에게 말한 모든 것을 생각나게 하시리라"라고 하셨다. 보혜사 성령님도 예수 그리스도의 이름으로 오신다. 그래서 우리는 그리스도의 비밀을 알고 그 이름을 전할 때 틀림없이 성령님이 역사하신다. 왜냐하면 하나님의 소원이 예수 그리스도의 이름이 선포되기를 소원하시기 때문이다(행9:15).

7) 그 이름을 전하는 전도자에게 시대적인 응답과 능력과 축복을 주셨다.

하나님이 모세에게 말씀하시기를 출9:16에 "내가 너를 세웠음은 나의 능력을 네게 보이고 내 이름이 온 천하에 전파되게 하려 하였음이니라"라고 하셨고, 바울 사도도 롬9:17에 "성경이 바로에게 이르시되 내가 이 일을 위하여 너를 세웠으니 곧 너로 말미암아 내 능력을 보이고 내 이름이 온 땅에 전파되게 하려 함이라 하셨으니"라고 했고, 빌립 집사가 사마리아 성에 내려가 그리스도를 백성에게 전파하니, 무리가 빌립의 말도 듣고 행하는 표적도 보고 일심으로 그의 말하는 것을 좇았고, 많은 사람에게 붙었던 더러운 귀신들이 크게 소리를 지르며 나가고 또 많은 중풍병자와 앉은뱅이가 나으니 그 성에 큰 기쁨이 있었다(행8:4-8).

5장

그리스도 복음에 관한 우리의 신앙고백

1. 언약은 오직 그리스도를 통해서 성취

1) 예수가 그리스도이심을 알아야 할 이유

하나님은 호4:6에 "내 백성이 지식이 없어 망하도다"라고 하셨고, 바울도 골2:2에 "하나님의 비밀인 그리스도를 깨닫게 함이라"라고 했고, 고전2:2에도 "예수 그리스도와 그가 십자가에 못 박힌 것 외에는 아무것도 알지 아니하기로 작정하였음이니라"라고 했고, 엡6:19에 바울의 기도 부탁한 내용인데 "복음의 비밀을 알리게 하옵소서"라고 기도 부탁을 했다. 행19:14-16에는 "유대의 한 제사장「스게와」의 일곱 아들도 이 일을 행하더니, 악귀가 대답하여 가로되 예수도 내가 알고 바울도 내가 알거니와 너희는 누구냐 하며, 악귀 들린 사람이 그 두 사람에게 뛰어올라 억제하여 이기니 저희가 상하여 벗은 몸으로 그 집에서 도망하는지라"라고 했다. 예수가 누구신지도 모르고 함부로 예수 이름을 사용하면 악귀가 먼저 그의 신앙상태를 잘 알고 있기 때문에 도리어 악령에게 눌리고 만다. 그만큼 예수가 그리스도이심을 알고 믿는 신앙은 굉장히 중요하다. 그리스도가 누구신지 아는 것만큼 능력이 나타난다.

2) 언약은 오직 그리스도를 통해서 성취된다.

주님이 십자가 위에서 다 해결하셨기 때문에 우리가 노력할 것이 없다는 고백이 필요하다. 요19:30에 '다 이루었다!'라고 주님이 말씀하셨다. 또 요4:34에 "예수께서 이르시되 나의 양식은 나를 보내신 이의 뜻을 행하며 그의 일을 온전히 이루는 이것이니라"라고 말씀하셨다. 그리고 베드로는 오순절 성령이 충만하여 설교를 하면서 행2:33에 "하나님이 오른손으로 예수를 높이시매 그가 약속하신 성령을 아버지께 받아서 너희 보고 듣는 이것을 부어 주셨느니라"라고 했고, 바울 사도도 롬10:4에 "그리스도는 모든 믿는 자에게 의를 이루기 위하여 율법의 마침이 되시니라"라고 했고, 또 갈3:15-16에 "형제들아 사람의 예대로 말하노니 사람의 언약이라도 정한 후에는 아무나 폐하거나 더하거나 하지 못하느니라. 이 약속들은 아브라함과 그 자손에게 말씀하신 것인데 여럿을 가리켜 그 자손들이라 하지 아니하시고 오직 하나를 가리켜 네 자손이라 하셨으니 곧 그리스도라"라고 했고, 하나님이 아브라함에게 주신 약속(언약)이 그리스도를 통해 완성(성취)됨을 말하고 있다. 또 엡1:5에 "그 기쁘신 뜻대로 우리를 예정하사 예수 그리스도로 말미암아 자기의 아들들이 되게 하셨으니"라고 했고, 히13:21에 "모든 선한 일에 너희를 온전케 하사 자기 뜻을 행하게 하시고 그 앞에 즐거운 것을 예수 그리스도로 말미암아 우리 속에 이루시기를 원하노라"라고 한다. 또 바울은 빌1:6에 "너희 속에 착한 일을 시작하신 이가 그리스도 예수의 날까지 이루실 줄을 우리가 확신하노라"라고 한다. 또 롬4:21에도 "약속하신 그것을 또한 능히 이루실 줄을 확신하였으니"라고 했다. 그리스도께서 모든 구원(구속) 사역과 사죄(赦罪)에 관한 문제와 사탄(흑암) 권세를 깨뜨리는 일까지 다 하시기 때문에 우리는 예수 이름으로 기도하면 된다(요14:14)

2. 그리스도 복음에 관한 우리의 신앙고백

누구든지 예수님을 주라고 시인하지 않으면 구원받을 수 없다. 롬10:9에 "네가 만일 네 입으로 예수를 주로 시인하며 또 하나님께서 그를 죽은 자 가운데서 살리신 것을 네 마음에 믿으면 구원을 얻으리니"라고 했기 때문에 반드시 우리는 그리스도를 믿는 신앙고백을 해야 구원을 받고 응답을 받고 그리스도를 누리게 된다. 그리고 요일4:15에 "누구든지 예수를 하나님의 아들이라 시인하면 하나님이 저 안에 거하시고 저도 하나님 안에 거하느니라"라고 했다. 그러므로 예수님이 누구신지 알고 신앙고백을 해야 구원을 받을 수 있고 하나님의 자녀의 축복도 누릴 수 있다.

1) 예수 그리스도는 하나님이시다.

지금 이단들의 특징들을 보면 예수 그리스도를 하나님으로 믿지 않고 있다. 도리어 예수 그리스도를 부인하고 있다. "이는 가만히 들어온 사람 몇이 있음이라. 저희는 옛적부터 이 판결을 받기로 미리 기록된 자니 경건치 아니하여 우리 하나님의 은혜를 도리어 색욕거리로 바꾸고 홀로 하나이신 주재 곧 우리 주 예수 그리스도를 부인하는 자니라"(유1:4).라고 했다.

 삼위일체(三位一體)에 대한 신앙이 잘못되면 모든 것이 잘못되게 되어 있다. 예수님은 하나님이신 증거들을 성경에 보면 다음과 같다.

① 구약성경에

 사9:6에 "이는 한 아기가 우리에게 났고 한 아들을 우리에게 주신 바 되었는데 그 어깨에는 정사를 메었고 그 이름은 기묘자라, 모사라, 전능하신 하나님이라, 영존하시는 아버지라, 평강의 왕이라 할 것임이라"라고 했다. 여기 장차 올 메시아를 가리켜 전능하신 하나님이라고 분명히 말하고 있다. 또 렘23:5-6에 "나 여호와가 말하노라. 보라. 때가 이르리니 내가 다윗에게 한 의로운 가지를 일으킬 것이라 그가 왕이 되어 지혜롭게 행사하며 세상에서 공평과 정의를 행할 것이며, 그의 날에 유다는 구원을 얻겠고 이스라엘은 평안히 거할 것이며 그 이름은 여호와 우리의 의라 일컬음을 받으리라"라고 했다.

② 신약성경에

 요한은 요1:1 "태초에 말씀이 계시니라. 이 말씀이 하나님과 함께 계셨으니 이 말씀(예수 그리스도)은 곧 하나님이시니라"라고 했고, 또 요1:18 "본래 하나님을 본 사람이 없으되 아버지 품속에 있는 독생하신 하나님이 나타내셨느니라"라고 했고, 요10:30에도 "나와 아버지는 하나이니라 하신대", 요14:7에 "너희가 나를 알았다면 내 아버지도 알았으리로다. 이제부터는 너희가 그를 알았고 또 보았느니라" 요14:9에는 "예수께서 가라사대 빌립아 내가 이렇게 오래 너희와 함께 있으되 네가 나를 알지 못하느냐. 나를 본 자는 아버지를 보았거늘 어찌하여 아버지를 보이라 하느냐?"라고 말씀하셨다.

요20:27-28에 "도마에게 이르시되 네 손가락을 이리 내밀어 내 손을 보고 네 손을 내밀어 내 옆구리에 넣어 보라. 그리하고 믿음 없는 자가 되지 말고 믿는 자가 되라. 도마가 대답하여 가로되 나의 주시며 나의 하나님이시니이다"라고 도마는 그리스도를 하나님이라고 고백했다. 그리고 바울 사도도 롬9:5에 "조상들도 저희 것이요. 육신으로 하면 그리스도가 저희에게서 나셨으니 저는 만물 위에 계셔 세세에 찬양을 받으실 하나님이시니라"라고 했고, 딛2:13에는 "복스러운 소망과 우리의 크신 하나님 구주 예수 그리스도의 영광이 나타나심을 기다리게 하셨으니"라고 했다. 마지막으로 요한은 요일5:20에 "또 아는 것은 하나님의 아들이 이르러 우리에게 지각을 주사 우리로 참된 자를 알게 하신 것과 또한 우리가 참된 자 곧 그의 아들 예수 그리스도 안에 있는 것이니 그는 참 하나님이시요 영생이시라." 이 말씀은 헬라어로도 분명하게 '그는 하나님이라' 라는 뜻이다. $οὗτός\ ἐστιν\ ὁ\ ἀληθινὸς\ θεός$: This is the true God,

　＊ 성령님도 하나님이시다. 요4:24에 "하나님은 영이시니"라고 분명히 말하고 있다. 이 말이 헬라어로는 $πνεῦμα\ ὁ\ θεός$, 〈KJV〉[God is Spirit]이다. 행5:3-4에 "베드로가 가로되 「아나니아」야! 어찌하여 사단이 네 마음에 가득하여 네가 성령을 속이고 땅값 얼마를 감추었느냐? 땅이 그대로 있을 때에는 네 땅이 아니며 판 후에도 네 임의로 할 수가 없더냐? 어찌하여 이 일을 네 마음에 두었느냐. 사람에게 거짓말 한 것이 아니요 하나님께로다"라고 했다. 딤후3:16에도 "모든 성경은 하나님의 감동으로 된 것으로 교훈과 책망과 바르게 함과 의로 교육하기에 유익하니"라고 했다. 성령님은 바로 하나님이시오 하나님은 성령님이시다. 여기에서 우리는 삼위일체(三位一體) 신앙을 고백하게 된다. 다시 '하나님의 감동으로 된 것'에 대하여 헬

라어로 풀어 보면 $\theta\epsilon\delta\pi\nu\epsilon\upsilon\sigma\tau\circ\varsigma$(데오프뉴스토스) = $\theta\epsilon\delta\varsigma$(하나님) + $\pi\nu\epsilon\upsilon\sigma\tau\circ\varsigma$(pnevw 거칠게 숨시다)인데, 이 말은 '신(神)의 입김이 싸인, 하나님의 감동으로 주어진, 하나님에 의해 영감(감동)된, 하나님 영'(God-breathed)을 말한다.

2) 예수 그리스도는 우리의 구주가 되신다.

바울 사도는 딤후1:10에 "이제는 우리 구주 그리스도 예수의 나타나심으로 말미암아 나타났으니 저는 사망을 폐하시고 복음으로써 생명과 썩지 아니할 것을 드러내신지라"라고 했다. 예수 그리스도는 우리의 구주가 되신다. 또 딛2:13에 "복스러운 소망과 우리의 크신 하나님 구주 예수 그리스도의 영광이 나타나심을 기다리게 하셨으니"라고 했고, 딛3:6에도 "성령을 우리 구주 예수 그리스도로 말미암아 우리에게 풍성히 부어 주사"라고 했다. 베드로도 벧후1:11에 "이같이 하면 우리 주 곧 구주 예수 그리스도의 영원한 나라에 들어감을 넉넉히 너희에게 주시리라"라고 예수 그리스도는 우리 구주가 되심을 고백했다. 이 고백은 예수 그리스도가 우리의 구주이심이 믿어지는 자만 진실된 고백을 할 수 있을 것이다. 이 세상에서 예수 그리스도가 구주되심을 믿고 고백하는 자 만큼 복 받은 자는 없다.

3) 예수는 그리스도시다.

복음서를 기록한 마태는 예수 그리스도의 족보를 기록하면서 「그리스도라 칭하는 예수가 나시니라」라고 했다. (마1:16 "야곱은 마리아의 남편 요셉을 낳았으니 마리아에게서 그리스도라 칭하는 예수가

나시니라.") 또 소년 소녀만 사는 나사로의 가정에 누이인 마르다가 자기 오빠 나사로가 죽었을 때 주님과 대화 중 요11:27에 "가로되 주여 그러하외다. 주는 그리스도시요. 세상에 오시는 하나님의 아들이신 줄 내가 믿나이다"라고 고백했다. 참으로 귀한 신앙고백이다. 그리고 예수님의 수제자인 베드로도 마16:16 "시몬 베드로가 대답하여 가로되 주는 그리스도시요 살아계신 하나님의 아들이시니이다" 라고 했다. '주'란 말에 헬라어로 $\Sigma\dot{v}$(쉬 Thou 당신)로 되어 있다. 헬라어에서 대문자(大文字)로 표현된 것은 굉장히 강조하는 말이다. 초대 예루살렘교회 사도들도 행5:42에 "저희가 날마다 성전에 있든지 집에 있든지 예수는 그리스도라 가르치기와 전도하기를 쉬지 아니하니라"라고 했다. 바울 사도도 행17:3에 "뜻을 풀어 그리스도가 해를 받고 죽은 자 가운데서 다시 살아야 할 것을 증명하고 이르되 내가 너희에게 전하는 이 예수가 곧 그리스도라 하니"했고, 행18:5에도 "실라와 디모데가「마게도냐」로서 내려오매 바울이 하나님의 말씀에 붙잡혀 유대인들에게 예수는 그리스도라 밝히 증거하니"라고 했고, 행18:28 "이는 성경으로써 예수는 그리스도라고 증거하여 공중 앞에서 유력하게 유대인의 말을 이김일러라"라고 기록되어 있다. 또 다윗의 자손이란 말도 그리스도이심을 말한다. 신기한 일은 예수님을「다윗의 자손」이라고 고백한 자들은 다 큰 응답을 받았다. 마9:27에 두 소경이 "예수께서 거기서 떠나가실 새 두 소경이 따라 오며 소리질러 가로되 다윗의 자손이여 우리를 불쌍히 여기소서 하더니" 그들이 눈을 뜨게 되는 광명을 얻었고, 눅18:38-39에도 "소경이 외쳐 가로되 다윗의 자손 예수여 나를 불쌍히 여기소서 하거늘, 앞서 가는 자들이 저를 꾸짖어 잠잠하라 하되 저가 더욱 심히 소리 질러 다윗의 자손이여 나를 불쌍히 여기소서 하는지라." 마15:22에 "가나안 여자 하나가 그 지경에서 나와서 소리질러 가로되 주 다윗의 자손이여 나를 불쌍히 여기소서. 내 딸이 흉악히 귀신 들렸나이다 하되" 그 시로 그녀의 딸이 깨끗케 낳았다. 마21:9에 예수님이 예루살렘 성으로 나귀를 타고 입성하는 도중에 "앞에서 가고 뒤에서 따르는 무리가 소리 질러 가로되 호산나 다윗의 자손이여 찬송하리로다"라고 무리들이 찬송을 했다. 마22:42-45에 주님이 무리들을 향하여 질문을 하셨다. "너희는 그리스도에 대하여 어떻게 생각하느냐 뉘 자손이냐 대답하되 다윗의 자손이니이다. 가라사대 그러면 다윗이 성령에 감동하여 어찌 그리스도를 주라 칭하여 말하되 주께서 내 주께 이르시되 내가 네 원수를 네 발 아래 둘 때까지 내 우편에 앉았어라 하셨도다 하였느냐? 다윗이 그리스도를 주라 칭하였은즉 어찌 그의 자손이 되겠느냐 하시니"라고 했다. 바울 사도도 롬1:3에 "이 아들로 말하면 육신으로는 다윗의 혈통에서 나셨고"라고 했다.

4) 예수님 자신이 그리스도이심을 고백하셨다.

예수님이 자신을 위한 기도를 하나님께 하시면서 요17:3에 "영생은 곧 유일하신 참 하나님과 그의 보내신 자 예수 그리스도를 아는 것이니이다"라고 하셨다. 계22:16에 "나 예수는 교회들을 위하여 내 사자를 보내어 이것들을 너희에게 증거하게 하였노라. 나는 다윗의 뿌리요 자손이니 곧 광명한 새벽 별이라 하시더라"라고 기록하고 있다.[1] 또 바울도 엡4:13에 "우리가 다 하나님의 아들을 믿는 것과 아는 일에 하나가 되어 온전한 사람을 이루어 그리스도의 장성한 분량이 충만한 데까지 이르리니"라고 했다.

3. 베드로 사도는 스승인 예수님이 구약에 약속된 메시아이신 것을 고백

1) 베드로 사도의 그리스도에 관한 고백(마 16:13-20)

주는 그리스도시요 살아계신 하나님의 아들이시니이다(16절).

이것은 바로 모든 문제의 결론이었다. 백성들은 예수를 한 선지자 즉 '그 선지자'(요 6:14)로 불렀지만, 베드로는 그를 그리스도 곧 기름부음을 받은 자로 인정하고 믿었다. 예수의 외적인 모습은 유대인들이 메시아에 대해 가졌던 일반적인 생각과는 매우 대조적이었기 때문에 예수를 그리스도로 믿는다는 것은 놀라운 일이 아닐 수 없었다. 예수님은 스스로 자기를 인자라고 불렀지만 제자들은 그를 살아계신 하나님의 아들로 인정했던 것이다. 그들은 예수께서 살아계신 하나님의 아들이실 뿐 아니라 세상의 생명이 되신다는 사실을 알았고 그것을 믿었다. 우리도 그리스도에게 나아가서 "주 예수여, 주는 그리스도시요 살아계신 하나님의 아들이시니이다"라고 고백해야 한다. 이제 예수께서 베드로의 답변을 어떻게 시인하시는지 주목해보자(17-19). 주님은 베드로를 신앙인으로서 인정하신다(17절). 주님은 베드로의 신앙고백이 아주 명백했으므로 그 고백을 듣고 매우 기뻐하셨다. 주님은 베드로가 이 진리에 대한 지식을 어디로부터 받았는지 베드로에게 말씀하시기를 '하나님 아버지께서 가르쳐 주셨다'라고 말씀하셨다. 복음이 전파되기 시작하던 때에 이런 진리를 처음으로 발견하고 그 진리를 믿는다는 것은 대단한 일이었다.

---

1) 디럭스 바이블.

베드로는 복을 받았다. "바요나[2] 시몬아 네가 복이 있도다(17절)." 주님은 베드로에게 그의 출신과 가문을 상기시키신다. 베드로는 「바요나」곧 '비둘기의 아들'이었다. 베드로가 본래 이런 권위를 가지고 태어난 것이 아니라 하나님의 은혜로 말미암아 이런 권위를 얻게 되었다는 것을 알도록 베드로로 하여금 반석을 기억하게 한다. 그의 신분을 다르게 만든 것은 값없이 주신 은혜로 말미암아서였다. 주님은 베드로에게 이 점을 상기시키신 후 그로 하여금 신앙인으로서 더 큰 행복을 느끼도록 하신다. '네가 복이 있도다.' 진실한 신앙인들은 참된 축복을 누리며 또 그리스도께서 복이 있다고 말씀하신 자들은 진정으로 복을 받은 것이다. 그리스도를 올바로 알 때 모든 행복을 얻을 수 있다.

베드로의 신앙고백으로 말미암아 영광을 받아야 하실 분은 마땅히 하나님이시었다. '이를 네게 알게 한 이는 혈육이 아니요 하늘에 계신 내 아버지시니라.' 이 말씀은 곧 베드로의 이런 판단이 천성이나 교육에 의해 나오지 않고 하늘에 계시는 나의 아버지로부터 나온다는 것이다. 구원을 얻게 하는 믿음은 하나님의 은혜이며 그런 믿음이 있는 곳은 어디나 하나님께서 역사하신다. "내 아버지께서 그것을 네게 알게 하셨으므로 네가 복이 있도다." 이처럼 귀한 은총을 받은 자들에게 복이 있는 것이다. 주님은 베드로를 사도나 사역자로서 인정하신다(18-19절). 베드로가 여기서 그리스도께 신앙을 고백함으로써 손해를 보았던 것은 전혀 없었다. 주님도 이처럼 자기가 누구인지 아는 자를 자기의 제자로 쓰시겠다는 말씀이다. 영광을 돌리는 사람들을 영화롭게 하실 것이다.

---

2) 요나 יוֹנָה Jonah $Βαριωνᾶ$, Barjona: '요나(비둘기)의 아들'이란 뜻이다.

2) 베드로의 형제 안드레의 그리스도 고백

요1:41의 "그가 먼저 자기의 형제 시몬을 찾아 말하되 우리가 메시아를 만났다 하고"에서 (메시아를 번역하면 그리스도라) 사실은 형 베드로보다 안드레가 먼저 메시아를 알았다.

4. 도마는 예수님이 메시아이심을 고백

요20:28 "도마가 대답하여 가로되 나의 주시며 나의 하나님이시니이다."

1) 도마에 대한 그리스도의 자비로우심(27절)

그리스도께서는 제자들로부터 도마를 불러내셔서 '네 손가락을 이리 내밀어 내 손과 못자국을 보고 네 손을 내밀어 내 옆구리에 넣어 보라'고 말씀하셨다. 그리스도께서는 도마가 분명하게 언급한 것에 대해서 조목조목을 따져 응답하심으로써 그의 불신을 은연 중에 책망하셨다. 비록 우리의 혀로 불신의 말을 한 마디도 하지 않고 또한 마음 속에 그런 생각을 전혀 품지도 않았을지라도 주 예수께서는 우리의 불신을 알고 계신다.[3] 여기서 그리스도께서는 도마를 불신 가운데 내버려두시기보다는 오히려 자신을 도마의 환상과 같은 부질없는 일에까지 기꺼이 순응시키신다. 주님은 도마에게 그의 손을 자신의 옆구리에 넣도록 허락하심으로써 그가 믿을 수만 있다면 자신의

---

3) 디럭스 바이블.

상처가 만져짐을 허락하셨다. 이와 같이 그는 우리의 믿음을 견고하게 하시기 위해 그의 죽음을 기억하게 하실 목적으로 하나의 의식을 제정하셨다. 그리고 우리가 그 의식 속에서 주의 죽음을 보고 있을 때, 우리는 그 못 자국 속에 우리의 손가락을 넣어보라는 요구를 받는다. 그에게 우리의 손을 내밀자. 그리하면 그가 도움과 권유와 자비의 손을 우리에게 뻗치실 것이다.[4] 그리스도께서 도마에게 하신 최후의 말씀 곧 '믿음 없는 자가 되지 말고 믿는 자가 되라'는 말씀은 충격적인 것이었다. '믿음 없는 자가 되지 말라'는 이 경고의 말씀은 우리 모두에게 주어진 것이다. 왜냐하면 만일 우리가 믿음이 없는 자들이라면, 우리에게는 그리스도도 없고 은혜도 없으며 소망과 기쁨도 없기 때문이다.

2) 예수 그리스도를 시인한 도마의 믿음

이제 그는 자신의 불신을 부끄러워하며 '나의 주시며 나의 하나님이시니이다'(28절)라고 외친다. 우리는 그가 실제로 자신의 손을 주님의 못 자국에 넣어 보았는지에 대해서는 알 수 없다. 주님께서는 '너는 나를 본고로 믿느냐'(29절)고 말씀하셨다. 즉 도마는 그를 본 것으로도 충분했던 것이다. 이제 그는 믿음을 통하여 승리자가 되었다. 이제 도마는 그리스도의 부활의 진실성에 관한 의구심을 완전히 해소시켰다. 믿음에 대한 그의 소극적 자세와 후퇴는 오히려 우리의 믿음을 강화시키는 데 도움이 될 수도 있다. 그러므로 도마는 주님을 그리스도인 동시에 하나님으로 믿었다. 우리도 그렇게 믿어야 한다.

---

4) Ibid

우리는 아버지 하나님께서 그리스도에게 명하신 바가 우리에게도 임하게 되기를 간구하는 심정으로 그리스도를 영접해야 한다. 그의 '나의 주, 나의 하나님이다'라는 이러한 고백은 생명력 있는 믿음의 행위이다.[5]

도마는 이상과 같은 사실을 공개적으로 고백했다. 즉 그는 그리스도를 향해 "당신은 나의 주요 나의 하나님이시니이다"라고 말했거나, 그의 동료들을 향하여 "이분은 나의 주요 하나님이시라"고 말했을 것이다. 우리도 그리스도를 우리의 주 하나님으로 영접하고 있는가? 우리도 그리스도께로 나아가 도마와 같이 말해야 하며, 또한 우리의 그리스도와의 관계에서 승리하는 자들로서 다른 사람들에게 그렇게 말해야만 한다.

도마는 그리스도를 진심을 다해 붙잡았던 사람처럼 열렬한 애정으로 '나의 주시며 나의 하나님이시니이다'라고 부르짖었다. 주님의 결론적인 답변을 보면, 본문에서 주님은 '도마야 너는 나를 본고로 믿느냐 보지 못하고 믿는 자들은 복되도다'(29절)라고 말씀하셨다. 주님은 도마를 신자로 인정하신다. 건전하고 신실한 신자들은 비록 그들이 연약하고 더디다 할지라도 주 예수를 은혜롭게 영접할 것이다. 도마가 그리스도를 시인하자마자, 주님께서는 도마의 이전의 불신을 들어 그를 책망하신다. 도마는 믿는 데에 더디하였으므로 그 자신의 위로에 이르는 데에도 그만큼 지연되었다.

만일 우리 자신의 감각 외에는 어떠한 증거도 용납될 수 없고, 우리 자신이 목격한 것만 믿어야 한다면, 세상을 그리스도의 믿음으로 어떻게 개종시킬 수 있겠는가? 그러므로 이러한 사실을 크게 강조하

---

5) Ibid

기 위하여 도마는 마땅히 책망받은 것이다. 주님께서 보다 쉬운 방법을 통해 믿는 자들의 믿음을 칭찬하신다. 도마는 한 신자로서 실로 축복을 받았지만, 오히려 그리스도의 기적들과 특히 그의 부활을 보지 못하고도 믿은 자들이 더 큰 축복을 받았다. 이러한 일들을 보지 못하고도 그리스도를 믿는 자들에게는 복이 있다. 이러한 축복은 장차 믿게 될 사람들, 즉 그리스도의 육체를 본 적이 없는 이방인들에게 기대할 수 있을 것이다. 보지 않고도 믿는 믿음은 보고 믿은 자들의 믿음보다 더 칭찬할 만한 것이다. 보지 않고도 믿는 것은 믿는 사람들의 마음이 한결 훌륭하다는 사실을 입증해 준다. 보이는 것에 의존하는 자는 믿지 않으려고 내적인 저항 의식을 일종의 강압에 의해 극복해야 한다.

그러나 보지 않고도 믿는 자는 더욱 고귀한 자이다. 또한 보지 않고도 믿는 것은 하나님의 은혜의 능력을 나타내는 보다 큰 예증이 된다. 보고 믿는자 들은 보지 않고도 믿는 자들보다 더욱 복된 것이다.

5. 바울 사도의 기독관

1) 바울 사도는 예수가 곧 구약성경에서 약속된 메시아이심을 알고 있다

행17:3 뜻을 풀어 그리스도가 해를 받고 죽은 자 가운데서 다시 살아야 할 것을 증명하고 이르되 내가 너희에게 전하는 이 예수가 곧 그리스도라 하니

행18:5 실라와 디모데가 마게도냐로서 내려오매 바울이 하나님의 말씀에 붙잡혀 유대인들에게 예수는 그리스도라 밝히 증거하니

바울은 "그리스도가 하나님이시며 인간이신 그 분이 하나님의 나라를 가져오신 분(the inaugurator)이시며, 교회의 머리이시고, 신자들의 주님이시며, 전우주의 중심이시다. 하나님이 우리를 치유하시는 분이시면 그리스도도 이 모든 것이 되신다(골3:11). 만일 복음이 하나님의 것이면(살전2:2) 하나님도 그리스도의 하나님이시다(살전3:2)"라고 했다.[6]

• 바울이 데살로니가의 유대인 회당에서 행한 첫 번째 설교

그는 그곳에서 유대인 회당을 발견했다(행17:1). 그는 그곳에 들어갔다. 유대인들부터 시작하는 것이 언제나 그의 방식이었다. 왜냐하면 유대인들은 복음을 받아들이기만 하면 초십자들을 기쁜 마음으로 포용할 것이기 때문이었다. 반면에 그들이 복음을 거절한다면, 그들은 복음을 환영하는 자들에게 사도들이 복음을 전파하는 것에 대해 다행으로 생각할 것이다. 바울은 유대인들이 만나는 시간과 장소인 안식일 날 회당에서 그들을 만났다. 주일날 주님의 집에 거하는 것은 좋은 일이다. 그리스도와 바울이 그렇게 하였으며, 모든 성도들도 그렇게 하였다. 성경을 가지고 강론할때(2절). 그들이 바울과 일치된 사상을 가지고 있는 한 그들은 그의 성경 강론을 받아들인다. 여기서 유대인들은 성경을 받아들였지만 그 성경에 의하여 그리스도를 배척할 이유가 있다고 생각하였다. 또한 바울도 성경을 받아들이고 그 성경

---

6) 데이비드 F. 웰즈 「기독론」 부제: 그리스도는 누구신가? 엠마오 1994. 7. 31. p. 137

을 근거로 그리스도를 포용해야 할 커다란 이유가 있다고 생각하였다. 그러므로 그들과 논쟁함에 있어서 성경에 대한 바울 자신의 결론이 옳고 그들의 결론이 틀렸음을 확증시키는 것이 바울에게는 급선무였다. 복음적 설교는 반드시 성경적인 것이면서도 이성적인 것이어야 한다. 그래서 바울도 성경을 근거로 하여 강론을 하였다. 우리도 또한 성경에 근거하여 우리의 논리를 전개시켜야 한다. 바울은 세 안식일에 걸쳐 성경 강론을 계속하였다. 하나님은 죄인들이 회개할 때를 기다리신다.[7]

그러므로 품꾼들이 다 제 일시(一時)에 포도원으로 들어가지도 않았으며, 모든 사람이 다 간수처럼 갑자기 부름에 응하지도 않는 것이다. 바울의 논증의 취지는 '예수가 그리스도이심을' 증명하는 것이었으며 바로 이것이 그가 밝히고 주장했던 내용이었다(3절). 바울은 먼저 그의 논증이 주제를 설명하고 그것의 개념을 밝혔으며, 사실을 진술한 다음 그것을 정리하였다. 바울은 어느 누구보다도 능수능란하게 자신의 주장을 내세워 그것을 관철시킬 수 있었다. 메시아가 '고통을 당하고 죽으셨다가 부활해야 했던 것'은 필연적인 사실이었다. 왜냐하면 그가 그렇게 되어야만 했던 사실이 메시아에 관한 구약의 예언들에 의하여 예정되어 있었기 때문이었다. 여기에서 바울은 이러한 사실을 다음과 같이 확증하였다. 즉 그는 고통을 받았을지라도 메시아이며, 또한 메시아이기 때문에 필연적으로 고통을 당해야 했다는 것이다. 그가 우리를 대신해서 고통을 당하셔야 했던 것은 우리를 구속하기 위한 다른 것이기 때문이었다. 그는 또한 반드시 부활하셔야만 했다. 왜냐하면 그가 우리를 구속하는 데에는 이것 외에 다

---

7) Ibid

른 방법이 없었기 때문이었다. 예수는 메시아이시다. 내가 너희에게 전하는 이 예수가 곧 그리스도라(3절). 그는 재림하실 그리스도이시다. 하나님은 성경과 기적들을 통하여 예수가 그리스도이심을 증거하셨다.[8] 그래서 복음의 사역자들은 예수를 전파해야만 한다. 그러므로 예수는 그들이 전하는 설교의 주요한 주제가 되어야 한다.

우리가 예수에 관하여 설교해야 하는 그것은 바로 그가 그리스도라는 사실이다. 그렇다면 오늘날 많은 전도자들이 하나님의 비밀인 그리스도를(골2:2) 얼마나 정확하게 깨닫고, 그리스도를 말하고 있는지 얼마나 정확한 복음 메시지를 전하고 있는지 진단해 보아야 할 것이다.

2) 바울 사도는 예수 그리스도와 그가 십자가에 못 박히신 복음만 알기로 작정했다.

고전2:2 "내가 너희 중에서 예수 그리스도와 그의 십자가에 못 박히신 것 외에는 아무 것도 알지 아니하기로 작정하였음이라."
갈 3:1 "어리석도다. 갈라디아 사람들아 예수 그리스도께서 십자가에 못 박히신 것이 너희 눈앞에 밝히 보이거늘 누가 너희를 꾀더냐?"

그는 자신이 밝히고자 하는 사실과 주제에 대하여 말하고 있다. 내가 너희 중에서 예수 그리스도와 그의 십자가에 못 박히신 것 외에는 아무 것도 알지 아니하기로 작정하였음이라. 신인(神人)이신 그의 인격과 직무로서 그리스도는 복음의 총체요 본질이 되시며 복음 사역자들이 전하는 내용의 대주제가 되시는 것이다. 바울이 전하는 것을

---

[8] 매튜헨리

들은 사람은 누구나 그가 그리스도와 그의 십자가에 못 박히신 것 외에는 아무 것도 알지 아니하기로 작정하였다고 했다. 우리도 그리스도만 정확하게 알기로 작정할 정도로 그리스도의 유일성에 대한 확신이 필요하다.

3) 바울 사도는 예수 그리스도를 알고 보니 「그리스도 외에는 다 버리겠다」라고 한다.

> 빌 3:7-9 "그러나 무엇이든지 내게 유익하던 것을 내가 그리스도를 위하여 다 해로 여길뿐더러 또한 모든 것을 해로 여김은 내 주 그리스도 예수를 아는 지식이 가장 고상함을 인함이라. 내가 그를 위하여 모든 것을 잃어버리고 배설물로 여김은 그리스도를 얻고, 그 안에서 발견되려 함이니 내가 가진 의는 율법에서 난 것이 아니요. 오직 그리스도를 믿음으로 말미암은 것이니 곧 믿음으로 하나님께로서 난 의라."

바울 사도는 원래 자신의 신앙에 대해서는 적극적인 사람이었다. "열심으로는 교회를 핍박하고"(빌3:6)라고 말한 것을 보면 알 수 있다. 그는 비록 자신이 알지 못하고 열심을 내었다 할지라도 매우 진지한 가운데서 행했던 것임을 보여주었다. 이 모든 것은 그의 의를 세우기에 충분한 것이었다.[9]

바울은 그리스도 외에 이 모든 것을 하찮은 것으로 여겼다(빌3:7, 8). "그러나 무엇이든지 내게 유익하던 것을 내가 그리스도를 위하여 다 해로 여길 뿐더러"(빌3:7)라고 했다. 이것은 "만일 그것들에 집착하게 됨으로 내가 예수 그리스도를 잃게 된다면 나는 내 자신을 말로

---

9) 매튜헨리

형언할 수 없는 손실자로 여겼을 것이다"라는 말이다. 또한 "모든 것을 해로 여김은 내 주 그리스도 예수를 아는 지식이 가장 고상함을 인함이라. 그가 그를 위하여 모든 것을 잃어버리고 배설물로 여김은 그리스도를 얻고"(빌3:8)에 있다. 바울은 후에 그가 무엇이 이르게 되게 했는지를 우리에게 말해 주고 있다. 그것은 '주 예수 그리스도를 아는 지식'으로서 곧 경험이 그리스도를 주로 알고 믿는 것이었다. 특별히 그 지식은 사변적인 지식이 아니라 실제적인 지식이었다. 그것은 가장 고상한 지식이다.

그리스도의 가르침 안에는 자연에 관한 모든 지식과 진보된 인간의 모든 지혜를 능가하는 풍성하고도 탁월한 고상함이 있다. 바울은 그가 어떻게 유대인과 바리새인으로서의 그의 특권들을 포기했는지를 보여준다. '그러나'라는 그의 표현은 신성한 승리와 고상함을 나타내 주는 것이다. '무엇이든지 다 해로 여길뿐더러'에서 '무엇이든지 다'란 그가 앞서 말한 자신의 유대인으로서의 특권을 의미하는 것이다. 또한 '모든 것을 해로 여김'과 8절에 '그를 위하여 모든 것을 잃어버리고'라는 말씀이 보여 주듯이 항상 그와 같이 행했음을 우리에게 말해 주고 있다.

바울은 그리스도인이 되는 신앙에 깊이 들어가게 된 후 그 안에서 모든 것을 겪었으며 그리스도인이 되는 특권을 위해서 모든 것을 잃어버렸다. 그는 그 모든 것을 해로 여겼을 뿐 아니라 배설물, 즉 개들에게 던져주는 찌꺼기로 여겼다. 그것들은 그리스도와 비교되어질 때 바울에게 있어 가장 경멸받을 만한 것으로 여겨졌다.[10] 우리도 그리스도 외에 다 버려야 할 것이다. 내가 세운 계획과 내 생각이 없어

---

10) 매튜헨리

진 만큼 그리스도에 관한 답이 나와야 한다. 그 때 주님이 나를 시대적인 복음전도자로 사용할 것이다.

4) 그래서 바울 사도는 예수 그리스도와 그가 십자가에 못 박히신 복음만 전하기로 작정했다.

> 갈6:14 "그러나 내게는 우리 주 예수 그리스도의 십자가 외에 결코 자랑할 것이 없으니 그리스도로 말미암아 세상이 나를 대하여 십자가에 못 박히고 내가 또한 세상을 대하여 그러하니라."
> 빌1:20-21 "나의 간절한 기대와 소망을 따라 아무 일에든지 부끄럽지 아니하고 오직 전과 같이 이제도 온전히 담대하여 살든지 죽든지 내 몸에서 그리스도가 존귀히 되게 하려 하나니, 이는 내게 사는 것이 그리스도니 죽는 것도 유익함이니라."

바울 사도의 유일한 자랑은 그리스도의 십자가뿐이었다. "내게는 우리 주 예수 그리스도의 십자가 외에 결코 자랑할 것이 없으니"(14절). 이것은 유대인에게는 걸림돌이요, 헬라인에게는 어리석은 것이었다. 유대화된 선생들은 모세 율법을 준수하는 일과 구원에 필요한 일로서의 그리스도에 대한 믿음을 혼합시켰다. 그러나 바울은 그리스도의 십자가를 부끄럽게 여기기는 커녕 오히려 자랑하였으며, 십자가 외엔 그 어떤 사상이라도 혐오하고 거부하였다. "결코 자랑할 것이 없으니"(14절) 라는 이 말씀은 그리스도인으로서 그가 지니고 있는 소망의 근거를 나타낸다.

우리가 십자가를 기뻐해야 하는 가장 큰 이유는 그리스도는 십자가 위에서 물과 피를 흘리시고 죽으심으로 우리의 모든 문제를 해결하시고 그리고 우리의 모든 기쁨과 소망이 그 십자가로부터 나오기 때문이다.[11] 하나님의 소원이 그리스도를 전파하는 것이다. 우리도 그리스도 복음만 전하면 생명운동이 일어날 것이고 전도는 되어질 것이다.

6. 요한 사도는 나사렛 예수님이 메시아이심을 고백

1) 요한 사도는 예수께서 바로 하나님이시며, 그리스도이심을 고백하고, 만물(천지)이 예수 그리스도를 통해 창조되었다는 사실을 말하고 있다.

> 요1:1-3 태초에 말씀이 계시니라 이 말씀이 하나님과 함께 계셨으니 이 말씀은 곧 하나님이시니라. 그가 태초에 하나님과 함께 계셨고, 만물이 그로 말미암아 지은바 되었으니 지은 것이 하나도 그가 없이는 된 것이 없느니라.

'예수님은 하나님이시요, 예수님은 그리스도이시다' 라고 고백하는 자는 정말 바로 깨달은 것이다. 우리에게 가장 중요한 신앙고백이 아닐 수 없다.

2) 요한 사도는 예수께서 그리스도이심을 믿는 믿음의 중요성을 말하고 있다.

> 요일5:1 예수께서 그리스도이심을 믿는 자마다 하나님께로서 난 자니(하

---

11) 매튜헨리

나님의 자녀니) 또한 내신 이를 사랑하는 자마다 그에게서 난 자를 사랑하느니라.

요한은 예수께서 그리스도이심을 믿는 자는 세상을 이긴다고 했다.(요일5:1-5). 그리고 증거가 있는데 생명이 있다고 말했고(요일5:10-13), 기도응답을 받게 된다고 말했고(요일5:14), 악한 자가 와서 만지지도 못한다고 했다(요일5:18).

3) 요한 사도는 예수께서 밧모 섬에서 하신 말씀을 성경에 기록했다. 예수님은 "다윗의 뿌리요 다윗의 자손이니" 곧 그리스도이심을 말하고 있다.

계22:16 나 예수는 교회들을 위하여 내 사자를 보내어 이것들을 너희에게 증거하게 하였노라. 나는 다윗의 뿌리요 자손이니 곧 광명한 새벽 별이라 하시더라.

사도 요한은 주님이 친히 말씀하신대로 예수 그리스도가 성령으로 우리와 함께 역사하고 계심을 자세히 기록하고 있다.

요14:16-17 내가 아버지께 구하겠으니 그가 또 다른 보혜사를 너희에게 주사 영원토록 너희와 함께 있게 하시리니, 저는 진리의 영이라. 세상은 능히 저를 받지 못하나니 이는 저를 보지도 못하고 알지도 못함이라. 그러나 너희는 저를 아나니 저는 너희와 함께 거하심이요 또 너희 속에 계시겠음이라.

7. 야고보 사도는 예수님이 메시아이심을 고백

야고보 사도는 약1:1에 "하나님과 주 예수 그리스도의 종 야고보는 흩어져 있는 열 두 지파에게 문안하노라"라고 인사를 했고, 약2:1에도 "내 형제들아 영광의 주 곧 우리 주 예수 그리스도를 믿는 믿음을 너희가 받았으니 사람을 외모로 취하지 말라"라고 한 것을 보면, '주 예수님을 그리스도'로 표현했고, 주님을 '영광의 주'라고 말했다.

8. 가나안 여자가 예수님이 메시아이심을 고백

마15:22에 "가나안 여자 하나가 그 지경에서 나와서 소리질러 가로되 주 다윗의 자손이여 나를 불쌍히 여기소서! 내 딸이 흉악히 귀신들렸나이다"라고 주님께 간청했다. 가나안 여인은 예수님이 메시아이심을 알고 믿고 고백했다. 그 때 주님은 "나는 이스라엘의 집의 잃어버린 양 외에는 다른 데로 보내심을 받지 아니하였다"라고 하시니 수가성 여인은 예수님께 절을 하면서 "주여! 저를 도와주소서!"라고 하니 주님이 말씀하시기를 "자녀의 떡을 취하여 개들에게 던져 주는 것이 마땅하지 않다"라고 하시니 여자가 말하기를 "주여! 옳습니다마는 개들도 제 주인의 상에서 떨어지는 부스러기를 먹고 살지 않습니까?"라고 하니 주님이 "여자야 네 믿음이 크도다. 네 소원대로 되리라" 하시니 그 시로 그의 딸이 깨끗케 치료받게 된 사실을 우리는 알 수 있다. 그러므로 예수가 그리스도이심을 고백하는 것은 바로 응답과 직결되어 있다.

9. 두 소경이 예수님이 메시아이심을 고백

　마20:30에 "소경 둘이 길 가에 앉았다가 예수께서 지나가신다 함을 듣고 소리질러 가로되 주여 우리를 불쌍히 여기소서! 다윗의 자손이여 하니" 무리들이 그들을 꾸짖으며 "조용히 하라!"고 했으나 그들은 더 큰 소리로 "다윗의 자손이신 주님, 우리를 불쌍히 여겨 주십시오" 하고 외쳤다. 예수님이 걸음을 멈추시고 그들을 불러 "왜 그러느냐?" 하고 물으시자 소경들은 "주님, 우리 눈을 뜨게 해 주십시오" 하고 대답했다. 예수님이 그들을 불쌍히 여겨 눈을 만지시자 그들은 곧 눈을 뜨게 되었고 예수님을 따라갔다고 한다. 다윗의 자손이란 말은 다윗 왕의 후손으로 메시아가 약속되었기 때문에 그 언약을 알고 믿었던 것이다. 사11:1에 "이새의 줄기에서 한 싹이 나며 그 뿌리에서 한 가지가 나서 결실할 것이요"라고 했고, 사11:10에 "그 날에 이새의 뿌리에서 한 싹이 나서 만민의 기호로 설 것이요. 열방이 그에게로 돌아오리니 그 거한 곳이 영화로우리라"라고 했다. 이새는 다윗의 친 아버지다. 그래서 마태는 마1:1에 "아브라함과 다윗의 자손 예수 그리스도의 세계(계보, 족보)라"라고 했다. 하나님께서 다윗의 아들 솔로몬에 말씀하시기를 대하7:18에 "내가 네 나라 위를 견고케 하되 전에 내가 네 아비 다윗과 언약하기를 이스라엘을 다스릴 자가 네게서 끊어지지 아니하리라 한 대로 하리라"라고 했다. 이는 바로 다윗 왕의 혈통에서 메시아가 오실 것을 약속하신 말씀이 분명하다. 마태는 마1:20에 "이 일을 생각할 때에 주의 사자가 현몽하여 가로되 다윗의 자손 요셉아 네 아내 마리아 데려오기를 무서워 말라 저에게 잉태된 자는 성령으로 된 것이라"라고 했다. 베드로는 이 말씀을 인용했다. 행2:24-25에 "하나님께서 사망의 고통을 풀어 살리셨으니 이는 그가 사망에게 매여 있을 수 없었음이라. 다윗이 저를 가리켜 가로되 내가 항상 내 앞에 계신 주를 뵈웠음이여 나로 요동치 않게 하기 위하여 그가 내 우편에 계시도다"라고 했다. 마9:27에 "예수께서 거기서 떠나가실새 두 소경이 따라 오며 소리질러 가로되 다윗의 자손이여 우리를 불쌍히 여기소서"라고 했다. 물론 두 소경에게 주님의 능력이 나타났다.

또 주님이 밧모 섬에서 요한에게 친히 말씀하시기를 계22:16에 "나 예수는 교회들을 위하여 내 사자를 보내어 이것들을 너희에게 증거하게 하였노라. 나는 다윗의 뿌리요 자손이니 곧 광명한 새벽 별이라"라고 하셨다.

10. 수가성 여인이 예수님이 메시아이심을 고백

> 요4:25 "여자가 가로되 메시아 곧 그리스도라 하는 이가 오실 줄을 내가 아노니 그가 오시면 모든 것을 우리에게 고하시리이다."
> 요4:29 "나의 행한 모든 일을 내게 말한 사람을 와 보라 이는 그리스도가 아니냐 하니"

여기에서 우리는 그리스도께서 사마리아에서 행하셨던 사건에 접하게 된다. 사마리아인들은 그 혈통으로 보나 종교로 보나 혼혈 유대인이었다. 사마리아인들이 섬기는 신은 오직 이스라엘의 하나님이었으며, 그 하나님께 경배드리기 위하여 이들은 그리심 산에 예배당을 세웠다. 예루살렘으로 가시고자 하는 예수를 보았을 때 사마리아인들은 그를 허락지 않았었다(눅 9:53). 유대인들은 사마리아인이라고 부르는 것보다 더 큰 욕이 없다고 생각했다. 그런데 그리스도께서는 그 여인에게 구주가 필요하다는 사실을 시사하심으로써 이 여인을 회심시키고자 하신다. 그리스도께서는 그 여인이 말할 수 없는 유익을 얻을 수 있는 기회를 지금 맞이하고 있음을 그 여인에게 충분히 인지시키고 계시다. 그리스도께서는 그녀가 지금 은혜의 때를 맞이했음을 명확하게 말씀해 주신다.

① 그리스도께서는 그녀에게 그녀가 알아야 하지만 무지한 사실에 대하여 암시를 주고 계시다.

"네가 만일 하나님의 선물과 또 네게 물 좀 달라 하는 이가 누구인줄 알았더라면 네가 그에게 구하였을 것이요."(요 4:10)

이 사마리아 여인은 예수를 단지 한 사람의 유대인, 가난하고 피로에 지친 여행자로 보았지만, 예수께서는 그녀가 자신에 관하여 좀 더 많은 것을 알기를 원하신다. 예수 그리스도는 우리에게 오신 하나님의 선물이요, 하나님의 사랑의 표시이다. 우리에게 베푸심으로 보내진 이 하나님의 선물을 소유한다는 것은 그야말로 형용할 수 없는 특권이다. 이 선물은 물 좀 달라 하신 바로 그 분이시다. 이 선물이 바로 우리에게 오셔서 청하고 계시는 것이다.

② 이 사마리아 여인이 그가 누구신가를 알았더라면 어떻게 하기를 그리스도께서는 기대하시고 계시는가?

"네가 그에게 구하였을 것이요."(요 4:10)

그리스도로부터 무엇인가 유익을 얻고자 하는 사람들은 그것을 구해야만 한다. 그리스도께 대하여 올바른 지식을 가지고 있는 자들은 그에게 구할 것이다. 그리스도께서는 지식의 부를 결여하고 있는 사람들이 그 지식이라는 자산을 소유했었더라면 어떻게 했을 것인지를 알고 계신다.

③ 그리스도께서는 만일 그녀가 자기에게 청하였다면 자신이 그녀를 위해 무엇을 해 주었을 것이지 그녀에게 보증하고 계신다.

그가 생수를 네게 주었으리라. 이 생수는 샘, 우물 밑바닥에 고여 있는 섞은 물이 아니라 흘러내리는 물과 같은 그리스도 자신을 의미한다. 은혜의 주님은 생수와 같은 분이다. 예수 그리스도께서는 그를 구하는 자들에게 자신을 주실 수 있으며 주시고자 하신다. 이 사마리아 여인은 그리스도께 "당신은 물기를 그릇도 없지 않소?"(요 4:11)라고 말하고 게다가 "당신이 우리 조상 야곱보다도 더 크니이까?"(요 4:12)라고 말하지 않는가! 그리스도께서 영적으로 말씀하신 내용을 이 여인은 육신적으로 받아들였던 것이다. 니고데모도 역시 그랬다. 이 여인은 자기 앞에서 얘기하고 있는 이 나그네가 자기에게 물을 조금이라도 줄 수 있으리라고 생각지 않는다. "주여 물기를 그릇도 없고"(11절) 게다가 "이 우물은 깊습니다." 마치 물동이가 없이는 물을 전혀 기를 수 없다는 듯이 세상에는 약속을 이행할 수단이 눈앞에 보이지 않으면 그 약속을 믿지 않으려고 하는 사람들이 있다. 이 여인은 말한다, "어디서 이 생수를 얻겠삽나이까?" 생명의 샘은 그리스도 안에 감추어져 있는 샘이다. 그리스도께서는 우리를 위해 충분한 샘물을 가지고 계신다. 이 사마리아 여인은 그리스도께서 그녀에게 어떤 더 좋은 물을 줄 수 있으리라 생각할 수 없었다. "당신이 우리에게 그 우물을 준 우리 조상 야곱보다 더 크니이까?"(요 4:12)

그리스도께서는 그녀를 포기하지 않으시고 그녀를 더욱 권면하고 계신다. 예수께서는 이 야곱의 우물물이 단지 일시적인 해갈만을 제공한다는 사실을 그녀에게 보이신다. 이 물을 먹는 자마다 다시 목마르려니와(13절). 야곱의 우물물도 다른 물과 마찬가지로 당면한 갈증을 해결시켜 줄지 모르나 곧 다시 목마르게 될 것이다. 이러한 사실은 현재 우리의 육신의 상태가 연약하다는 사실과 이 세상에서는 결코 만족이 없다는 점을 시사하고 있다. 우리의 육신은 끊임없이 소모되는 것이다. 생명이란 등잔불 같아서 기름이나 연료가 계속해서 공급되지 않으면 곧 꺼져 버리는 것이다. 그리고 이 세상에서의 모든 안락이란 언제나 완전하지 못하며 지속되지 않는다.

어제의 식사와 음료가 오늘의 것이 될 수 없는 법이다. 그러나 그리스도께서 주시고자 하는 생수는 지치지 않는 만족과 행복을 가져다 줄 것이다(14절).

• 은혜의 주님을 모신 자는 영원히 목마르지 않을 것이다. 사람에게 있는 애타는 갈증은 오로지 하나님께 대한 것이요. 여전히 하나님께 대한 갈망인 것이다.

• 은혜의 주님을 모신 자는 그리스도께서 주신 이 물이 그의 안에서 영생하도록 솟아나는 샘물이 될 것이기 때문에 영원히 목마르지 않을 것이다. 그는 그 자신 안에 모든 것을 공급해 주고 만족케 하는 샘물을 가지고 있으므로 결코 궁지에 몰리는 일이 없다. 그는 위안을 구하고자 세상으로 갈 필요가 없다. 믿는 자들은 자신 안에 샘물이 넘쳐흐르며 계속해서 솟아오르는 샘물을 가지고 있다. 그 샘물은 계속하여 솟아오르고 있다. 만일 선한 진리가 마치 고여 있는 물처럼 우리의 심령 속에 고여만 있다면 그 진리는 우리가 그 진리를 받은 목적에 부합되지 못한다. 또한 그 샘물은 모든 은혜의 목적이 되는 영원한 생

명에게 솟구쳐 흘러간다. 신령한 생명은 영원한 생명 안에서만 있을 수 있는 생명의 완성을 향하여 솟구쳐 올라가는 것이다. 믿는 자들의 심령 속에 예수께서 주신 샘물은 완성 곧 영원한 생명에 이르기까지 계속해서 솟아나는 것이다. 그렇다면 분명 이 샘물이 야곱의 샘보다 더 낫지 않는가? 이제 이 여인은 이 물을 달라고 이 낯선 나그네에게 애걸한다. "주여 이런 물을 내게 주사 목마르지도 않고 또 여기에 물 길러 오지도 않게 하소서"(15절)라는 증거가 있다.

• 메시아 : 여인과의 대화의 주제는 메시아에 관한 내용이다.

그녀의 신앙으로 그녀는 메시아를 대망하고 있었다. "메시아 곧 그리스도라 하는 이가 오실 줄을 내가 아노니 그가 오시면 모든 것을 우리에게 고하시리이다"(요4:25절). 이 여인은 그리스도께서 하신 말씀을 반대할 것이 전혀 없었다. 잘은 모르지만 자기 앞에서 얘기하고 있는 사람의 얘기가 기대해 왔던 메시아와 어울린다고 느꼈다. 그러나 그녀는 기대했던 메시아로부터 사실을 듣고자 했으며 적절한 시기까지 자신의 믿음을 보류하는 것이 최선책이라고 생각하고 있다. 그 여인은 누구를 대망하고 있었는가? "메시아 곧 그리스도라 하는 이가 오실 줄을 내가 아노니"(25절). 유대인과 사마리아인은 공히 메시아와 그의 왕국을 대망하고 있었다는 점에서 일치했다. 아무리 모르는 사람이라 할지라도 메시아가 장차 임하리라는 사실은 알고 있었다. 메시아는 곧 그리스도라 하는 이시다. 복음서 기자는 히브리어인 메시아라는 말을 사용하고 있었지만 그리스도 곧 기름부음 받은 자라는 동일한 의미를 지닌 헬라어로 번역해 주는 배려를 아끼지 않는다. 그녀는 그 메시아로부터 무엇을 기대하고 있는가? 그가 오시면 모든 것을 우리에게 고하시리이다. "그분은 우리에게 하나님의 생각과 뜻을 충분히 명확하게 말해 주실 것이요, 숨김없이 말씀해 주실 것입니다"라는 말이다. 이 말은 그녀가 다음과 같은 사실을 인식했다는 점을 함축하고 있다. 첫째로 자신들이 하나님의 뜻을 발견하는 데도 한도가 있으며, 하나님께 예배하는 법도 역시 불완전하다는 사실에 대한 깨달음이다. 둘째는 이러한 전환을 이루시기에 메시아께서는 충분하시다는 사실에 대한 깨달음이다. 우리가 알고 싶어하며 우리가 무지 속에서 다투고 있는 문제에 대하여 메시아께서는 우리에게 모든 것을 알게 하신다.

자신이 메시아이심을 나타내시는 우리 주 예수의 후의 : "네게 말하는 내가 그로라."(요5:26절). 그리스도께서는 여기 이 비천한 사마리아 여인에게와 소경에게(요 9:37) 하신 것을 제외하고는 그 어느 누구에게도 이렇게 분명하게 자신을 나타내신 적이 결코 없었다. 이와 같이 하여 그리스도께서는 이렇게 가난하고 멸시받은 사람들에게 큰 은혜를 안겨 주신다. 이 여인은 일반적인 확신의 수단인 그리스도의 기적을 볼 기회도 전혀 없었던 사람이었다. 하나님께서는 복음의 빛을 눈으로 대하지 않게 한 지역에서도 은혜의 빛을 마음 속에 비추실 수 있으신 분이다. 이 여인은 다른 사람들보다 이러한 계시를 받아들이기에 훨씬 잘 예비되어 있었다. 그리스도께서는 자신과 사귀기를 원하는 정직하고 겸손한 심령을 소유한 사람들에게는 자신을 나타내실 것이다. 네게 말하는 내가 곧 그로라. 여기에서 우리는 이 여인이 그가 누구신지도 모르고 있는 그 때에도 예수 그리스도께서는 얼마나 그녀 가까이에 계셨는지 보게 된다(창 28:16). 예수께서 지금 자신들과 말씀을 나누고 계신 그 순간에도 많은 사람들은 그리스도께서 안 계신다고 슬퍼하면서 그리스도께서 함께 하시기를 바라고 있다. '네게 말하는 내가 그로라' 라고 그리스도께서는 우리에게 말씀하심으로써 자기 자신을 우리에게 알리신다.

11. 마르다의 그리스도 고백

> 요11:26-27 "무릇 살아서 나를 믿는 자는 영원히 죽지 아니하리니 이것을 네가 믿느냐? 가로되 주여 그러하외다 주는 그리스도시요 세상에 오시는 하나님의 아들이신 줄 내가 믿나이다."

예수 그리스도께서 그녀에게 주신 은혜의 말씀은 "나는 부활이요 생명이라"고 말씀하셨다(25-26절). 그리스도께서는 그녀가 믿어야 할 두 가지 사실을 일러 주신다.

1) 그리스도의 권능

즉 그의 주권을 믿어야 한다는 사실이다. "나는 부활이요 생명이니"(25절). 마르다는 그리스도께서 기도하면 하나님께서 무엇이든지 주실 것으로 믿었으나, 이제 주님은 그녀에게 자신의 말씀으로 어떤 일도 하실 수 있음을 알게 하신다. 예수 그리스도가 부활과 생명이 되실 뿐 아니라 또한 그가 그리스도인들에게 부활과 생명을 주실 것이라는 사실은 모든 선한 그리스도인들에게 말로 형언할 수 없는 위로가 된다. 부활은 생명의 회복과 회복될 생명의 주재자이신 것이다.

2) 새 계약의 약속을 믿어야 한다는 사실

이 약속은 예수 그리스도를 믿는 자들에게 주어지는 것이다. 이 새로운 약속에 대한 조건은 "누구든지 살아서 나를 믿는 자"란 것인데, 이 말씀을 믿어야 한다는 사실이다. 이 말은 육적인 생명으로 이해될 수 있다. 그러므로 유대인이든 이방인이든 간에 그리스도를 믿는 이 세상에 사는 사람은 누구든지 그를 통하여 살 것이다. 또한 이 말씀은 영적인 생명에 관한 것으로도 이해될 수 있다. '살아서 믿는' 자는 믿음을 통하여 천국에서 거룩한 생명으로 거듭 태어나는 자이다. 그 약속의 내용은 다음과 같다. "나를 믿는 자는 죽어도 살겠고 영원히 죽지 아니할 것이라"(25-26절)라고 하셨다.

첫째, 육신에 관한 약속: 축복된 부활에 대한 약속이 있다. 육신이 비록 죄로 인하여 죽을지라도 다시 살 것이라는 말씀이다. 그러므로 육신은 영광의 몸으로 소생할 것이다.

둘째, 영혼에 관한 약속: 여기에서 축복된 불멸에 대한 약속이 있다. '살아서 믿는' 자는 '결코 죽지 아니할 것이다.' 그 영적인 생명은 믿는 즉시 불멸의 영으로 바뀔 것이다. 그리스도께서는 그녀에게 "이것을 네가 믿느냐? 네가 내 말을 받아들이느냐?"고 물으셨다. 마르다는 그녀의 오빠가 이 세상에서 다시 생명을 되찾게 될 것을 열망했다. 그러나 그리스도께서는 그녀에게 이 소망을 말씀하기에 앞서 저 세상에서 주어질 다른 생명을 그녀의 마음에 깨우쳐 주셨다. 우리가 마땅히 믿어야 한다면, 우리는 이 세상에서의 십자가와 위로를 가볍게 넘길 수 있을 것이다. 그리스도의 말씀에 승복한 마르다의 진실된 고백(27절): 여기서 우리는 마르다가 증언한 그녀의 훌륭한 신앙고백을 보게 된다. 따라서 이 고백은 모든 문제의 결론이다. 본문에 그녀의 신앙의 지침이 제시되는데 그것은 바로 그리스도께서 하셨던 말씀이다. 그녀는 그것을 온전히 그리스도께서 말씀하신 그대로 받아들였다. 그러므로 그녀는 '주여 그러하외다'라고 대답하였다. 그녀의 신앙의 근거는 곧 그리스도의 권위였다. 그것은 그녀 자신이 예수가 그리스도이심을 받아들일 경우 그가 부활과 생명이심을 믿는 데에 아무런 어려움도 없게 되리라는 사실을 나타낸다.[12] 그리스도는 빛과 진리의 근원이 되시므로 우리는 그의 모든 말씀을 신실하고도 거룩한 것으로 받아들여야 할 것이다. 또한 그리스도는 생명과 축복의 근원이시므로 우리는 그의 능력에 의지해야 할 것이다.

12. 빌립 집사가 그리스도를 알고 전함

> 행8:4-8 그 흩어진 사람들이 두루 다니며 복음의 말씀을 전할 새 빌립이 사마리아 성에 내려가 그리스도를 백성에게 전파하니 무리가 빌립의 말도 듣고 행하는 표적도 보고 일심으로 그의 말하는 것을 좇더라. 많은 사람에게 붙었던 더러운 귀신들이 크게 소리를 지르며 나가고 또 많은 중풍병자와 앉은뱅이가 나으니 그 성에 큰 기쁨이 있더라.

* 빌립의 복음사역(행8:4-8)

그리스도께서는 세상에 불을 주러 왔노라고 말씀하셨다. 그래서 핍박자들은 복음의 불을 다루는 자들을 흩어놓음으로써 복음의 불을 끌 수 있을 것이라고 생각했다. 그러나 그 불은 꺼지는 대신에 오히려 확산되었다. 여기에 나오는 빌립은 사도 빌립이 아니라 집사였던 빌

---

12) Ibid

립이다. 같은 집사였던 스데반은 순교자의 반열에 들어갔고 빌립은 전도자의 반열에 들어간 것이다.

• 빌립의 설교와 영향(행8장)

그가 설교한 곳은 사마리아의 중심지였다. 빌립이 가르친 내용은 그리스도였다. "그리스도를 백성에게 전파하니"(5절). 사마리아인들은 요4:25에 나타난 대로 메시아가 오실 것을 고대하고 있었다. 이에 대해 빌립은 그가 오셨으니 사마리아인들은 그를 영접하라고 가르쳤다. 빌립은 그리스도를 증거하고 기적을 행하였다(6절). 그 기적은 부정할 수 없는 것이었다. 그들은 그가 일으킨 기적을 보았고 또 전해 들었다. 그리스도는 사단의 권세를 쳐부수기 위해 보냄을 받았다. 그리하여 그 증표로서 그가 더러운 영[13](귀신)들을 향하여 주 예수의 이름으로 나가라고 명령했을 때 그 영들은 그들이 거하고 있었던 많은 사람들 속에서 나왔다(7절). 복음을 받아들이고 복음에 순종하는 곳에는 악령이 거할 수 없다. 이것이 사람의 몸에서 더러운 영이 떠나간다는 말의 의미이다. 이 때 그것들은 '크게 소리 지르며' 나갔다. 그들은 강력한 힘에 압도되어 강제로 본의 아니게 내쫓기는 것이다. 또 빌립은 혼란한 세상을 치료하고 구원하기 위하여 보냄을 받았다. 그 증표로서 '많은 중풍병자와 앉은뱅이, 즉 스스로는 아무 것도 할 수 없는 그러한 사람들을 구원하고자 하였다. 사마리아인들이 빌립의

---

[13] $\pi\nu\varepsilon\hat{\upsilon}\mu\alpha$프뉴마 always spirit 공기의' 흐름', 즉' 숨','미풍', 유추적으로 혹은 상징적으로' 영혼', 즉 인간의 이성적인' 영', (함축적으로)' 생동하는 원리', 정신적' 기질', 또는(초인간적인 것)' 천사',' 마귀',또는' 하나님',' 그리스도의 영',' 성령', 공기의 움직임, 바람, 입김, 숨, 영혼, 영 성령, 삼위일체의 삼위 힘과 애정과 감정과 욕망과 같은 결과를 가져오는 근원

말을 경청하였다. "무리가 일심으로 그의 말하는 것을 좇더라"(6절)라고 했고, 그들은 처음에는 주위를 환기시키는 기적에 이끌렸으나 점차 복음을 인정하게 되었다. 일반 대중은 빌립에게 집중했는데 그들은 제 각기가 아닌 일심으로 뭉친 무리들이었다. 그들은 모두 한 마음이었던 것이다. 그들은 빌립의 가르침을 듣고 만족하였다. 또 복음은 그들에게 많은 감화를 주었다. 그 성에 큰 기쁨이 있더라(8절). 그래서 저희가 믿고 남녀가 세례를 받았다(12절). 다시 정리하면 다음과 같다.

첫째, 빌립은 하나님 나라에 관하여 가르쳤다. 그리고 그는 그 왕국의 왕이신 예수 그리스도의 이름으로 설교했다.

둘째, 사람들은 그의 말에 관심을 가질 뿐만 아니라 그것을 믿고 그것이 사람의 말이 아닌 하나님의 말씀이라는 것을 확신했다.

셋째, 그들은 믿고 세례 받았다. 유대교회에서는 오직 남자들만이 가입할 수 있었다. 그러나 예수 그리스도 안에서 남자나 여자나 다 하나라는 것을 보여주기 위하여 이 세례의식은 여자들에게도 허용되었다. 왜냐하면 남자나 여자나 모두 하나님의 영적 이스라엘에 가입되었기 때문이다.

넷째, 이것은 대단한 기쁨을 가져왔다. 어떤 곳이든지 복음이 들어가는 곳에는 대단한 기쁨이 있었다. 그리스도의 복음은 인간을 우울하게 만드는 것이 아니라 기쁘게 만든다. 왜냐하면 복음은 만백성에게 전할 큰 기쁨의 좋은 소식이기 때문이다(눅 2:10).

6장

복음증거를 위한 우리의 사명

1. 성경은 전도를 강조하고 있다

1) 성경을 기록한 목적

성경을 기록한 목적은 바로 예수 그리스도를 통해 죄인된 인간이 구원받는 것이다. 요20:31에 "오직 이것을 기록함은 너희로 예수께서 하나님의 아들 그리스도이심을 믿게 하려 함이요. 또 너희로 믿고 그 이름을 힘입어 생명을 얻게 하려 함이니라"라고 했고, 그 그리스도를 믿게 하는 방법이 "전도"다. 롬10:17에 "그러므로 믿음은 들음에서 나며 들음은 그리스도의 말씀으로 말미암았느니라"라고 했으니 그리스도를 전하는 전도가 없이는 구원의 역사가 일어날 수가 없다. 고전1:21에 "하나님의 지혜에 있어서는 이 세상이 자기 지혜로 하나님을 알지 못하는 고로 하나님께서 전도의 미련한 것으로 믿는 자들을 구원하시기를 기뻐하셨도다"라고 했으니 성경적인 전도방법으로 전도는 가능(可能)하다.

2) 하나님의 일이 무엇인가?

요6:29에 "예수께서 대답하여 가라사대 하나님의 보내신 자를 믿는 것이 하나님의 일이니라 하시니"라고 주님은 말씀하셨다. 우리가 무슨 일을 많이 하려고 하는데 가장 중요한 하나님의 일은 믿는 것이다. 무엇을 믿느냐? 예수 그리스도를 믿는 것이다. 그래서 우리는 예수 그리스도를 전해야 한다(행1:8, 3:6, 4:12, 17:3, 18:5, 갈6:14).

3) 하나님의 뜻이 무엇인가?

주님이 요6:39-40에 말씀하시기를 "나를 보내신 이의 뜻을 행하려 함이니라. 나를 보내신 이의 뜻은 내게 주신 자 중에 내가 하나도 잃어버리지 아니하고 마지막 날에 다시 살리는 이것이니라. 내 아버지의 뜻은 아들을 보고 믿는 자마다 영생을 얻는 이것이니 마지막 날에 내가 이를 다시 살리리라 하시니라"라고 하셨다. 하나님의 뜻이 뭐냐? 바로 '예수 그리스도를 믿고 구원받는 것이다.'

롬10:14-15에 바울 사도는 "그런즉 저희가 믿지 아니하는 이를 어찌 부르리요. 듣지도 못한 이를 어찌 믿으리오. 전파하는 자가 없이 어찌 들으리오. 보내심을 받지 아니하였으면 어찌 전파하리요. 기록된 바 아름답도다. 좋은 소식을 전하는 자들의 발이여 함과 같으니라"라고 했다. 복음을 전하는 자가 없으면 복음을 듣고 믿을 자가 없다.

4) 하나님의 소원이 무엇인가?

딤전2:4에 바울은 "하나님은 모든 사람이 구원을 받으며 진리를 아는데 이르기를 원하시느니라"라고 하나님의 소원을 말했다. '진리'는 바로 그리스도이시다(요14:6). 하나님이 예수 그리스도를 이 땅에 보내신 목적이 있다. 영생을 주기로 작정된 자(행13:48), 즉 자기 백성을 구원하시기를 소원하셨다(마1:21). 이 땅에 모든 천태만상의 일들이 구원사역과 연관 되어 진행되고 있음을 알아야 한다. 마1:21에 천사가 말하기를 "아들을 낳으리니 이름을 예수라[1] 하라 이는 그가 자기 백성을 저희 죄에서 구원할 자이심이라 하니라"라고 했다. 그리고 주님도 요3:17에 "하나님이 그 아들을 세상에 보내신 것은 세상을 심판하려 하심이 아니요. 저로 말미암아 세상이 구원을 받게 하려 하심이라"라고 하셨다. 그러므로 '예수 그리스도를 통한 인간의 구원'이 하나님의 소원이니 우리가 복음 전하면 하나님은 시대적인 복을 주신다. 그 방법이 "전도"다.

5) 성경 전체의 흐름

성경의 전체 흐름은 전도를 통한 구원의 관점에서 기록되고 있다.
요3:16 "하나님이 세상을 이처럼 사랑하사 독생자를 주셨으니 이는 저를 믿는 자마다 멸망치 않고 영생을 얻게 하려 하심이니라"라고 했다. 세상은 전도 대상을 말한다. 세상에 전도의 대상이 너무 많다. 온 천하 만민이다. 모든 족속이 전도의 대상이다. 벧전1:9에 베드로가 말하기를 "믿음의 결국은 영혼의 구원이다"라고 했고, 눅15:7에 "내가 너희에게 이르노니 이와 같이 죄인 하나가 회개하면 하늘에서는 회개할 것 없는 의인 아혼 아홉을 인하여 기뻐하는 것보다 더하리라"

---

1) Ἰησοῦς(이에수스 Jesus) '예수' (즉 '여호수아'), "여호와 구원" 고명. ;

라고 했다. 죄인 하나가 회개하면 하나님께서 더욱 기뻐하신다. 암 5:4-6에 "……. 너희는 여호와를 찾으라. 그리하면 살리라"라고 했다. 요5:39에 "너희가 성경에서 영생을 얻는 줄 생각하고 성경을 상고하거니와 이 성경이 곧 내게 대하여 증거하는 것이로다"라고 했고, 요 20:31에 "오직 이것을 기록함은 너희로 예수께서 하나님의 아들 그리스도이심을 믿게 하려 함이요. 또 너희로 믿고 그 이름을 힘입어 생명을 얻게 하려 함이니라"라고 했다. 그래서 성경 전체의 흐름은 전도를 통한 구원의 관점에서 기록하고 있다.

2. 주 예수 그리스도의 지상 명령이 전도다

주 예수 그리스도께서 제자들에게 당부하신 말씀들을 보면 알 수 있다.

- 마28:18-20 ……. 너희는 가서 모든 족속으로 제자를 삼아…….
- 막16:15-20 ……. 너희는 온 천하에 다니며 만민에게 복음을 전파하라…….
- 눅24:13-35 주님이 엠마오 도상의 낙심한 제자들을 친히 찾아 가셔서 동행하시며 대화 하셨다. 이 의미는 믿다가 낙심한 자를 찾아서 말씀(믿음) 회복하라는 말씀이다.
- 요21:15-18 내 어린양을 먹이라. 내 양을 치라.
  ▶ 시대와 민족과 세계와 미래를 살리는 전도
- 행1:8 오직 성령이 너희에게 임하시면 내 증인이 되리라.
- 막3:13-15 일꾼을 세우신 목적도 전도를 위해서다.

바울은 이 말씀을 깨닫고 하는 말이 고전9:16에 "내가 복음을 전할지라도 자랑할 것이 없음은 내가 부득불 할 일임이라. 만일 복음을 전하지 아니하면 내게 화가 있을 것임이로라"라고 했고, 롬1:14에 "헬라인이나 야만이나 지혜있는 자나 어리석은 자에게 다 내가 빚진 자라"라고 했고, 행20:24에 "나의 달려갈 길과 주 예수께 받은 사명 곧 하나님의 은혜의 복음 증거하는 일을 마치려 함에는 나의 생명을 조금도 귀한 것으로 여기지 아니하노라"라고 할 만큼 바울은 주님의 지상명령을 감당하기 위해 생을 건 사람이다.

교회도 많고 전하는 사람도 많은 데 복음을 정확하게 못 들은 사람이 너무 많다. 지구는 계속 발전하는데 영적으로는 더 힘들어지는 중에 주님은 전도자를 부르고 계신다. 눅10:2에 "이르시되 추수할 것은 많되 일군이 적으니 그러므로 추수하는 주인에게 청하여 추수할 일군들을 보내어 주소서 하라"고 하셨다.

3. 복음 전도자의 자격

1) 복음 전도자의 소명의식

주님이 원하시는 자를 부르셨기(막3:13) 때문에 주님이 이루신다(빌1:6).

① 하나님은 미리 아시고 부르셨다(예지 예정)
바울은 롬8:29-30에 "하나님이 미리 아신 자들로 또한 그 아들의 형상을 본받게 하기 위하여 미리 정하셨으니 이는 그로 많은 형제 중

에서 맏아들이 되게 하려 하심이니라. 또 미리 정하신 그들을 또한 부르시고 부르신 그들을 또한 의롭다 하시고 의롭다 하신 그들을 또한 영화롭게 하셨느니라"라고 했다.

② 하나님의 특별한 은총으로 부름 받은 자들

우리는 성경을 보면 어떤 사람들이 하나님께 쓰임 받으려고 노력하거나 선택한 것이 아니고 하나님이 먼저 미리 아시고 부르신 것을 볼 수 있다. 복음을 위해 쓰임 받을 자들은 먼저 이 소명의식이 있어야 할 것이다. 성경에 많은 예가 있지만 몇 사람만 소개한다.

• 하나님은 성막 건립을 위해 「브살렐」이란 사람을 부르셨고 그에게 하나님의 신을 충만케 하셔서 그 일을 잘 감당하게 하신 것을 볼 수 있다. 출31:2-3에 "내가 유다 지파 훌의 손자요. 우리의 아들인 브살렐을 지명하여 부르고, 하나님의 신을 그에게 충만하게 하여 지혜와 총명과 지식과 여러 가지 재주로"라고 했다. 성령충만하면 지혜도, 총명, 지식, 여러 가지 재주도 다 능(能)하게 된다.

• 하나님은 특별히 이스라엘 백성이 우상숭배를 하고 블레셋 나라에 눌려 어려움을 당하니 다윗을 어릴 때부터 선택하셔서 부르시고 기르심을 볼 수 있다. 시78:70-72에 "또 그 종 다윗을 택하시되 양의 우리에서 취하시며, 젖양을 지키는 중에서 저희를 이끄사 그 백성인 야곱, 그 기업인 이스라엘을 기르게 하셨더니, 이에 저가 그 마음의 성실함으로 기르고 그 손의 공교함으로 지도하였도다"라고 했다.

• 하나님은 야곱을 미리 지명하여 부르셨다. 사43:1에 "야곱아 너를 창조하신 여호와께서 이제 말씀하시느니라. 이스라엘아 너를 조성하신 자가 이제 말씀하시느니라. 너는 두려워 말라 내가 너를 구속하였고 내가 너를 지명하여 불렀나니 너는 내 것이라"라고 했고, 사

45:4에도 "내가 나의 종 야곱, 나의 택한 이스라엘을 위하여 너를 지명하여 불렀나니 너는 나를 알지 못하였을지라도 나는 네게 칭호를 주었노라"라고 했다.

• 주님은 제자들을 선택하시어 부르셨다.

막3:13에 "주께서 원하시는 자를 부르시고," 눅6:12-16에 "이 때에 예수께서 기도하시러 산으로 가사 밤이 맞도록 하나님께 기도하시고, 밝으매 그 제자들을 부르사 그 중에서 열둘을 택하여 사도라 칭하셨으니 곧 베드로라고도 이름 주신 시몬과 및 그 형제 안드레와 및 야고보와 요한과 빌립과 바돌로메와 마태와 도마와 및 알패오의 아들 야고보와 및 셀롯이라 하는 시몬과 및 야고보의 아들 유다와 및 예수를 파는 자 될 가룟 유다라"라고 했다. 요15:16에 주님은 "너희가 나를 택한 것이 아니요. 내가 너희를 택하여 세웠나니 이는 너희로 가서 과실을 맺게 하고 또 너희 과실이 항상 있게 하여 내 이름으로 아버지께 무엇을 구하든지 다 받게 하려 함이니라"라고 하셨으니 선택은 우리 자신이 한 것이 아니고 주님이 하신 것이니 정확하고 완벽하다. 그리고 우리는 감사할 따름이다.

• 주님은 바울을 택하시고 부르셨다.

행9:3-5에 "사울이 행하여 다메섹에 가까이 가더니 홀연히 하늘로서 빛이 저를 둘러 비추는지라. 땅에 엎드러져 들으매 소리 있어 가라사대 사울아! 사울아! 네가 어찌하여 나를 핍박하느냐! 하시거늘 대답하되 주여 뉘시오니이까? 가라사대 나는 네가 핍박하는 예수라"라고 했고, 행9:15 "주께서 가라사대 가라 이 사람은 내 이름을 이방인과 임금들과 이스라엘 자손들 앞에 전하기 위하여 택한 나의 그릇이라"

라고 하셨다. 롬1:1에 바울은 "예수 그리스도의 종 바울은 사도로 부르심을 받아 하나님의 복음을 위하여 택정함을 입었으니"라고 했다. 우리가 지금 복음전도를 위해 선택받은 자라면 언젠가는 주님이 부르실 것이고 성령충만하게 하시어 깨닫게 하시고 전도하게 하실 것이다.

2) 복음 전도자에게는 복음적인 지식이 필요하다.

① 복음을 전할 전도자는 먼저 복음을 이해해야 복음을 전할 수 있다.

그리고 '복음은 바로 예수 그리스도이시다'라고 바울은 롬1:2-4에 "이 복음은 하나님이 선지자들로 말미암아 그의 아들에 관하여 성경에 미리 약속하신 것이라. 이 아들로 말하면 육신으로는 다윗의 혈통에서 나셨고, 성결의 영으로는 죽은 가운데서 부활하여 능력으로 하나님의 아들로 인정되셨으니 곧 우리 주 예수 그리스도시니라"라고 했다. 요한도 요17:3에 "영생은 곧 유일하신 참 하나님과 그의 보내신 자 예수 그리스도를 아는 것이니이다"라고 했고, 바울은 엡4:13에 "우리가 다 하나님의 아들을 믿는 것과 아는 일에 하나가 되어 온전한 사람을 이루어 그리스도의 장성한 분량이 충만한 데까지 이르리니"라고 했다. 요한은 요일4:14-15에 "아버지가 아들을 세상의 구주로 보내신 것을 우리가 보았고 또 증거하노니, 누구든지 예수를 하나님의 아들이라 시인하면 하나님이 저 안에 거하시고 저도 하나님 안에 거하느니라"라고 했다.

그리고 복음 전도자는 반드시 그리스도가 누구신지 바로 정확하게 알아야 한다. 그래서 주님은 가이사랴 빌립보 지방에서 제자들에게 질문을 하셨다(마16:13-20). 사람들이 나를 누구라 하더냐? 그 누구도 바른 대답을 못했지만 시몬 베드로가 말했다. 「주는 그리스도시오 살아계신 하나님의 아들이십니다.」이 때 주님이 베드로에게 일평생에 처음으로 칭찬을 하셨다. "바요나 시몬아 네가 복이 있다" 라고 하셨다. 그 축복의 내용은 네 믿음을 반석같이 해 주겠다. 그래서 흔들리지 않게 하겠다는 말씀이고, 또 이 반석 위에 내 교회를 세우시겠다고 하셨고, 또 음부(사탄, 흑암)의 권세가 너를 이기지 못하게 해 주겠고, 천국 열쇠를 주겠다고 말씀하셨다. 그 만큼 예수님이 누구신지 아는 것은 중요하다. 예수님이 그리스도가 되신다는 사실을 아는 것만큼 전도 현장에서 역사와 증거가 많이 일어날 줄 믿는다.

그리스도를 정확하게 잘 알아야 다른 사람들보다 그리스도를 더 잘 말할 수 있을 것이다. 이 고백은 바로 모든 문제의 해답이요 결론이다. 그리스도를 올바로 알 때 모든 행복을 얻을 수 있다. 베드로의 신앙고백으로 말미암아 영광을 받아야 하실 분은 마땅히 하나님이시었다. 이를 네게 알게 한 이는 혈육이 아니요 하늘에 계신 내 아버지시니라. 이 말씀은 곧 베드로의 이런 판단이 천성이나 교육에 의해 나오지 않고 하늘에 계시는 나의 아버지로부터 나온다는 것이다. 구원을 얻게 하는 믿음은 하나님의 은사이며 그런 믿음이 있는 곳은 어디나 하나님께서 역사하신다. "내 아버지께서 그것을 네게 알게 하셨으므로 네가 복이 있도다." 이처럼 귀한 은총을 받은 자들에게 복이 있는 것이다.[2] 바울이 복음을 전하는 그 당시에는 헬라 철학이 성행했다. 세상 지혜(지식)를 추구하는 분이지만 바울은 그렇지 않았다. 바울은 그리스도 안에 참된 지혜, 지식, 모든 보화가 감춰져 있음을 알았다. 이것이 바로 바울 신학의 중심이요 핵심이다. 고전2:2에 바울은

---

2) 매튜헨리 주석 마1:13-20

"내가 너희 중에서 예수 그리스도와 그의 십자가에 못 박히신 것 외에는 아무 것도 알지 아니하기로 작정하였음이라"라고 그리스도만 알기를 소원했다.[3] 그리고 바울은 빌3:7-8에 "그러나 무엇이든지 내게 유익하던 것을 내가 그리스도를 위하여 다 해로 여길뿐더러 또한 모든 것을 해로 여김은 내 주 그리스도 예수를 아는 지식이 가장 고상함을 인함이라. 내가 그를 위하여 모든 것을 잃어버리고 배설물로 여김은 그리스도를 얻고"라고 할 정도로 그리스도를 알고 그리스도에 관한 해답을 얻고 그리스도 체질이 된 것이다.

체질이란 무서운 것이다. 체질 따라 질병이 오고 건강할 수도 있고, 체질에 따라 인생이 성공할 수도 있고 실패할 수도 있다. 무엇보다 복음체질이 가장 좋은 체질이다. 이 사실은 우리가 부인할 수 없다. 세상에는 교회 안에는 무엇이든지 정죄하고 비판하는 율법체질도 있고, 무조건 열심히 하는 종교생활체질도 있다. 그리고 하나님의 계획과 뜻은 온데간데 없고 완전 인간적인 판단으로만 생각하고 행동하는 인본주의체질도 있다. 그리스도 복음체질이 된 사명자 1명만 있어도 가정과 교회, 지역과 민족을 살릴 수 있다. 요셉 1명을 통해 세계에 하나님 살아 계심이 증거되었고, 모세, 여호수아, 사무엘, 다윗, 바울을 통해 하나님의 나라가 확장되는 것을 볼 수 있었다.

② 복음을 전할 전도자는 복음을 누려야(enjoy) 복음을 전할 수 있다.

롬5:1에 바울은 "그러므로 우리가 믿음으로 의롭다 하심을 얻었은즉 우리 주 예수 그리스도로 말미암아 하나님으로 더불어"[4] 주님과

---

3) Ibid
4) 요15:1-8 특주

우리 신자와 연합은 너무나 중요하다. 반드시 그리스도와 연합할 때 열매를 얻을 수 있고, 기도 응답도 가능하다. 우리가 주님과 연합하면 주님의 생명과 권세와 능력이 우리에게로 함께 와 있다.

기도 응답의 조건 중 가장 중요한 것은 주님의 말씀이 우리 마음에 담겨져 있어야 한다.

요15:7 "너희가 내 안에 거(居)하고 내 말이 너희 안에 거(居)하면 무엇이든지 원(願)하는 대로 구(求)하라 그리하면 이루리라." 화평을 누리자($\xi'\chi\omega$)"라고 했고, 골2:3에 "그 안에는 지혜와 지식의 모든 보화가 감추어 있느니라"라고 할 정도로 그리스도 안에 모든 것(응답과 복)이 다 있음을 고백했다. 재미있는 말씀은 '누린다' 는 말인데, 헬라어로 $\xi'\chi o\mu\epsilon\nu \leftarrow \xi'\chi\omega$(에코, enjoy)에서 온 말이다. $\xi'\chi\omega$(에코)의 뜻은 '붙잡다'(to hold), '소유하다'(have), '능력', '소유하다', '동반하다', '간직하다', '보관하다' 이다. 그렇다면 '누린다' 는 말은 가졌기 때문에 누릴 수 있는 것이다. 힘이 있어야 힘을 쓸 수 있고, 돈이 있어야 돈을 쓸 수 있고, 지혜가 있어야 지혜를 쓸 수 있듯이 우리가 그리스도를 영접하고 모셨으면 그의 모든 것을 이미 얻은 것이다(요1:12). 복음(그리스도)이 있으면 누리면 된다.

> 요5:24 내가 진실로 진실로 너희에게 이르노니 내 말을 듣고 또 나 보내신 이를 믿는 자는 영생을 얻었고($\xi'\chi\omega$) 심판에 이르지 아니하나니 사망에서 생명으로 옮겼느니라.

딤전6:17에 바울은 디모데에게 "네가 이 세대에 부한 자들을 명하여 마음을 높이지 말고 정함이 없는 재물에 소망을 두지 말고 오직 우리에게 모든 것을 후히 주사 누리게 하시는 하나님께 두며"라고 했다.

그리고 전도자 바울은 고후6:9-10에 "무명한 자 같으나 유명한 자요 죽은 자 같으나 보라 우리가 살고 징계를 받는 자 같으나 죽임을 당하지 아니하고 근심하는 자 같으나 항상 기뻐하고 가난한 자 같으나 많은 사람을 부요하게 하고 아무 것도 없는 자 같으나 모든 것을 가진 자로다"라고 했다. 힘이 있어야 일을 할 수 있다. 특별히 복음 전도자에게는 주님이 항상 함께 역사하신다(마29:16-20, 막16:15-20). 주님이 우리가 힘이 없는 줄 아시고 '능력으로 역사하시겠다' 라고 하셨고, 우리가 연약한 줄 아시고 '강함을 주시겠다' 라고 하셨다.

그리스도 복음은 사람의 생각과 삶의 모습을 바꾸어 놓는다. 복음은 행복을 만들고, 인생을 주 안에서 즐겁게 하므로 삶이 윤택하고 활기 있게 할뿐 아니라 항상 신바람이 난다. 나무와 풀이 꽃을 피우듯이 그리스도 복음이 생명의 역사를 일으키며 많은 열매를 맺게 한다.

그리고 그리스도 복음을 가진 전도자에게는 마치 자석(磁石)이 쇠(鐵)가루를 당겨 붙이듯이 상대방의 마음을 끌어당기는 힘이 있다. 전도자들은 시대마다 큰 응답들을 받았고 세계가 알 만큼 성공을 했다.

3) 복음 전도자는 복음에 뿌리를 내려야 한다.

베드로는 행4:12에 "다른 이로서는 구원을 얻을 수 없나니 천하 인간에 구원을 얻을만한 다른 이름을 우리에게 주신 일이 없음이니라 하였더라"라고 했고, 바울도 빌1:20-21에 "나의 간절한 기대와 소망을 따라 아무 일에든지 부끄럽지 아니하고 오직 전과 같이 이제도 온전히 담대하여 살든지 죽든지 내 몸에서 그리스도가 존귀히 되게 하려 하나니, 이는 내게 사는 것이 그리스도니 죽는 것도 유익함이니라"라고 하면서 빌3:8-9에 "또한 모든 것을 해로 여김은 내 주 그리스도 예수를 아는 지식이 가장 고상함을 인함이라. 내가 그를 위하여 모든 것을 잃어버리고 배설물로 여김은 그리스도를 얻고, 그 안에서 발견되려 함이니 내가 가진 의는 율법에서 난 것이 아니요. 오직 그리스도를 믿음으로 말미암은 것이니 곧 믿음으로 하나님께 로서 난 의라"라고 했다. 그리고 고전2:2에도 "내가 너희 중에서 예수 그리스도와 그의 십자가에 못 박히신 것 외에는 아무 것도 알지 아니하기로 작정하였음이라"라고 할 만큼 바울은 복음의 뿌리를 내렸다. 그러니 하나님이 바울에게 능력을 주시고 많은 사람에게 복음을 전하게 하시고, 또 많은 제자들, 동역자들, 친척, 돕는 자들을 붙여 주신 사실을 볼 수 있다(롬16:1-27).

그리고 전도자는 복음에 중독되어야 한다. 중독(中毒)이라는 말은 그것을 취하지 않거나 하지 않으면 견디지 못하는 상태를 말한다. '나는 복음 없이는 못살아! 나는 복음이 아니면 안 된다!' 라고 여기는 자라야 전도자의 자격이 있다.

4) 복음 전도자는 그리스도(복음)를 체험해야 한다.

바울이 그리스도를 체험하고 보니 그리스도만 전하기로 작정했던 것을 성경을 보면 알 수 있다. 갈6:14에 "그러나 내게는 우리 주 예수 그리스도의 십자가 외에 결코 자랑할 것이 없으니 그리스도로 말미암아 세상이 나를 대하여 십자가에 못 박히고 내가 또한 세상을 대하여 그러하니라"라고 했고, 빌3:3에 "하나님의 성령으로 봉사하며 그리스도 예수로 자랑하고"라고 하면서 언제 어디서든지 오직 그리스도만 전하려고 결심한 사람이며, 또 그리스도만 전했다. 왜냐 하면 바울은 그리스도 외에는 참 복음 진리가 없다고 생각했기 때문이다.

5) 복음 전도자에게 성령님이 역사하신다.

① 성령충만 받으려면 어떻게 해야 하나?

예수님을 영접한 성도가 성령을 사모하고 기도하며, 특별히 주님의 명령에 순종해야 한다. 베드로는 행5:32에 "우리는 이 일에 증인이요 하나님이 자기를 순종하는 사람들에게 주신 성령도 그러하니라 하더라"라고 했다. 전도자들 거의 다 주님께 순종하는 것보다 자기의 의지와 계획대로 움직인다. 이것이 바로 주님의 인도를 받지 않는 것이다. 그래서 전도자가 전도를 도리어 막는 짓을 하고 다니는 경우를 본다. 주님께 순종하는 전도자에게는 계속 항상 성령님이 함께 강하게 역사하신다.

② 성령충만은 어떻게 알 수 있나?

바울사도는 갈5:22-23에 "오직 성령의 열매는 사랑과 희락과 화평과 오래 참음과 자비와 양선과 충성과 온유와 절제니 이 같은 것을 금지할 법이 없느니라"라고 했다. 정말로 우리가 사랑이 넘치고, 항상 기뻐하고, 화평을 만들어 사는 자, 무엇이던 참고 충성하는 자는 성령충만한 자라고 볼 수 있다. 반대로 남을 미워하고 짜증을 부리고 매사에 참지 못하는 자들은 성령충만 받지 못해서 그렇다. 그리고 성령충만하면 능력이 나타난다(행1:8, 행8:4-8). 요셉은 창39:1-6에 보면 하나님이 그와 함께 하시니 지혜로운 자가 되어 무슨 일이든 형통했다. 다윗도 하나님이 그와 함께 하시니 지혜로운 자가 되어 사울이 그를 두려워했다(삼상18:12-14).

성령충만하면 모든 일이 형통하고 잘 된다. 기뻐하면 먼저 건강하게 된다. 미친 사람은 암(癌)이 없다. 왜냐 스트레스(stress)가 없다. 그래서 '바보는 즐겁다' 라고들 한다. 히스테리(Hysterie)는 있어도 단합하여 데모하는 일이 없다. 차라리 낙천적인 것이 낫다. 계속 자라는 것이 암세포다. "항상 기뻐하라!'는 말은 미친 사람 외에는 어렵다. 미친 사람은 이유 없이 웃는다. 아니면 복음체질이 되면 성령충만 하여 기뻐하게 된다.[5] 그래서 항상 기뻐하는 것은 미친 사람만 가능(可能)한 일이다. 우리는 그리스도에 미쳐야겠다. 바울은 갈5:22에 "오직 성령의 열매는 사랑과 희락과"라고 했다. 성령충만하게 되면 먼저 사랑하게 되고, 기쁨이 넘치게 된다. 억지로 기뻐질 수가 없다. 복음을 깨닫고 그리스도에게 다 맡기고 기도하는 자가 아니면 기쁨이 있을 수가 없다.

③ 전도자가 말씀을 전하면 말씀받는 자들에게 성령님이 역사하신다.

주님이 말씀하시기를 마10:19-20에 "너희를 넘겨줄 때에 어떻게 또는 무엇을 말할까 염려치 말라. 그 때에 무슨 말할 것을 주시리니 말하는 이는 너희가 아니라 너희 속에서 말씀하시는 자 곧 너희 아버지의 성령이시니라"라고 하셨다. 또 행10:44-45에 "……베드로가 이

---

5) 요14:27 평안을 너희에게 끼치노니 곧 나의 평안을 너희에게 주노라 내가 너희에게 주는 것은 세상이주는 것 같지 아니하니라. 너희는 마음에 근심도 말고 두려워하지도 말라.
갈5:22 오직 성령의 열매는 사랑과 희락과 화평과
눅10:21 이 때에 예수께서 성령으로 기뻐하사 가라사대 천지의 주재이신 아버지여 이것을 지혜롭고 슬기 있는 자들에게는 숨기시고 어린 아이들에게는 나타내심을 감사하나이다. 옳소이다. 이렇게 된 것이 아버지의 뜻이니이다.

말 할 때에 성령이 말씀 듣는 모든 사람에게 내려오시니 베드로와 함께 온 할례 받은 신자들이 이방인들에게도 성령 부어 주심을 인하여 놀라니"라고 했다. 그렇다 복음의 말씀이 전하여질 때 성령님이 역사하셔야 하고, 또 성령님이 역사하신다.

④ 누구든지 성령으로만 주(主)님을 신앙고백할 수 있다.

요한사도는 요일4:2에 "하나님의 영은 이것으로 알지니 곧 예수 그리스도께서 육체로 오신 것을 시인하는 영마다 하나님께 속한 것이요"라고 했다. 그리고 바울도 롬8:15에 "너희는 다시 무서워하는 종의 영을 받지 아니하였고 양자의 영을 받았으므로 아바 아버지라 부르짖느니라"라고 했고, 갈4:6에도 "너희가 아들인 고로 하나님이 그 아들의 영을 우리 마음 가운데 보내사 아바 아버지라 부르게 하셨느니라"라고 했다. 베드로도 마16:16에 "주는 그리스도시요 살아 계신 하나님의 아들이시니이다"라고 고백하니 주님이 베드로에게 말씀하시기를 마16:17 "바요나 시몬아 네가 복이 있도다. 이를 네게 알게 한 이는 혈육이 아니요 하늘에 계신 내 아버지시니라." 그렇다 아버지의 영(성령님)이 베드로의 마음 속에 들어가셔서 역사하셨다. 우리가 '하나님 아버지라'고 신앙고백을 하고, '예수님을 구주로 또 그리스도로 고백하는 것' 들은 다 성령으로 깨닫고 믿어진 것이다.

⑤ 성령충만하면 지혜로운 말씀이 선포된다.

바울은 고전12:8에 "어떤 이에게는 성령으로 말미암아 지혜의 말씀을" 은사로 주신다고 말하고 있다. 여기 '지혜'는 헬라어로 $\sigma o \phi i a$ (숩히아)인데 $\sigma o \phi i a$(숩히아)는 $\sigma o \phi ó s$(숩호스)에서 유래된 단어다. $\sigma o \phi ó s$(숩호스)는 '지혜로운, 숙련된, 노련한, 교양있는, 학식 있는'라고 하는 뜻이 있다. 그래서 '지혜의 말씀' 이란 하나님(성령님)의 감동을 받아 말하는 것을 말한다. 하나님의 완전한 지혜의 일면을 드러내준다. 이 은사를 가지면, 어떤 상황을 하나님의 시각에서 "보게" 되고, 본 것을 또한 "말하게"된다. 다시 말하면, 하나님의 지혜를 특수 상황에 적용하는 것이라 할 수 있다.

바울 사도는 엡1:17에 "우리 주 예수 그리스도의 하나님, 영광의 아버지께서 지혜와 계시의 정신을 너희에게 주사 하나님을 알게 하시고"라고 했고, 예수님도 마10:19에 "너희를 넘겨줄 때에 어떻게 또는 무엇을 말할까 염려치 말라 그 때에 무슨 말할 것을 주시리니"(同一 눅 12:12 "마땅히 할 말을 성령이 곧 그 때에 너희에게 가르치시리라 하시니라")라고 말씀하셨고, 눅1:67에 "그 부친 사가랴가 성령의 충만함을 입어 예언하여 가로되"라고 했고, 요14:26에 주님은 "보혜사 곧 아버지께서 내 이름으로 보내실 성령 그가 너희에게 모든 것을 가르치시고 내가 너희에게 말한 모든 것을 생각나게 하시리라"라고 말씀하셨다. 행4:8에 "이에 베드로가 성령이 충만하여 가로되 백성의 관원과 장로들아"라고 했고, 행4:31에 "빌기를 다하매 모인 곳이 진동하더니 무리가 다 성령이 충만하여 담대히 하나님의 말씀을 전하니라"라고 했고, 행11:24에 "바나바는 착한 사람이요 성령과 믿음이 충만한 자라. 이에 큰 무리가 주께 더하더라"라고 했고, 행19:6 "바울이 그들에게 안수하매 성령이 그들에게 임하시므로 방언도 하고 예언도 하니"라고 했다. 벧전1:12에 "이 섬긴 바가 자기를 위한 것이 아니요 너희를 위한 것임이 계시로 알게 되었으니 이것은 하늘로부터 보내신 성령을 힘입어 복음을 전하는 자들로 이제 너희에게 고한 것이요 천사들도 살펴보기를 원하는 것이니라"라고 했고, 벧후1:21에 "예언은 언제든지 사람의 뜻으로 낸 것이 아니요. 오직 성령의 감동하심을 입은 사람들이 하나님께 받아 말한 것임이니라"라고 성경은 많은 부분에서 성령으로 깨닫게 되고 성령으로 복음의 말씀을 선포할 수 있음을 명백히 말씀하고 있다.

6) 복음 전도자는 기도의 사람이라야 한다.

기도의 사람들을 주님은 복음 전도자로 쓰신 것이다. 행3:1에 "제 구시 기도시간에 베드로와 요한이 성전에 올라갈새"라고 했고, 베드로는 항상 기도하는 전도자였으니 만남의 축복을 누렸다. 주님은 전도의 대상자를 기도하는 전도자에게 만나게 하신다. 행10:9에 "이튿날 저희가 행하여 성에 가까이 갔을 그 때에 베드로가 기도하려고 지붕에 올라가니 시간은 제 육시더라"라고 했다. 베드로가 고넬료를 만나도록 천사가 나타나 역사한 것을 우리는 볼 수 있다. 선교의 사명을 깨닫고 쓰임받은 안디옥 교회와 바울 사도도 행13:2에 "주를 섬겨 금식할 때에 성령이 가라사대 내가 불러 시키는 일을 위하여 바나바와 사울을 따로 세우라 하시니, 이에 금식하며 기도하고 두 사람에게 안수하여 보내니라"라고 했다.

그리고 기도의 사람에게 문제가 왔을 때 하나님의 뜻을 아는 절호의 기회가 되고 응답을 받으므로 전도할 때 간증(증거)거리가 된다. 다시 말하면 전도자에게는 문제 속에 하나님의 큰 계획이 있음을 알아야 한다. 베드로는 구걸하는 앉은뱅이를 보고 하나님의 계획이 있음을 발견했다(행3:1-10). 그리고 바울도 여러 가지 역경 속에서 하나님의 계획이 있음을 발견했다(고후12:1-10).

어느 날 세계적인 설교자「스펄전」목사가 화단을 가꾸고 있었다. 그런데 옆집의 강아지 한 마리가 울타리를 넘어 들어와 화단을 엉망으로 만들어 놓았다. 꽃을 무척 좋아했던 스펄전은 분노를 참지 못하고 강아지를 향해 고함을 질렀다. 그리고 강아지를 내쫓기 위해 나무토막을 집어던졌다. 얼마 후 그 강아지가 반갑게 꼬리를 흔들며 나무토막을 물고 와 스펄전의 발 앞에 내려놓았다. 스펄전은 자신을 믿어준 강아지를 향해 더 이상 고함을 지를 수 없었고 도리어 미안했다. 그는 강아지를 쓰다듬으면서 말했다. "강아지야, 화단에 들어오고 싶으면 언제라도 들어오렴, 내가 네게 졌다"라고 했다. 이와 같이 하나님 앞에 완전한 사람은 없다. 우리는 무슨 일이 있을 때 하나님의 계획이 있음을 생각해야 한다. 그래서 우리는 하나님의 계획을 알기 위해 기도하고 강아지처럼 매달리면 응답을 받게 될 줄 확신한다. 기도하는 사람은 '눈치'나 '분석' 보다 '하나님의 뜻을 알고', '순종' 함으로 더 큰 응답을 기대한다(요일5:14).

기도하면 성령님이 인도하시고 능력으로 역사하신다. 그래서 전도는 쉽게 되어진다. 또 바울과 실라 전도 팀이 행16:13에 "안식일에 우리가 기도처가 있는가 하여 문밖 강가에 나가 거기 앉아서 모인 여자들에게 말하더니"라고 했다. 그러므로 전도자는 기도의 비밀을 누려야 한다. 기도가 없는 전도자는 있을 수 없다.

7) 복음 전도자는 여러 문제들을 초월해야 한다.

> 막6:11 어느 곳에서든지 너희를 영접지 아니하고 너희 말을 듣지도 아니하거든 거기서 나갈 때에 발아래 먼지를 떨어버려 저희에게 증거를 삼으라 하시니

주님이 제자들에게 당부하시기를 "복음을 전해도 듣지 않으면 미

런 두지 말고 다른 곳으로 가서 복음을 전해라"고 하셨다.

> 마10:13 그 집이 이에 합당하면 너희 빈 평안이 거기 임할 것이요. 만일 합당치 아니하면 그 평안이 너희에게 돌아올 것이니라.

얼마나 감사한 일인가. 복음을 안 받으면 그 축복이 내게 돌아온다는 말씀이다.

전도자는 어떤 한계도 뛰어넘을 수 있어야 한다. 그래서 우리 인간의 능력과 경험과 이론 방법으로 전도가 되어지는 것이 아니다. 전도는 성령의 역사로 가능(可能)하다. 바울은 고전2:4에 "내 말과 내 전도함이 지혜의 권하는 말로 하지 아니하고 다만 성령의 나타남과 능력으로 하여"라고 했다. 대부분 전도자들이 사람의 지혜로 하려고 한다. 성령님이 능력(能力)으로 역사하시면 전도는 쉽다. 그래서 주님은 "항상 함께 역사하겠다"(마28:20)고 약속하셨다. 막3:13-15에는 전도자를 부르실 때 함께 있으시려고 부르셨다고 하셨다. 그 만큼 전도가 중요한 일이기 때문이다. 그리고 전도는 하나님의 최고의 소원이다.

그리고 전도자는 전도 문이 막혀도 낙심할 필요 없다. 자세히 보면 막힌 것이 아니고 주님의 인도라는 것을 알 수 있다. 행16:6-10에 바울의 전도 팀이 아세아에 복음을 전하려고 했는데 성령님이 막으셨다. 그리고 「비두이나」로 가고자 애쓰니 또 예수님의 영이 허락지 않으시고 막았다. 두 번이나 전도의 문이 막혀도 바울은 그 문제를 초월했다. 전도자에게는 항상 형통한 것만은 아니다. 문제와 어려운 역경을 통해 하나님이 역사하심을 체험할 수 있고 그것을 증거로 삼아 복음 전하는데 간증거리가 된다. 그래서 도리어 유익이다. 사탄이 우리를 자꾸 건드리면 우리는 기도하게 되고 더 주님을 가까이 하게 되니 결국은 사탄의 머리가 둔한 것이다. 그래서 문제는 자세히 보면 문제가 아님을 알 수 있다.

8) 복음 전도자는 지속할 수 있도록 제자를 양육해야 한다.

주님은 제자들에게 지시하셨다. 마9:38에 "그러므로 추수하는 주인에게 청하여 추수할 일군들을 보내어 주소서 하라"고 하셨다. 여기 일꾼은 헬라어로 $\epsilon\rho\gamma\alpha\tau\eta s$(엘가테스)인데 '노동자(toiler), 교사, 일군, 숙련공' 이란 뜻이다. 전도자는 힘겨운 일을 땀 흘리며 일하는 농부처럼 부지런하고 성실하고 농부처럼 꾸준히 지속할 마음이 있어야 한다(딤후2:6). 그리고 주님은 부활하셔서 제자들에게 중요한 말씀을 하셨다. 마28:19에 "그러므로 너희는 가서 모든 족속으로 제자를 삼아 아버지와 아들과 성령의 이름으로 세례를 주고"라고 하시며 제자들에게 당부하신 내용은 어느 족속(민족)이던 제자를 삼아야 할 사명을 주셨다. 그리하면 "세상 끝날 까지 항상 함께 하시겠다"(마28:20)라고 힘을 주시는 약속을 하셨다. 바울도 행18:23에 "얼마 있다가 떠나 갈라디아와 브루기아 땅을 차례로 다니며 모든 제자를 굳게 하니라"라고 했다.

「로버트 콜만」은 말하기를 "우리는 전도가 언제, 어떤 것에 의해서가 아니라 어떤 사람에 의해서 이루어진다는 것을 깨달아야 한다. 전도는 하나님의 사랑의 표현이며, 하나님은 인격(人格)이시다. 그의 성품은 인격이기 때문에 인격을 통해서만 표현된다"[6]라고 했다.

---

6) 로버트 콜먼, 주님의 전도방법」 서울: 생명의 말씀사 1980. p.113.

그렇기 때문에 우리는 「바운드(E. M. Bounds)가 말한 것처럼 "사람이 하나님의 방법이다"[7]라고 말해야 한다. 사람들이 성령으로 능력을 입고 그의 계획에 헌신되어 있지 않다면 어떠한 방법도 결코 성공하지 못할 것이다. 그래서 주님은 제자들에게 말씀하시기를 마 9:37-38 "추수할 것은 많되 일군은 적으니, 그러므로 추수하는 주인에게 청하여 추수할 일군들을 보내어 주소서 하라"라고 하셨다.

9) 복음 전도자는 삶의 규모가 있어야 한다.

① 구세군의 창시자 「윌리엄 부스」는 스물 살을 기점으로 그의 인생이 완전히 바뀌었다. 그가 세계인의 추앙을 받는 것은 젊은 시절 '6대 생활수칙'을 정해 이를 실천했기 때문이다. 그는 보람있고 성공적인 인생을 위해 생활수칙을 벽에 붙여놓고 매일 묵상했다. 그것은 다음과 같다.
 a. 아침 일찍 일어나 5분씩 기도한다. 아침기도는 정신을 맑게 한다.
 b. 불필요한 잡담을 금한다. 말이 많은 사람은 적(敵)도 많다.
 c. 겸손한 태도와 열정적인 행동, 진실한 대화의 자세를 갖는다.
 d. 매일 성경을 4장씩 묵상한다. 성경은 영혼을 살찌우는 자양분이다.
 e. 하나님께 나의 인생을 의탁한다. 의지할 구석이 있는 사람은 매사에 너그럽다.
 f. 이 생활수칙을 하루에 두 번 이상씩 큰 소리로 외친다. 인생은 한 순간의 결단에 따라 완전히 달라진다. 젊은 시절의 좋은 습관이 멋진 인생을 만든다.

---

7) E. M. Bounds, Power through Prayer, reprint (Chicago: Moody press). p.7.

② 그리고 「존 데이비슨 록펠러」(John Davidson Rockefeller, 1839년 7년 8일 뉴욕 리치포드에서 태어나 1937년 5년 23일 플로리다 오몬드비치에서 소천함)에 대하여 알아보면 하나님의 축복으로 물질의 축복도 많이 받았지만 98세까지 오래 장수했다. 미국에 각 주마다 모든 도시에 세워진 공공도서관은 그가 벌어서 기부한 돈으로 세워졌다. 1859년 조그마한 상사를 설립한 후 미국 석유 정유소의 95%를 지배하는 어마 어마한 거부가 되었다(스탠더드 정유회사). 한국 돈 6천억원 이상 고아원, 장학재단 등 사회에 기부했다. 불신자들도 록펠러를 존경했다. 그가 성공을 하게 된 원인은 어머니의 기도와 유언이다. 학1:5을 어머니로부터 받은 메시지다. "그러므로 이제 나 만군(萬軍)의 여호와가 말하노니 너희는 자기(自己)의 소위(所爲)를 살펴볼지니라." 어머니는 10가지 생활신조를 유언으로 주셨다.

a. 하나님을 친 아버지로 섬겨라.
b. 목사님을 하나님 다음으로 섬겨라.
c. 주일 예배는 본 교회에서 드려라.
d. 오른 쪽 주머니는 항상 십일조 주머니로 하라.
e. 아무도 원수를 만들지 말라.
f. 아침에 목표를 세우고 기도하라.
g. 잠자리에 들기 전 하루를 반성하고 기도하라.
h. 아침에는 꼭 하나님의 말씀을 읽어라.
i. 남을 도울 수 있으면 힘껏 도우라.
j. 예배시간에는 항상 앞에 앉아라.

한 가난뱅이 소년이 어머니의 말씀(Message)을 듣고 실천하므로 세계적인 재벌(거부)이 되었다. 모든 것이 하나님의 손에 있다. 솔로몬은 잠16:1에 "마음의 경영은 사람에게 있어도 말의 응답은 여호와께로서 나느니라"라고 했다.

10) 복음 전도자는 전도 현장의 필요한 자료를 남겨 놓아야 한다.

한 시대 크게 쓰임 받은 전도자들이 이 세상을 떠나면 그 전도운동이 거의 다 중단되는 현상을 볼 수 있다. 그래서 어떻게 성경적으로 복음적인 전도를 효과있게 했는지 후대 전도자들이 잘 알 수 있도록 자료를 남겨 놓아야 한다(사진, 유품, 영상물, 서적, 녹음 텝, 교재, 그림 등). 한 시대 크게 쓰임 받은 「스폴전」, 「디엘 무—디」, 「존 웨슬레」 같은 전도자들이 어떻게 전도를 했는지에 관하여 더 세밀한 자료들이 있으면 후대에 사역하는 전도자들에게 큰 도움이 될 줄 안다.

11) 복음 전도자는 의·식·주 걱정하지 말고 복음을 거저 받았으니 거저 줘야 한다.

주님이 말씀하시기를 마10:7-8에 "가면서 전파하여 말하되 '천국이 가까 왔다' 하고, 병든 자를 고치며 죽은 자를 살리며 문둥이를 깨끗하게 하며 귀신을 쫓아내되 너희가 거저 받았으니 거저 주어라"라고 하셨다. 흔히 보면 전도하다가 물질이나 명예의 동기가 생겨서 순수하게 성경적인 전도방법대로 하지 못하는 경우가 많다. 우리 전도자는 하나님의 사랑과 주 예수님께 받은 은혜와 성령의 역사로 전도는 하나님의 소원이요 영혼 구원을 위한 하나님의 일이기 때문에 무슨 대가를 바라지 말고 헌신하고 충성하는 자세가 되어야 한다. 많은 전도자들이 잘못된 동기로 전도하기 때문에 처음에는 역사가 좀 일어났지만 지속하지 못하는 이유가 여기에 있다.

예를 들면, 독성분인 일산화탄소(一酸化炭素, monoacidic carbon, CO)는 무색(無色), 무취(無臭)의 기체이다. 일산화탄소가 공기 속에 10만분의 1이 있으면 중독증상을 일으키고, 1000분의 1이 있으면 생명의 위험이 있다고 한다.[8] 다시 말하면 아무리 좋은 생수(生水)라 할지라도 더러운 하수구 물 한 방울만 터뜨려도 마실 사람은 아무도 없을 것이다. 순수 복음이 아니면 죽어져 가는 영혼들을 살릴 수 없다.

12) 전도자는 전도의 대상인 불신자를 이해해야 한다.

불신자를 이해하고, 불신자를 내편 으로 만들어야 한다. 불신 가족이 미워지면 전도는 할 수 없다. 불신 가족이 적이 아니고 '불신 가족에게 내가 필요한 존재구나' 라고 생각을 바꾸어야 한다. 우리의 원수는 불신자가 아니고 마귀(사탄)다. 불신 가족의 영혼과 마음을 사로잡은 자가 사탄이다는 사실을 알아야 한다.

4. 복음 전도 내용

1) 예수 그리스도를 전해야 한다.

왜냐 하면 복음이 예수 그리스도이시기 때문이다(롬1:2-4). 주님이

---

8) 함의근. 「국민의학 대백과 8권」 서울: 국민출판공사. 1985. p.16

자기를 핍박하는 사울(바울)을 꺾어 쓰신 이유 목적이 여기에 있다. 행9:15에 "주께서 가라사대 가라 이 사람(바울)은 내 이름을 이방인과 임금들과 이스라엘 자손들 앞에 전하기 위하여 택한 나의 그릇이라"라고 하셨다. 바울은 예수 그리스도를 전하기 위해 선택받은 전도자다. 그리고 바울 자신도 주님이 자기를 부르신 이유를 알았고, 그 사명을 다하여 가는 곳 마다 그리스도를 선포했다. 롬1:1에 보면 잘 알 수 있다. "예수 그리스도의 종 바울은 사도로 부르심을 받아 하나님의 복음을 위하여 택정함을 입었으니"라고 자신을 소개했다. 바울은 행17:3에도 "뜻을 풀어 그리스도가 해를 받고 죽은 자 가운데서 다시 살아야 할 것을 증명하고 이르되 내가 너희에게 전하는 이 예수가 곧 그리스도라"라고 했고, 행18:5에도 "실라와 디모데가 마게도냐로서 내려오매 바울이 하나님의 말씀에 붙잡혀 유대인들에게 예수는 그리스도라 밝히 증거하니"라고 기록되어 있다. 롬1:5에 "그로 말미암아 우리가 은혜와 사도의 직분을 받아 그 이름을 위하여 모든 이방인 중에서 믿어 순종케 하나니"라고 했다.[9] 그래서 우리 전도자들은 예수가 누구신지 정확하게 성경대로 깊이 잘 알고 그 이름만 잘 선포하면 능력이 나타나고(행3:6) 주님이 함께 역사하시기 때문에(막3:13-15) 귀신도 떠나고 놀라운 기적이 나타나 아주 쉬운 전도를 할 수 있는 것이다. 그 증거를 성경에 찾아보면 막16:20에 "제자들이 나가 두루 전파할새 주께서 함께 역사하사 그 따르는 표적으로 말씀을 확실히 증거하시니라"라고 한 것처럼 우리가 전도현장에 가면 주님이 함께 역사하시기 때문에 전도 대상자의 마음 문을 여시고(행16:13-15) 전도의 열매를 맺을 수 있도록 주님이 성령으로 역사하신다. 그래서

---

9) 류광수 목사 전도강의 중에서

특별히 전도자들이 잘 깨달아야 할 것은 성경대로 전도를 해야 한다.

2) 불신자의 상태를 알고 타락한 인간의 영적 문제들을 말해 줘야 한다(진단).

훌륭한 의사는 환자를 보고 정확한 진단을 하고, 치료를 하는 것처럼, 우리가 불신자를 살리려면 불신자들의 영적 상태를 잘 알고 파악해야 할 것이다. 이것을 「현장 이해」라고 한다. 그래야 그 불신자에게 필요한 것은 오직 예수 그리스도 밖에 없다는 답이 나온다.
그러면 불신자의 상태를 알아보자(6가지).

① 불신자들은 한 명도 빠짐없이 예수 믿기 전에는 마귀 자녀다.
예수님이 말씀하시기를 요8:44에 "너희는 너희 아비 마귀에게서 났으니 너희 아비의 욕심을 너희도 행하고자 하느니라. 저는 처음부터 살인한 자요. 진리가 그 속에 없으므로 진리에 서지 못하고 거짓을 말할 때마다 제 것으로 말하나니 이는 저가 거짓말쟁이요, 거짓의 아비가 되었음이니라"라고 말씀하셨다. 그래서 불신자들은 불행할 수 밖에 없다.

② 불신자들은 마귀의 자녀이니 마귀에게 종노릇 할 수 밖에 없다. 즉 마귀를 섬기고, 마귀와 귀신에게 잡혀 있다.
바울사도는 말하기를 엡2:2에 "그 때에 너희가 그 가운데서 행하여 이 세상 풍속을 좇고 공중의 권세 잡은 자를 따랐으니 곧 지금 불순종의 아들들 가운데서 역사하는 영이라"라고 했다. 불신자들이 아무리 고통을 주는 마귀에게 빠져 나오려고 해도 불가능한 것은 그들의 소

속이 마귀에게 속했고, 마귀를 따를 수밖에 없는 형편에 처해져 있기 때문에 제3의 힘과 권세가 없이는 불가능(不可能)한 처지다. 그래서 귀신을 섬기는 제사나 미신을 하게 된다. 우리나라에 예수님을 안 믿는 자들은 거의 다 조상제사(고전10:20)를 지내는 귀신을 섬기는 일을 정성껏 하고 있다. 조상제사나 고사를 지내는 모든 행위는 하고 싶어서 하는 자는 거의 없다. 대부분 어쩔 수 없어서 한다. 만약에 잘못하면 재앙이나 사고, 실패를 할까 염려 중에서 부득불 하는 것이다. 이런 상태에 있는 불신자들을 건져내는 것이 전도다. 그래서 전도는 하나님의 소원이요 너무나 중요한 일이다.

③ 마귀를 섬기면 오는 것이 영적 문제인데 정신병이나 마음에 편안함이 없고 우울증에 시달리게 된다.

주님은 마11:28에 "수고하고 무거운 짐진 자들아 다 내게로 오라 내가 너희를 쉬게 하리라"라고 하셨다. 이 말씀은 육신적으로 수고하고 피곤한 상태에 마음 고통으로 무거운 짐을 지고 있는 자들이란 뜻이다. 바울은 엡2:3에 "전에는 우리도 다 그 가운데서 우리 육체의 욕심을 따라 지내며 육체와 마음의 원하는 것을 하여 다른 이들과 같이 본질상 진노의 자녀이었더니"라고 한 것처럼 불신자들은 근본적으로 진노가 떠날 날이 없이 계속 고통이 지속된다. 얼마나 불신자의 상태가 비참한가?

아무리 잘 먹고 잘 살아도 빚이 많으면 마음이 편안하지 못 한 것처럼 아무리 돈이 많아 재벌로 산다하지만 죽음 앞에는 불행한 것처럼 아무리 호의호식하고 좋은 옷을 입고 좋은 집에 산다 하더라고 부도가 나서 도망 다니는 신세는 행복이 없다. 불신자가 세상 것들을 많이 가졌다는 것은 하나님이 그들에게 잠깐 보관하고 있게 하신 것이다. 불신자들이 성공한 것 같지만 그 날들은 잠깐이다.

④ 마음의 상처로 육신에 질병이 생긴다.

병원에 가보면 거의 다 신경성 위장병, 신경성 무슨 병이라고 진단이 많이 나온다. 이것은 마음에 평강이 없어서 그렇다. 눅7:21에 "마침 그 시에 예수께서 질병과 고통과 및 악귀들린 자를 많이 고치시며 또 많은 소경을 보게 하신지라"라고 했고, 막3:10에 "이는 많은 사람을 고치셨으므로 병에 고생하는 자들이 예수를 만지고자 하여 핍근히(밀어 닥침) 함이더라"라고 했다. 오늘날 의술이 발달하여 첨단으로 의료기가 발달하고, 대형 병원도 많은데 난치병과 희귀병은 더 많아져 가고 있는 실정이다. 이 모든 질병이 창3장에서 마귀의 말을 듣고 범죄함으로 온 저주들이다.

⑤ 결국 한 번은 누구나 이 세상을 떠나게 되는데 지옥으로 가게 된다.

히9:27에 "한번 죽는 것은 사람에게 정하신 것이요 그 후에는 심판이 있으리니"라고 했다. 왜 인간은 이 세상에 태어났으면 행복하게 오래 살면 좋겠는데 일찍 단명(短命)하는가? 원인을 성경에만 말하고 있다. 하나님은 천지 만물을 만드시고 인간을 자기 형상대로 창조하시고 에덴동산에서 행복하게 살도록 하셨다. 그러나 한 가지 행위 언약을 주셨는데 창2:17에 "선악을 알게 하는 나무의 실과는 먹지 말라 네가 먹는 날에는 정녕 죽으리라"라고 하셨다. 그 때 마침 사탄도 이 사실을 알고는 인간을 망하도록 하려는 괴술을 사용하게 되어 뱀을 이용하게 되었다. 그 뱀이 인간을 유혹하므로 그 실과를 따먹게 되었다. 그 때부터 인간은 불행하게 되었다(창3장). 이것을 원죄라고 한다. 주님은 자신이 전하시는 복음의 말씀을 깨닫지 못하고 믿지 않는 서기관들과 바리새인들을 향하여 말씀하시기를 마23:33에 "뱀들아 독사(사탄)의 새끼들아 너희가 어떻게 지옥의 판결을 피하겠느냐?" 라고 하셨다. 눅16장에 보면 가난하게 살던 거지 「나사로」는 믿음으로 아브라함 품(낙원)에 안기게 되었고 부자도 결국은 죽었는데 믿지 않았기 때문에 지옥에 가서 고생하는 내용을 말씀하고 있다. 그러므로 불신자들은 아무리 착하고 좋은 일을 많이 하고 노력해도 죽어서 결국은 지옥에 가게 된다.

전쟁이 일어나 어린 아이들이 죽어간다면 어린 아이들에게 무슨 책임이 있는가? 이 땅에는 싸움과 전쟁이 끊어지지 않는다. 이것이 타락한 인간의 모습이다.

⑥ 우상숭배 즉 마귀를 섬기다가 후손까지 망한다.

불신자들은 마귀의 자녀이기에 마귀를 섬기는 우상숭배(조상제사)를 할 수 밖에 없다. 그런데 성경에는 우상숭배하면 삼사대로 후손이 망한다고 한다(출20:4-5). 불신자들의 후손들은 아무리 자기가 잘 해보려고 노력해도 망할 수 밖에 없다. 이 사실들의 원인을 불신자들이 모르고 있다. '왜 우리 가정이 망하고 파괴될까!' '이름 모를 질병으로 시달리게 될까!' 하고 온갖 방법으로 노력을 해보나 결국은 점을 치고 굿을 해보아도 더 심하게 되어 포기상태에 있게 되고 좌절하고 절망 속에서 결국은 술과 마약에 빠지고 더 심하게 되면 악한 영이 역사하여 시달리다가 심지어 자살까지 하게 되는 것을 우리는 많이 본다.

3) 복음을 이해하고 그 능력을 믿고 체험한 증거를 말해야 한다.

바울이 말하기를 롬1:2-4에 "이 복음은 ······곧 우리 주 예수 그리스도시니라"라고 말하고 있다. 또 바울은 고전1:18에 "십자가의 도가 멸망하는 자들에게는 미련한 것이요 구원을 얻는 우리에게는 하나님의 능력이라"라고 했고, 롬1:16에 "내가 복음을 부끄러워하지 아니하노니 이 복음은 모든 믿는 자에게 구원을 주시는 하나님의 능력이 됨이라"라고 했고, 고전1:24에 "그리스도는 하나님의 능력이요"라고 했다. 그래서 바울은 갈6:14에 "그러나 내게는 우리 주 예수 그리스도의 십자가 외에 결코 자랑할 것이 없으니"라고 했다. 그래서 바울은 이 복음인 예수 그리스도가 능력이라고 말하고, 그리고 바울은 그리스도의 능력을 체험하고 그리스도만을 전하기로 작정했다.

베드로도 예루살렘 성전에 기도하러 올라가다가 성령충만 하여 날 때부터 앉은뱅이 된 자를 보게 되었다. 행3:6에 "베드로가 가로되 은과 금은 내게 없거니와 내게 있는 것으로 네게 주노니 곧 나사렛 예수 그리스도의 이름으로 걸으라"라고 했더니 앉은뱅이가 일어났다. 예수 그리스도의 이름은 권세가 있고, 능력도 나타나게 되는 최고의 이름이다. 그 일로 말미암아 베드로는 유대인들과 예루살렘에 사는 많은 무리들을 향하여 이렇게 말했다. "생명의 주를 죽였도다. 그러나 하나님이 죽은 자 가운데서 살리셨으니 우리가 이 일에 증인이로라. 그 이름을 믿으므로 그 이름이 너희 보고 아는 이 사람을 성하게 하였나니 예수로 말미암아 난 믿음이 너희 모든 사람 앞에서 이같이 완전히 낫게 하였느니라. 형제들아 너희가 알지 못하여서 그리 하였으며 너희 관원들도 그리 한 줄 아노라"(행3:15-17)라고 선포하고, 또 베드로는 자기를 헐뜯어 핍박하고 위협하는 대제사장과 관원, 장로, 서기관에게 담대하게 말하기를 "다른 이로서는 구원을 얻을 수 없나니 천하 인간에 구원을 얻을만한 다른 이름을 우리에게 주신 일이 없음이니라"(행4:12)라고 했다.

4) 주님이 우리가 복음을 전할 때 가르쳐 주시고 생각나게 하신다.

요14:26 보혜사 곧 아버지께서 내 이름으로 보내실 성령 그가 너희에게 모든 것을 가르치시고 내가 너희에게 말한 모든 것을 생각나게 하시리라.
막13:11 사람들이 너희를 끌어다가 넘겨 줄 때에 무슨 말을 할까 미리 염려치 말고 무엇이든지 그 시에 너희에게 주시는 그 말을 하라 말하는 이는 너희가 아니요 성령이시니라.

흔히 복음을 전해보면 불신자들이 "예수쟁이 말 잘한다"는 말을 하는 이유가 여기에 있다. 신약시대에 갈릴리 사람들이 복음을 전하니 그 당시 종교지도자들은 이해가 안 되었다. 어떻게 해서 저들이 유창하게 메시지를 전하는지 놀랐다.

행2:7 다 놀라 기이히 여겨 이르되 보라 이 말하는 사람이 다 갈릴리 사람이 아니냐?

그리고 주님이 직접 전도현장에 역사하시고 또 증거하신다.

막16:19-20 주 예수께서 말씀을 마치신 후에 하늘로 올리우사 하나님 우편에 앉으시니라. 제자들이 나가 두루 전파할새 주께서 함께 역사하사 그 따르는 표적으로 말씀을 확실히 증거하시니라.

5. 복음 전도 방법

1) 전도를 위한 준비

① 복음을 먼저 이해하고 전도훈련이 된 전도자가 있어야 한다.

"그 중에서 열둘을 택하여"(눅6:13)라고 한 것처럼 주님의 전도방법은 사람이다. 주님의 관심은 군중(많은 사람들, 무리)을 이끌 프로그램에 있지 않았고, 그 군중이 따를 사람(제자)들에게 있었다. 놀랍게 보일지 모르지만, 예수님은 전도운동을 조직하거나 심지어 공적으로 설교를 하기도 전에 이러한 사람(제자)을 모으기 시작하셨다(요 1:35-51). 즉 찾아서 부르셨다. 그리고 소수(小數)에 집중(集中)하셨다. 그 후 그(제자)들은 교회에서 아주 영향력 있는 일군들이 되었다.[10] 아무리 전도를 하려고 노력을 해도 전도훈련을 받은 제자가 없으면 전도는 불가능하고 전도사역을 지속할 수 없다.

② 그리고 전도할 수 있도록 시스템(System)이 필요하다.

지역을 분석하고 전도를 실시할 베이스(base) 캠프(camp)가 있어야 한다. 행16:13-15에 보면 바울이 빌립보지방에 가서 기도하려고 강가에 가다가 여인들이 모여 있었는데 마침 하나님이 준비해 놓으신 「루디아」라는 한 여자의 마음을 주님이 여셨다. 그리고 그 집(System)에서 바울이 전도활동을 하게 되었다. 바울이 감옥에서 나와 다시 「루디아」 집(System)에서 말씀을 전하게 된다(행16:40). 그리고 데살로니가 지역에 가서는 「야손」의 집에서 말씀을 전했고(행17:1-15), 고린도

---

10) 로버트 콜먼 「주님의 전도계획」 생명의 말씀사 1980. 5. 25. p. 21-23

에서는「브리스가」와「아볼로」의 집에서 말씀을 전했다(행18:1-22).

③ 전도지와 메시지 테이프(Tape), 전도책자, 복음 전도에 관한 영상물, 인터넷(internet)자료 등이 준비되어 있어야 한다.

전도현장에서 실제로 전도를 해보면 이 사람에게 무엇이 필요한지 알 수 있다. 어떤 사람에게는 너무 바쁘게 살기 때문에 메시지 테이프를 주고, 어떤 사람에게는 전도책자를 주기도 한다. 아니면 다시 만나 주어야 할 사람이 많다. 이 때는 양육을 해야 한다. 그래서 전도자는 항상 전도 자료들을 가지고 다니는 것이 좋다. 언제 루디아와 야손, 브리스가 아굴라 부부 같은 자를 만날지 모른다.

필자는 모태신앙인이며, 나의 할아버지께서 예수님을 믿게 된 이야기는 아주 재미있다. 할아버지는 말을 타시고 여행하시기를 좋아하셨다. 하루는 대구역전 길가에 헌책을 파는 노전에서 '귀신 쫓는 책'[11]이구나"라고 하면서 밀양읍내 야소선생(목사)을 찾아 갔다. 초가지붕에 나무 십자가(十字架)를 세워 놓은 조그마한 교회였다. 목사님 사택에 들어가 일주일(一週日) 동안 성경공부를 하게 되었다. 거기서 회개하고 예수님을 영접하고 믿게 되었다. 그 후 온 가족이 예수님을 믿게 되었다. 이것이 우리 가정에 복음이 들어온 역사(歷史)다. 소책자 한권을 통해 우리 가문이 살게 되었다. 지금은 수백 명이 예수

---

11) 아마 그 당시 선교사들이 만든 요한복음서(쪽복음)로 추측이 되는 책을 보게 되었다. 가다가 다시 돌아와 헌책장사에게 물었다. "이 책을 사가고 가면 정말 귀신을 내어 쫓을 수 있소?"라고 하니 책장사는 책 파는 것이 목적이 아닌가? "그렇소, 이 책을 사가지고 가면 귀신을 내어 쫓을 수 있소?"라고 하자 그 책을 사게 되었다. 아무리 읽어 봐도 이해가 되지 않았다. 답답해서 그 책을 가지고 "야소쟁이)) 야소(耶蘇): 옛날에는 '예수'를 '야소'라고 했다. 지금도 중국에서는 '예수'를 '耶蘇'라고 한다.

님을 믿게 되었다. 물론 우리 고향 마을에 교회를 설립하게 되었고, 수천 명이 복음을 듣게 되었다. 이렇게 보면 전도지 한 장이 얼마나 중요한지 깨달아야 한다.

2) 전도자는 현장을 두고 기도해야 한다.

「캠프는 영적싸움의 현장이다.」 a city; a town; 『대도시』 a metropolis 미국 「콜로라도스프링스」 도시(city)는 사탄 종교가 득세하고 가장 범죄 사건도 많고, 목사들의 무덤이라고 할 만큼 교회가 분열되고 성장을 못하는 비참한 도시였다. 1985년 「테드 헤가드」 목사님이란 분이 부임한 이후 새생명교회(New Life Church)를 개척하고 그 도시를 장악하고 있는 흑암의 영(靈)을 결박하는 기도를 시작했다. 성경에는 「마귀를 대적하라!」고 하셨다.

> 약4:7 그런즉 너희는 하나님께 순복할지어다. 마귀를 대적하라. 그리하면 너희를 피하리라.
> 막16:17 믿는 자들에게는 이런 표적이 따르리니 곧 저희가 내 이름으로 귀신을 쫓아내며 새 방언을 말하며
> 창3:15 내가 너로 여자와 원수가 되게 하고 너의 후손도 여자의 후손과 원수가 되게 하리니 여자의 후손은 네 머리를 상하게 할 것이요 너는 그의 발꿈치를 상하게 할 것이니라 하시고

건물을 향하여 기도하고 악한 집단이 건물을 장악하지 못하도록 기도했고 (우리 지역에도 이슬람사원이 있다.) 전화번호부에 이름들을 5명씩 오려 교인들로 기도하도록 했고 길 골목을 두고 흑암세력을 꺾었다. 사탄의 활동이 구체적인 이 도시는 소가 피 한 방울 흘리지

않고 내장이 도려난체 죽어 있다든지, 아이들로 하여금 사탄 교회에 와서 사탄 체험을 하도록 하여 교회에 가면 아무런 체험이 없으니 예수는 존재치 않고 사탄만이 존재한다고 가르치는 사탄의 도시였다고 한다. 「헤가드」 목사님과 지역의 목사님들과 교인들은 마음과 뜻을 같이 연합하여 영적인 전쟁을 선포하고 구역을 나누어 전도하고 악령을 결박한 결과, 악한 집단들이 퇴각하고 범죄가 현저히 줄고 기독교 기관들이 이 도시에 대거 들어오고 교회는 크게 부흥되고 깨끗한 도시가 되었다고 한다. "연합하자, 지옥의 길을 막아라"고 외쳤다고 한다.

우리가 사는 도시 마을이 소돔과 고모라가 되어 간다고 한탄하고 있다. 즉 사탄의 계획대로 되어가서 되겠는가. T.V.방송, 신문, 잡지, 문화, 경제, 정치 속에 사탄의 입김이 판을 치고 귀신 문화가 지배하고 있다. 우리 신자들은 이 사탄의 활동을 주 예수님의 이름으로 결박시켜야 한다. 길거리 마다 우리 한 명씩 책임지고 기도해야 겠다. 한 지역을 책임질 수 있는 전도자가 필요하다. 우리가 사는 지역을 소돔과 같이 비참하게 멸망당하도록 그냥 둘 수는 없다. 요소요소마다 장악을 하고 있는 사탄을 결박하여 구원의 도시를 만들어야 한다. 내가 사는 지역은 내가 책임져야 한다. 영적전쟁을 선포하고 싸워야 한다 (엡6:10-20). 그 만큼 우리의 기도가 중요하다. 그러므로 본격적으로 지역의 흑암을 꺾는 기도를 해야 겠다.

전도 현장에는 성령님도 역사하시지만 사탄이 방해를 한다. 그래서 악령(흑암의 세력)을 꺾는 기도를 해야 한다. 바울은 고후4:3에 "만일 우리 복음이 가리웠으면 망하는 자들에게 가리운 것이라. 그 중에 이 세상 신이 믿지 아니하는 자들의 마음을 혼미케 하여 그리스도의 영광의 복음의 광채가 비춰지 못하게 함이니 그리스도는 하나님의 형상이니라"라고 했고, 고전1:18에 "십자가의 도가 멸망하는 자들에게는 미련한 것이요"라고 했다.

나원용 목사는 "사람이 어느 때 듣지 못하는가. 먼저 부르는 소리가 작을 때. 그러나 하나님의 음성은 우리 영혼의 귀에 울리기에 결코 작지 않다. 주님의 음성은 지금도 큰 소리로 와 닿는다. 그 다음 소음의 방해가 있을 때 듣지 못한다. 마귀의 방해로 하나님의 음성을 듣지 못할 때가 있다. 그러나 그것보다는 내 속의 범죄로 인해 심령이 어두워서 못 듣는 것이다. 그리고 다른 생각을 하고 있을 때 우리는 듣지 못한다. 세상의 헛된 생각으로 인생을 허비하는 사람은 하나님의 음성을 듣지 못한다"[12]고 했다. 그리고 관심이 엉뚱한데 있기 때문에 복음 메시지가 들리지 않는다. 들어도 이해를 못하도록 사탄이 그 심령을 혼미케 했기 때문이다. 그러므로 우리가 전도현장에서 실제로 전도를 해보면 기도를 안할 수 없다.

3) 현장을 정복하자.

바울 사도는 골2:14에 "그리스도는 악한 흑암 세력을 십자가(十字架)로 정복하셨다"고 했다. 그리고 롬16:20에도 "평강의 하나님께서 속히 사단을 너희 발 아래서 상하게 하시리라"라고 했다. 이 말은 하나님이 우리 인간을 창조하실 때 만물을 정복하고 다스리도록 하셨다.[13] 사탄의 유혹으로 선악과를 따 먹으므로 그 권세를 상실했지만

---

12) 김상길 「겨자씨」 국민일보 1996. 11. 1. p. 119
13) 창1:26-28 하나님이 가라사대 우리의 형상을 따라 우리의 모양대로 우리가 사람을 만들고 그로 바다의 고기와 공중의 새와 육축과 온 땅과 땅에 기는 모든 것을 다스리게 하자 하시고, ……생육하고 번성하여 땅에 충만하라, 땅을 정복하라, 바다의 고기와 공중의 새와 땅에 움직이는 모든 생물을 다스리라 하시니라.

예수 그리스도를 믿고 영접하는 자[14]는 다시 이 권세를 회복하는 것이다. 주님은 눅10:19에 "내가 너희에게 뱀과 전갈을 밟으며 원수의 모든 능력을 제어할 권세를 주었으니 너희를 해할 자가 결단코 없으리라"라고 말씀하시면서 전도자에게 권세를 주셨다. "너희를 해할 자가 결단코 없으리라"는 말은 헬라어로 οὐδὲν ὑμᾶς οὐ μὴ ἀδικήσῃ. 인데 οὐ μὴ는 두 단어가 다 부정불변사이므로 헬라어에서 두 번 연속 나오는 것은 매우 강조하는 강조형이 된다. 그러므로 아무리 강한 존재가 우리 전도자를 괴롭힌다 하더라도 결코 해칠 수 없다는 말씀이다. 바울은 롬8:31에 "그런즉 이 일에 대하여 우리가 무슨 말하리요. 만일 하나님이 우리를 위하시면 누가 우리를 대적하리요"라고 말했다.

축구 선수가 안방에서 훈련이 될 수 없듯이 전도도 현장에서 되어진다. 그래서 주님은 "너희는 가서 모든 족속으로 제자를 삼아"(마28:19)라고 하셨고, "온 천하에 다니며 만민에게 복음을 전파하라"(막16:15)라고 하셨다. 전도 현장이 없이 책상 앞에서 만든 전도학이라면 별로 소용이 없을 것이다. 실제로 전도 현장에서 불신자의 상태를 알고 보면 전도할 마음도 생기고 전도 훈련도 되어진다.

그러므로 주님은 제자들을 주로 갈릴리 바다나 들판으로, 산으로, 시골이나 촌으로 다니면서 복음을 전하시면서 특별히 제자들을 전도 현장에서 훈련을 시키셨던 것을 우리는 볼 수 있다. 그래서 「이호운」 목사(1951)는 찬355장 2절에 이렇게 찬송 가사를 지었다. "아골 골짝 빈들에도 복음 들고 가오리다. 소돔 같은 거리에도 사랑 안고 찾아가

---

14) 요1:12 영접하는 자 곧 그 이름을 믿는 자들에게는 하나님의 자녀가 되는 권세를 주셨으니

서 종의 몸에 지닌 것도 아낌없이 드리리다."

4) 회당을 회복하자(후대를 위해).

유대인들은 회당전략을 세워서 세계적인 민족이 되었다. 회당이란? 히브리어로 מוֹעֵד(모에드) 또는 מֹעֵד(모에드) 또는 여성형 מוֹעָדָה(모아다)인데(시74:8), 본래 의미는 '지정', 즉 고정된 때 또는 '계절', 특히 '절기', 관례적으로 '한 해', 함축적으로 '회집(會集)'(일정한 목적으로 모인), 전형적으로 '회중(會衆)', 연루된 의미로 '집회 장소', 또한 (미리 지정된) '신호', 지정된(신호, 때), 집회 장소, 성회(聖會), 절기란 뜻이다. 이 מוֹעֵד(모에드)는 יָעַד(야아드)에서 유래했다. יָעַד(야아드)의 뜻은 '정하다' (합의나 약속으로); 함축적으로 (어떤 정해진 시간에) '만나', (법정에) '소집하다', (어떤 자리나 지위에서) '지시하다', (결혼을 위해) '약혼하다', 동의하다, 정하다 (약속하다, 때를 정하다), 모으다(모이다), 약혼하다,(함께) 만나다, 시간을 정하다. 고정시키다, 지적하다, 세우다, 약혼시키다라는 뜻이다. 헬라어로는 συναγωγή(쉬나고게)인데, συναγωγή(쉬나고게)의 뜻은 사람의 '회합', 특히 유대인의' 회당' (모임 또는 장소), (유추적으로)기독교인의 교회, 회당, 회합, 집회, 함께 모임, 함께 모인 사람들, 수확이란 뜻이다.(synagogues, a gathering together). 유대인의 회당은 또한 재판이나 자녀를 위한 교육(학교) 등의 장소로서의 지역 공동체의 중심이기도 했다. 바벨론 포로 이전에 있어서의 예배의 중심은 예루살렘 성전이었는데, 그런 중에서도 이 지방 회당의 역할은 컸다(렘 36:6,10,12-15). 그리고 회당의 중요성이 특히 커진 것은 성전을 잃고 포로된 때부터였다. 물론, 성전 예배로 행해지고 있던 희생 제사를 회당이 대행할 수는 없었지만, 주로 율법교육의 장소로서 신앙의 전통을 지키는 일을 했다. 그리고 신약시대에 이르기까지 유대인 사회가 있는 곳에는 어떤 장소에나 회당은 건설되어 있었다(행 13:5, 14:1, 17:10). 그 각각의 회당은 백성의 장로들에 의해 관리되고(눅 7:3-5), 또 회당장이 여러 가지 일의 지도를 했다(막 5:22,눅13:14, 행 13:15). 그러나 동시에 적당한 사람이면 누구든 집회에서 말하는 것이 허용되어 있어서 예수님께서도 이 회당에서 설교하셨고, 바울과 바나바도 회당에서 설교했다(눅 4:16, 마 4:23, 행 13:15). 유대인은 안식일마다 회당에 모이고, 다시 주(週)의 제2일과 제5일에도 율법의 낭독을 위해 모였다(행15:21). 집회 예배에서는 주로 신6:4-9, 11:13-21, 민15:37-41 등의 중요 성구들을 낭독하고, 이어서 기립하여 기도하고(마6:5), 그 후 성서의 낭독과 해석 등이 행해졌다. 회당에는 낭독용의 책상, 걸상, 율법서를 두는 성궤 등이 비치되고, 회중은 남녀별로 착석했다. 회당의 존재와 활동은 포로 후의 유대인 사회의 형성 단결뿐만 아니라 종교적 전통의 보전, 국민교육의 철저, 또는 외지(外地)의 유대인($\delta\iota\alpha\sigma\pi o\rho\acute{\alpha}$ 디아스포라, dispersion)[15]의 결속에 큰 역할을 하였고, 또 초기의 그리스도교 전도에 있어서는 하나의 좋은 발판이 되었다. 예수 및 초대의 제자들이 이 유대교의 거점이라고 할만한 회당에서 먼저 전도의 장소를 얻었다는 것과 바울 등이 복음 사역을 위해 항상 들어가곤 했던 일 등을 기억해야 할 것이다(눅 4:16, 마 4:23, 행 13:43, 17:4, 18:19등).[16] 그래서 우리도 곳곳에 후대를 위한 기

---

15) $\delta\iota\alpha\sigma\pi o\rho\acute{\alpha}$(디아스포라) '분산(分散)', 즉 (특히 구체적으로) 이방나라에 거주하는 (개종한) '이스라엘인', (널리)흩어진 것 <요 7:35>. dispersion; 흩어짐, 분산, 외국에 흩어진 이스라엘 백성, 이방에 널리 흩어진 그리스도인
16) 디럭스 바이블

독교 복음적인 말씀운동을 할 회당이 필요하다. 거기서 후대를 키워야 한다. 말씀운동을 한 선교단체들(C. C. C. 네비게토, U. B. F. 등)은 어느 정도 성공을 했다고 본다. 아쉬운 점은 교회화(敎會化) 하지 못하였기 때문에 지속(평생교육)하지 못한 점이 아쉽다. 그러나 이런 선교단체들은 한 때 학원을 휩쓸었다.

너무나 어려운 환경을 가진 가정에서 다섯 살 때 어머니를 잃고 새 어머니 밑에서 냉대와 멸시에 시달려 자라온 소년이 있었다. 소년은 사랑의 결핍 속에서 성장했고 정서상 심각한 타격을 입었다. 그의 어린 시절은 우울했고 성격은 매우 폐쇄적이었다. 그러나 그는 성경을 읽고 묵상하는 일만이 유일한 일이었다. 어느 날 말씀을 읽고 있다가 성령님께서 깨달음을 주셨다. '예수님이 내 모든 문제를 해결해 주신 그리스도이시구나' 라고 깨닫게 되었다. 그 때 다음과 같이 결심했다. "어린 시절을 나처럼 불우하게 보내는 어린이들이 있어서는 안 된다." 그는 아픈 과거를 거울삼아 어린이를 사랑과 정성으로 가르칠 교육기관을 만들었다. 이 사람이 바로 유치원을 최초로 설립한 독일의 「프뢰벨」이다. 어린 시절의 아픔과 상처도 복음만 제대로 깨닫게 되고 복음을 누리게 되면 인생의 소중한 자산이 된다.

5) 공동체 훈련이 필요하다.

① 기초 합숙훈련을 통해서 메시지(복음)를 이해하게 하고, 기도 응답 받도록 하고, 전도현장에서 전도가 되어지는 것을 체험하게 해야 한다. 전도는 하나님의 일이기 때문에 하나님이 되게 하신다. 주님이 함께 하시고(막3:13-15, 요14:16-17, 26, 27, 행1:8) 주님이 함께 직접 역사(役事)하신다(막16:20).

② 팀 합숙훈련-만남의 축복을 알게 하고, 전도자로 사명을 깨닫도록 해야 한다. 디모데가 바울같이 훌륭한 전도자를 만났기 때문에 초대교회에 처음으로 목사님이 된 것이다. 바울을 만나 지속적으로 말씀훈련을 받았던 사람들은 다 제대로 전도자로 쓰임 받았던 것을 볼 수 있다.

③ 전도제자만 따로 지속적으로 훈련이 필요하다. 계속 전도 잘 할 수 있도록 도와줘야 한다. 이 훈련은 가정(家庭)에서나 어느 사무실이나 어떤 공간이던지 할 수 있다. 많은 경비나 시설이 필요 없다. 전도제자를 계속적으로 도와주는 가정에 얼마나 하나님이 관심을 가지고 복을 주실까?

④ 계층별(태아, 영아, 초, 중, 고, 대학생으로) 전문별 직업별로 모아 양육하며 전도할 수 있어야 한다. 직장이나 회사, 학교 등에 가서 복음을 전해야 한다. 어느 가정에 말씀을 전하는데 그 집에 아이들이 있다면 학교에 연결되어 말씀운동을 하면 되고, 가족 중에는 직장생활을 하는 자도 있을 수 있으니 직장에 들어가서 복음을 전하면 된다. 이렇게 전하는 것을 계층별 혹은 전문별 사역이라고 한다.

그리고 유대인들은 어린 아이들의 조기교육의 중요성을 알고 있었다. 그래서 세계적인 민족이 된 것이다. 아이들은 엄마를 좋아한다. 엄마가 전하는 복음은 100% 믿는다. 성경에 출애굽시대 「요게벳」은 바로 왕궁에서 모세를 길렀다. 생명을 담보로 하는 위험을 무릅쓰고 자기 젖을 먹이며 자기 친 아들인 언약의 백성 모세를 하나님의 언약의 말씀으로 양육한 것이다. 그래서 모세는 세계적인 인물이 되었고 이스라엘을 구원하였으며 하나님의 소원(계획)은 성취된 것이다.

⑤ 전도CAMP훈련 – 처음엔 그 지역을 세밀히 분석하고, 그 다음 System을 구축한 곳을 CAMP로 삼고, 그 지역에 복음을 듣지 못한 사람이 한 사람도 없도록 흑암으로 덮여 있는 그 곳에 빛을 발하는 것이다(사60:1-22).

하나님은 천지를 창조하실 때 제일 먼저 빛을 창조하셨다(창1:3). 그리고 그리스도께서 이 땅에 생명의 빛으로 오셨다(요1:4-5). 주님은 마5:14에 "너희(신자)는 세상의 빛이라"라고 하셨다. 그래서 우리는 전 지역과 이 나라와 온 세계에 빛을 발해야 한다. 이것만이 민족과 세계 살릴 길이다. 이상 5가지를 다 할 수 있는 것이 전도를 위한 공동체훈련이다.

6) 사실은 다른 전도방법이 없다. 성령님의 역사가 있어야 한다.

각종 가전기구(家電機具)들은 그 속에 힘을 전달하는 모터(motor)가 있다. 이 모터를 돌아가게 하려면 발전소에서 공급하는 전기가 들어와야 한다. 이와 같이 우리가 전도를 하는 데는 인간의 능력으로는 불가능하다. 주님이 성령의 능력을 공급하셔야 한다.

전도는 주님의 일이요 주님이 성령으로 역사하셔야 가능(可能)한 일이며, 그리고 전도자와 함께 주님이 성령으로 역사하신다(막3:13-15, 마28:16-20, 행1:8, 막16:15-20). 대부분 많은 성도들이 '전도는 어렵다'고 생각을 하고 전도를 잘 안하고 있다. 그러나 행11:21에 "주의 손이 그들과 함께 하시매 수다한 사람이 믿고 주께 돌아오더라"라고 한 것처럼 주님이 성령으로 함께 역사 하셔야 전도는 되어진다. 성령님이 역사하시면 전도는 너무 쉽다. 그래서 부활하신 주님은 행1:8에

"오직 성령이 너희에게 임하시면 너희가 권능을 받고 예루살렘과 온 유대와 사마리아와 땅 끝까지 이르러 내 증인이 되리라 하시니라"라고 하셨다. 성령님이 역사하셔야 권세와 능력이 나타나고 증거가 일어난다. 그리고 전도자는 증인이 된다. 증인(證人)이란 말은 헬라어로 μάρτυς(말튀스)인데 목격자(目擊者), 증인(證人), 순교자(殉敎者)란 뜻이다. 그래서 베드로는 행4:20에 "우리는 보고 들은 것을 말하지 아니할 수 없다"라고 했다. 고로 우리가 전도자라면 그리스도를 체험하고 그 이름으로 응답받은 것을 말하는 증인(證人)이요, 이 복음을 전하기 위해 생명 걸고 헌신하는 순교자(殉敎者)가 되어야 할 것이다. 시대적인 인물로 하나님께 쓰임받을 주의 제자들은 이와 같아야 한다.

그리고 성령님이 역사하셔야 전도 대상자가 마음 문을 열게 된다 (행16:14). 또 성령님이 역사하시면 전도 현장에 분위기가 즐거움과 기쁨으로 충만하게 된다. 왜냐 하면 복음은 크고 기쁜 소식이니까(눅2:10).

그러므로 전도자에게 반드시 성령님이 역사하셔야 한다.

6. 전도자의 사명

"저희가 날마다 성전에 있든지 집에 있든지 예수는 그리스도라, 가르치기와 전도하기를 쉬지 아니하니라."(행5:42)

우리 주님은 마10:39에 "자기 목숨을 얻는 자는 잃을 것이요. 나를 위하여 자기 목숨을 잃는 자는 얻으리라"라고 하시면서 제자들에게 전도의 사명을 고쳐시켜 주셨다. 그리고 마16:24에도 "이에 예수께서 제자들에게 이르시되 아무든지 나를 따라 오려거든 자기를 부인하고 자기 십자가를 지고 나를 좇을 것이니라"라고 하셨고, 마19:29에도 "또 내 이름을 위하여 집이나 형제나 자매나 부모나 자식이나 전토를 버린 자마다 여러 배를 받고 또 영생을 상속하리라"라고 하셨다.

바울은 행20:23-24에 "오직 성령이 각 성에서 내게 증거하여 결박과 환난이 나를 기다린다 하시나, 나의 달려갈 길과 주 예수께 받은 사명 곧 하나님의 은혜의 복음 증거하는 일을 마치려 함에는 나의 생명을 조금도 귀한 것으로 여기지 아니하노라"라고 전도의 사명을 확실하게 깨달았기 때문에 세계복음화를 할 수 있었다. 또 빌1:20-21에 "나의 간절한 기대와 소망을 따라 아무 일에든지 부끄럽지 아니하고 오직 전과 같이 이제도 온전히 담대하여 살든지 죽든지 내 몸에서 그리스도가 존귀히 되게 하려 하나니 이는 내게 사는 것이 그리스도니 죽는 것도 유익함이니라"라고 했고, 딤후4:7-8에 "내가 선한 싸움을 싸우고 나의 달려갈 길을 마치고 믿음을 지켰으니, 이제 후로는 나를 위하여 의의 면류관이 예비되었으므로 주 곧 의로우신 재판장이 그 날에 내게 주실 것이니 내게만 아니라 주의 나타나심을 사모하는 모든 자에게니라"라고 한 것처럼 바울은 전도에 관하여 생을 걸었다.

7. 복음 전도를 위한 제자 훈련

1) 제자 훈련은 주님의 명령이다.

주님은 마 28:19-20에 "모든 족속으로 제자를 삼아 ……. 가르쳐 지키게 하라"라고 하셨다. 그리고 막13:10에 "또 복음이 먼저 만국에 전파되어야 할 것이니라"라고 하셨고, 막16:15에도 "또 가라사대 너희는 온 천하에 다니며 만민에게 복음을 전파하라"고 하셨다.

"제자를 삼아"라는 말씀은 헬라어로 $\mu\alpha\theta\eta\tau\epsilon\upsilon\sigma\alpha\tau\epsilon$(마데이튜사테) ← $\mu\alpha\theta\eta\tau\epsilon\upsilon\omega$(마데튜오)인데, '학생이 되다' (자동사), '제자를 만들다' (타동사), 즉 학자(學者)로 등록하다, 교훈(敎訓)하다, 가르치다, '제자가 되다, 제자를 만들다, 교육하다' (to teach, to become a disciple; and teach, and make)라는 뜻이다.

"가르쳐 …… 하라"라는 말씀은 헬라어로 $\delta\iota\delta\alpha\sigma\kappa o\nu\tau\epsilon s$(디다스콘테스 Teaching) ← $\delta\iota\delta\alpha\sigma\kappa\omega$(디다스코)인데, $\delta\iota\delta\alpha\sigma\kappa\omega$는 기본동사 $\Delta A\Omega$(dao '배우다')의 〈사역적 연장형〉이다.[17] 그러므로 잘 배워야 잘 가르칠 수 있다. 주님이 무엇을 어떻게 가르치셨는지 잘 알고, 먼저 주님의 제자가 되어야 다른 제자를 양육할 수 있다. '제자'라는 말은 헬라어로 $\mu\alpha\theta\eta\tau\eta s$(마데테스 a disciple)인데, '배우는 사람,' 즉 '학생', '제자(弟子)'라는 뜻이다. $\mu\alpha\theta\eta\tau\eta s$(마데테스)는 $\mu\alpha\nu\theta\alpha\nu\omega$(만다노 to learn)에서 온 말인데, '배우다,' '이해하다' 라는 뜻이다. 역시 잘 배우는 자가 제자가 될 수 있다. 그리고 주님이 부활하셔서 승천하시기 전에 중요한 메시지를 제자들에게 주셨다. 행1:8 "내 증인이 되리라." '증인(證人)'은 헬라어로 $\mu\alpha\rho\tau\upsilon s$(말튀스 witness)인데, '증거', '순교자(殉敎者)', '목격자(目擊者)'란 뜻이다. 베드로는 행4:20에 "우리는 보고 들은 것을 말하지 아니할 수 없다"라고 했다. 복음을 전하는 전도자(증인)는 사실에 근거하고 말하는 것을 말하는데 곧 그리스도를 알고, 체험해야 한다. 그렇게 해야 정확한 복음을 전할 수

---

17) 고영민 「성서원어대사전」(헬라어 편) 기독교문사 1979년 재판 p.95

있을 것이 아닌가? 그리고 성령의 권능을 받아서 증인이 될 수 있다.

2) 주님은 제자 중심으로 사역하셨다.

마5:1에 "예수께서 무리를 보시고 산에 올라가 앉으시니 제자들이 나아온지라"라고 했고, 마8:23에 주님이 "배에 오르시매 제자들이 좇았더니"라고 했고, 또 마9:10에 "예수께서 마태의 집에서 앉아 음식을 잡수실 때에 많은 세리와 죄인들이 와서 예수와 그 제자들과 함께 앉았더니"라고 한 것처럼 주님은 제자들에게 관심이 많으셨고, 그 제자들과 함께 다니시며 함께 잡수시고 행동하셨다. 그리고 주님은 제자들을 훈련시켜야 하기 때문에 제자들과 함께 동거(同居)하셨다. 또 주님은 제자들과 교제하면서 훈련시키셨다. 그 만큼 주님은 제자 중심으로 사역하셨다. 새신자들을 교회에 잘 정착하게 하려면 주님의 방법인 동거의 원리가 아니면 어렵다. 그리고 주님은 제자들에게 "나의 멍에를 메라"고 하셨다. 그래서 우리는 주님께 순종하는 것이 배우는 길이다.

3) 그래서 전도를 위한 제자사역이 없으면 전도는 지속할 수 없다.

교회가 전도를 지속하려면 전도할 제자를 키워야 한다. 이런 말이 있다. 양 새끼를 낳을 수 있는 양 몇 마리를 가진 것과 양 새끼를 전혀 낳을 수 없는 수백 마리의 양과 수년이 지나서 어떻게 되겠는가? 우리가 생각해 볼 문제다. 그래서 교회는 전도가 되어지면 미래 소망이 있고 부흥할 것이고, 전도가 안 되어지고 전도할 제자가 양육이 안 되어지는 교회는 수년 내에 폐쇄되고 말 것이다.

> 행1:8 오직 성령이 너희에게 임하시면 너희가 권능을 받고 예루살렘과 온 유대와 사마리아와 땅 끝까지 이르러 내 증인이 되리라 하시니라.

"내 증인이 되리라"는 말씀은 헬라어로 ἔσεσθέ μου μάρτυρες (에세스데 무 말튀레스,; you shall be My witnesses)인데, ἔσεσθέ는 εἰμί(나는 된다, 내가 존재한다)의 미래, 직설법, 중간태, 디포넌트(deponent), 2인칭, 복수(複數)다. "내 증인이리라"는 뜻이 된다. 물론 "내 증인이 될 것이다"라는 뜻도 되고, "내 증인이 되어라!'는 명령도 된다. 바울 사도는 행20:24에 "나의 달려갈 길과 주 예수께 받은 사명 곧 하나님의 은혜의 복음 증거하는 일을 마치려 함에는 나의 생명을 조금도 귀한 것으로 여기지 아니하노라"라고 했고, 딤후4:6-8에 "관제와 같이 벌써 내가 부음이 되고 나의 떠날 기약이 가까웠도다. 내가 선한 싸움을 싸우고 나의 달려갈 길을 마치고 믿음을 지켰으니, 이제 후로는 나를 위하여 의의 면류관이 예비되었으므로 주 곧 의로우신 재판장이 그 날에 내게 주실 것이니 내게만 아니라 주의 나타나심을 사모하는 모든 자에게니라"라고 했다. 우리의 중심이 정말 복음을 전하기 위해서라면 주님이 제자 되게 해 주신다. 그리고 제자될 사람을 붙여 주실 것이다.[18]

---

18) 주님은 전도자인 바울 사도에게 디모데, 디도, 오네시모 같은 제자를 붙여 주셨다.

8. 복음 전도자의 축복

1) 전도자에게 약속된 상급

마19:29 또 내 이름을 위하여 집이나 형제나 자매나 부모나 자식이나 전토를 버린 자마다 여러 배를 받고 또 영생을 상속하리라.
막10:29-30 예수께서 가라사대 내가 진실로 너희에게 이르노니 나와 및 복음을 위하여 집이나 형제나 자매나 어미나 아비나 자식이나 전토를 버린 자는 금세에 있어 집과 형제와 자매와 모친과 자식과 전토를 백배나 받되 핍박을 겸하여 받고 내세에 영생을 받지 못할 자가 없느니라.

① 하나님은 방주를 만드는 노아에게 최고의 시대적인 축복을 주셨다. 하나님은 노아에게 은혜를 주셨고(창6:8), 다 멸망 받았지만 노아와 그의 가족만 구원을 받았다. 특별한 열외가 없었다. 방주 밖에 사람들은 100% 다 멸망당했다. 금번에 해저지진으로 해일이 일어나 15만 명이 죽었다. 세계가 놀랄 일이다.

② 하나님은 언약을 성취하시기 위해 아브라함에게 시대적인 응답과 복을 주셨다. 그에게 복을 주시고 천하 만민이 아브라함을 통해 복을 받도록 하셨다(창12:1-4). 이는 선교의 사명을 두고 주신 하나님의 계획이다.

③ 이삭은 「그랄」(가나안)에 그냥 이사 가지 않고 머물렀는데 그 해 100배 수확을 얻었다(창26:12). 「그랄」은 하나님의 약속의 땅인 가나안 땅이기 때문이다. 그 약속의 땅에 메시아가 오셨다(미5:2).[19]

④ 야곱은 하는 것 마다 잘되는 축복을 받았다. "내가 너와 함께 있어 네가 어디로 가든지 너를 지키며 너를 이끌어 이 땅으로 돌아오게 할지라. 내가 네게 허락(許諾)한 것을 다 이루기까지 너를 떠나지 아니하리라 하신지라"(창28:15).

⑤ 요셉은 친 어머니를 어릴 때 잃고, 어머니가 다른 형들에게 미움을 받고 살았다. 갈등이 많았다. 심지어 형들이 요셉을 죽이려고 우물에 빠뜨렸지만 마침 물이 없어 살았다. 하나님이 요셉과 함께 하시니 노예였지만 요셉을 당할 자 없었다(창39:1-6). 그리고 감옥에 들어갔지만 간수에게 은혜를 입어 감옥의 제반 사무를 책임지고, 결국 바로에게까지 신임을 얻어 그 당시 강대국인 애굽에 총리가 되었다. 요셉이 성공한 비결은 하나님이 자기에게 주신 언약(Message)을 놓치지 않았기 때문이다. 그리고 하나님을 믿었고, 하나님을 모르는 애굽 사람들에게 하나님 살아계심을 보여 주었다.

> 창39:2-3 여호와께서 요셉과 함께 하시므로 그가 형통한 자가 되어 그 주인 애굽 사람의 집에 있으니, 그 주인이 여호와께서 그와 함께 하심을 보며 또 여호와께서 그의 범사에 형통케 하심을 보았더라.

⑥ 모세를 통해 굉장한 이적과 능력이 나타났다.
출애굽, 홍해의 기적, 「마라」의 쓴물이 달아졌고(출15:23~25), 「므리바」에서 물이 없어서 어려움이 왔지만 반석을 쳐서 샘이 터지게 했다(민20:2-29), 아말렉과 블레셋과 싸워 이겼다(출17장).

---

19) 미5:2 베들레헴 에브라다야 너는 유다 족속 중에 작을지라도 이스라엘을 다스릴 자가 네게서 내게로 나올 것이라. 그의 근본은 상고에, 태초에니라.

⑦ 여호수아를 당할 자 없다(수1:3-9).

　　수1:5 너의 평생에 너를 능히 당할 자 없으리니 내가 모세와 함께 있던 것 같이 너와 함께 있을 것임이라 내가 너를 떠나지 아니하며 버리지 아니하리니

요단강 물을 멈추게 하여 건너가고, 여리고 성을 무너지게 하여 가나안 땅을 정복하게 되었다.

⑧ 신8:18에 "네 하나님 여호와를 기억하라. 그가 네게 재물 얻을 능을 주셨음이라. 이같이 하심은 네 열조에게 맹세하신 언약을 오늘과 같이 이루려 하심이니라"라고 한 것처럼 하나님의 언약이 성취되는 데 쓰임 받은 사람들은 시대적인 응답과 역사가 일어났다.

⑨ 막10:29-30 "……예수께서 가라사대 내가 진실로 너희에게 이르노니 나와 및 복음을 위하여 집이나 형제나 자매나 어미나 아비나 자식이나 전토를 버린 자는 금세에 있어 집과 형제와 자매와 모친과 자식과 전토를 백배나 받되 핍박을 겸하여 받고 내세에 영생을 받지 못할 자가 없느니라."

⑩ 마10:42, [표준새번역] "내가 진정으로 너희에게 말한다. 이 작은 사람 가운데 하나에게 내 제자라고 해서 냉수 한 그릇이라도 주는 사람은 절대로 자기가 받을 상을 잃지 않을 것이다."

⑪ 마24:14 세계복음화와 주님 재림과 직결이 되어 있다(마28:16-20). 가장 중요한 마지막 말씀이 '모든 족속으로 제자를 삼으라' 라고

하셨다. 막16:17-18에 "내 이름으로 귀신을 쫓아내며 병든 자에게 손을 얹은즉 나으리라." 행1:8에 "오직 성령이 임하시면 ……."(분사)[20] '성령님이 지금도 계속 확실하게 임하시고 계신다' 는 말씀이다.

* 하나님은 그 크신 권능(權能)으로 지극히 작은 일도 간섭하신다. 그는 우리의 머리털까지 세시며, 참새 한 마리도 그의 허락 없이는 땅에 떨어지지 않도록 하신다. 이 세상에는 작은 일이 큰 일이 될 수도 있다. 작은 불씨가 온 동네를 불태워 잿더미로 만드는 경우를 우리는 본다. 주님은 우리의 머리카락 보다 더 작은 세포조직까지 간섭하셔서 암(癌) 세포를 억제하실 수도 있다. 우리가 참새 보다 못한가? 구원 받은 하나님의 자녀로서 주님이 친히 십자가(十字架)에 달려 희생하셔야 할 만큼 우리를 귀히 여기셨는데, 특별히 전도자와는 항상 함께 하시겠다고 약속하셨다.

2) 역사적인 증거

① 하나님이 이 복음운동을 위해서 1400년 동안 축복한 이스라엘을 무너뜨렸다.
② 이 복음 때문에 유럽과 미국을 엄청나게 축복하셨다.
③ 이 복음운동의 비밀 때문에 러시아와 중국과 모든 공산국가를 무너뜨리셨다.
④ 북한만큼 저주 받은 나라도 없다. 인권은 짓밟히고, 최고로 배고픈 나라가 된 이유를 알아야 한다.

---

20) '임하시면'은 헬라어 $\dot{\epsilon}\pi\epsilon\lambda\theta\acute{o}\nu\tau o\varsigma$(에페르톤토스)인데, $\dot{\epsilon}\pi\acute{\epsilon}\rho\chi o\mu\alpha\iota$(에펠르코마이)의 동사, 분사, 과거, 능동태, 소유격, 중성, 단수이다(is come).

⑤ 한국만큼 복음을 깨달은 나라가 없고, 복음의 열정이 있는 나라도 없다. 그러므로 신앙생활에서 서론에 속지 말고, 본론에 초점을 잘 맞추어야 한다. 올바른 제자를 찾아 복음을 알게 만드는 것이 세계복음화이다.
⑥ 비텐베르크 지역의 성주(城主)가 루터가 성경 번역하도록 도왔다.
⑦ 록펠러는 미국과 후대를 위해 미국 전역에 2,000교회를 세웠다. 지금까지 록펠러 재단은 건장하고 세계인들이 우러러 보는 인물이다.

3) 하나님의 시대적인 요청 속에 들어 온 전도자들이 받은 축복

제일 안전한 투자, 가치 있는 투자는 어디에 투자할 것인가? 주님은 마6:20에 "오직 너희를 위하여 보물을 하늘에 쌓아 두라. 거기는 좀이나 동록이 해하지 못하며 도적이 구멍을 뚫지도 못하고 도적질도 못하느니라"라고 말씀하셨다. 제일 안전한 투자는 하늘에 투자하는 복음전도를 위한 투자다.

이 축복을 본 사람들은 기적이 일어났다.

① 노아는 방주 만드는데 일생을 다 바쳤다. 시간과 물질과 정성을 아끼지 않았다. 그 후로 세계적인 축복, 대표적인 축복, 시대적인 축복을 받았다. 지구촌 모든 것이 노아의 것이 되었다. 왜냐 다 죽고 없으니 말이다. 우리가 복음을 듣고 믿음으로 구원받은 것은 이와 같다 (창6:-8장).

② 아브라함이 제사장 멜기세덱에게 십일조(十一條)를 드렸다. 최초 십일조를 한 축복을 받았다. 창14:20에 "너희 대적을 네 손에 붙이신 지극히 높으신 하나님을 찬송할지로다 하매 아브람이 그 얻은 것에서 십분 일을 멜기세덱 제사장에게 주었더라"라고 기록되어 있다.

③ 모세가 가기 전에 하나님의 사자(使者)가 앞서서 행했다.
출14:19에 "이스라엘 진 앞에 행하던 하나님의 사자(使者)가 옮겨 그 뒤로 행하매 구름 기둥도 앞에서 그 뒤로 옮겨"갔다고 한다.

④ 바실래 노인이 도피하는 다윗 임금을 도왔다(삼하19:18-43).

⑤ 하나님은 선지자 엘리사를 위해 하늘의 불말과 불병거를 동원하셨다(왕하6:8-23).

⑥ 히스기아 기도하는 그 날 밤에 하나님의 사자가 앗수르 군대 18만 5천명을 완전히 전멸하셨다(왕하19:35).

⑦ 다니엘이 사자 굴에 던져지기 전에 천사(天使)가 먼저 들어가 사자(獅子)들의 입을 봉했다(단6:22).

⑧ 헤롯이 전도자인 베드로를 감옥에 가두고 죽이려고 하자 예루살렘 교회가 하룻밤 철야기도 하니 그 날 밤에 옥문이 열리고 베드로는 풀려나고 헤롯은 충이 먹어 죽었다(행12:1-25).

⑨ 롬16:1-27에 나오는 인물들은 다 세계복음화를 하는 바울의 동

역자와 친척, 생명 걸고 협력한 일꾼들이다.

「마르틴 루터」(Martin Luther 1483-1546)의 종교개혁 당시의 일이다. {멜랑톤}(Melanchton)이 낙심과 공포 가운데 있으니 루터는 매일 세 시간 동안 눈물의 기도로 승리생활을 했다. 그는 중요한 말을 했다. "만일 우리의 주장이 옳지 않으면 내던져라. 그러나 옳은 데야 왜 두려우랴! 마귀가 우리를 죽이기 밖에 더 할 것이 무엇이랴!……만일 그리스도께서 우리와 함께 안 계시면 이 우주에 어디 계시랴! 우리가 교회 아니면 교회가 어디 있는가? 바바리아의 귀족들일까? 법황일까? 터키 사람들일까? 누가 교회일까? 만일 우리가 하나님의 말씀을 가지지 않았다면 누가 가졌는가? 우리가 실패한다면 그리스도도 우리와 함께 실패하신다. 곧 우주의 대주재께서 실패하신다. 그렇다면, 나는 이 세상 권세 잡은 「가이사」와 함께 머물러서는 것보다 그리스도와 함께 실패하기를 원한다"라고 했다.[21] 정말로 언약과 복음을 깨달은 전도자는 실패 같지만 실패가 아님을 알아야 한다. 하나님은 요셉을 사용하시고, 모세와 여호수아와 다윗을 사용하셨다.

그러므로 복음전도는 주님의 소원이요 주님의 최대의 관심이 아닐 수 없다. 그리고 우리에게는 최고로 중요한 사명이다. 파수꾼은 지키는 자다. 우리가 복음의 파수꾼이라면 메시아 언약이 어떻게 성취되었는지 분명하게 알고 지켜 전해야 할 것이다.

---

21) 박윤선 「시편 주석」 p.137.

7장

결론

　언제부터인가 우리는 점점 하나님이 우리에게 주신 언약과는 무관하게 우리의 노력으로(바벨탑) 뭘 열심히 하려고 하는 양상을 많이 볼 수 있었다. 아브라함의 참된 믿음을 강조하지만 언약은 놓쳐버리고 그의 믿음과 행위만을 강조하게 되는 것을 많이 볼 수 있다. 우리가 '어떻게 살아야 하느냐?' 보다 먼저 '하나님의 약속(메시아 언약) 속에 있느냐?' 가 더 중요하다. 교회 다니며 신앙생활을 열심히 하는데 제대로 응답을 받지 못하고 믿다가 낙심하며 심지어 교회 출석까지 못하는 경우들을 많이 보고 있다. 우리가 아무리 인생의 참된 의미를 찾고 삶의 진실을 발견하게 된다 할지라도 언약을 놓쳐버리면 에서의 후손처럼 되는 것이 아닌가? (롬9:12-13「리브가」에게 이르시되 큰 자가 어린 자를 섬기리라 하셨나니 기록된바 내가 야곱은 사랑하고 에서는 미워하였다 하심과 같으니라.) 그래서 우리는 무조건 믿는 것이 아니고 하나님의 약속(언약)을 알고 구약성경이 메시아를 보내어 주시겠다고 약속하셨으니 이미 성취된 그리스도 복음을 믿어야 하는 것이다. 그래서 바울은 롬3:22에 "곧 예수 그리스도를 믿음으로 말미암아 모든 믿는 자에게 미치는 하나님의 의(義)니 차별이 없느니라"라고 했고, 또 갈3:22에 "그러나 성경이 모든 것을 죄 아래 가두었으니 이는 예수 그리스도를 믿음으로 말미암은 약속을 믿는 자들에게 주려 함이니라" 했고 사도 요한도 말하기를 요20:31에 "오직 이것을 기록함은 너희로 예수께서 하나님의 아들 그리스도이심을 믿게 하려 함이요. 또 너희로 믿고 그 이름을 힘입어 생명을 얻게 하려 함이니라"라고 했다.

그러므로 우리가 성경을 읽으며 연구하면서 메시아에 관한 하나님의 언약을 놓쳐 버리고 구약성경을 읽으면 생명 없는 껍데기를 위한 노력에 불과하고, 신약 성경을 읽으면서 메시아 언약이 성취된 그리스도가 이 땅에 약속대로 오심을 알고 믿고, 지금은 성경대로 성령으로 우리와 함께 역사하심을 믿는 신앙은 신자로서의 기본이요, 신앙의 중심사상이며 전부가 되는 것이다. 아무리 삶이 바쁘고 침체되어 있다하더라도 복음이 있는 사람은 새 힘을 얻을 수 있다. 그리고 언행심사가 달라진다. 또 항상 기쁨과 소망이 넘치게 된다.

언약성취에 쓰임 받은 자에게 축복이 약속되어 있다. 우리가 성경을 읽고 연구하다가 보면 신기한 메시지를 발견할 수 있는데,「하나님의 언약은 하나님이 반드시 성취하신다」는 것을 우리는 볼 수 있다. 고로 메시아 언약에 쓰임 받은 인물들은 노예도, 감옥에 들어간 죄인도, 살인자도, 기생도 쓰임 받았는데 시대적인 응답과 축복을 받아 누렸던 것을 우리는 볼 수 있다. 노아, 아브라함, 그의 가문, 모세, 여호수아, 사무엘, 다윗, 솔로몬, 히스기아, 엘리야, 엘리사, 세례요한, 베드로, 빌립집사, 바울 사도 등은 대표적으로 쓰임 받은 자들이다.

우리도 주님의 지상명령인 행1:8이 성취될 줄 믿고, 주님께 쓰임 받으면 시대적인 응답과 축복을 받게 될 줄 확신한다.

이 책을 읽고 연구하는 모든 이들이 하나님의 말씀을 읽고 연구하고 은혜를 받고, 성경 말씀 연구에 더욱 열정을 갖도록 도전이 되면 좋겠다. 그리고 정확한 언약을 알고 성취된 복음인 그리스도를 알고 예수 그리스도의 이름으로 응답을 받고 그 이름을 선포하며 전하기를 주님의 이름으로 기원한다.

할렐루야 아멘

참고서적

I. 성 경(The Holy Bible)

Holy Bible, American Standard Version, Thomas Nelson & Sons, 1901.
Holy Bible, The Interlinear Hebrew-Greek-English Bible, Permission of the copyright holder, 1976.
Holy Bible, King James Version, The Givens by The National Bible Press. Phelan, 1954.
The Bible, Revised Standard Version, American Bible Society 1952
Today's English Version, *Good New Bible*, American Bible Society New York, 1865.
「8개 대조 신약성경」 서울: 가나안 말씀사, 1989.
「개혁성경」 대한성서공회, 2005.
「관주 성경전서」 대한성서공회, 1964.
「현대인의 성경」 서울: 생명의 말씀사, 1997.
히브리어 성경 (תורה נביאים וכתובים) *BIBLE HEBRAIC STUTTGART ENSIA*, R. Kittel,
히브리어 성경 (חמשה חימשי תורה) *Lowe and Brdone, Londoner*, London, N. W. 10, 1953
헬라어 성경($ΕΛΛΗΝΙΣ\ ΓΡΑΦΗ$) *THE GREEK NEW TESTAMENT*, UNITED BIBLE SOCIETIES 1983.

II. 해외 서적

A. B. Bruce, *The Expositor's Greek Testament. ed, Nicoll, Reprint* (Grand Rapidw, Eerdmans)
A. T. Robertson, *Epochs on the Life of Jesus* (New York : Charles Scribner' s Sons, 1921)

Adeney. Walter Fredetick, *The Hebrew Utopia: A Study of Messianic Prophecy*, London: Hodder & Stoughton, 1897.

Alexander Rattray Hay, *The New Testament Order for Church and Missionary* (Audubon, N. J. : New Testament Missionary Union, 1947)

Alfred Edersheim, *The Life and Times of Jesus the Messiah*, 2권 (New York : E. R. Herrick & Co., 1886).

Black Matthew, *Jesus and the Son of Man*, JSNTI 1, 1978.

D. M. Ross, *The Teaching of Jesus*, (Edinburgh: T. Clark, 1904)

Dr. Roland G, *Leave II Evangelism, Christ's Imperative Commission* (Nashville: Breadman. 1951)

Earnest Clyde Wareing, *The Evangelism of Jesus* (New York : The Abandon Press, 1918)

Eldwin . Shell *Traits of the Twelve*, (Cincinnati : Jennings and Graham, 1911)

Enslin, M. S., *Christian Beginnings*. New York: Harper, 1938.

F. Noel Palmer, *Christ's Way with people* (London : Marshall, Marshall, Morgan & Scott, Ltd., 1943)

F. V. McFatridge, *The Personal Evangelism of Jesus*, (Grand Rapids : Zondervan, 1939)

Faris D. Whitesell, *Basic New Testament Evangelism*, (Grand Rapids : Zondervan, 1949)

G. Campbell Morgan, *The Teaching of Christ*, (New York : Revell, 1913)

George E. Sweazey, *Effective Evangelism*, (Now York: Harper & Brothers, 1953)

Goodspeed, E. J., *New Chapters in New Testament Study*, New York: Macmillan, 1937.

Grand Rapids., *The Expositor's Greek Testament*, (Wm. B. Eerdmans Publishing Co.)

Grant, R. M., *Historical Introduction to the New Testament*, New York: Harper & Row, 1963.

Guthrie, Donald, *The New Testament Introduction*, Chicago: Inter-Vanity Press. The Pauline Epistles. 1961.

Kee. H. C. and Young. F. W., *Understanding the New Testament*, Englewood Cliffs: Prentice-Hall, 1957.

Moule C.F.D., *The Birth of the New Testament*, New York: London Duckworth, 1909.

Wade, G. W. *New Testament History*, 2nd ed., London: Methuen, 1932.

Woodhouse. John. *Jesus and Jonah, Reformed* Theological Review 43, 1984.

Young. Edward J, *The Book of Isaiah, 3 vols.* Grand Rapids: Eerdmans, 1965.

III. 국내 서적 및 번역판

Alan B. Stringfellow, *through the Bible in one year*, Originally Published in the U. S, A. 두란노서원 역,1978.

Baker's 「신학사전」 신성종 역 서울: 엠마오. 1993.

C. H. Kang & Ethel R. Nelson, The Discovery of Genesis, 「漢字에 담긴 창세기의 발견」 이강국 역, 서울: 미션하우스, 1992.

Calvin, John. *Institutes of the Christian Religion*. 「기독교 강요」 김종흡 외 3인 공역, 서울: 생명의 말씀사, 1990.

Clinebell, Howard J. *Pastor and Parish*. 「목회와 지역 사회」 오성춘 역, 서울: 대한기독교 출판사, 1985.

David. Otis Fuller., *Valiant for the Truth* 「믿음으로 산 사람들」 권영달 발행, 서울: 보이스사 1978.

Dr. Jean Sloat Morton, *Science in the Bible* 「성경과학백과」 양승훈 역, 서울: 나침반사, 1980.

Ed. J. Young, *An Introduction to the Old testament*, The Tyndale Press, 1966.

Erickson Milard. *The Doctrine of Salvation*. 「구원론」 김광렬 역. 서울: 기독교문서선교회, 1972.

F.B. Meyer : 구신약성서영해, Vol. 2. 성지사, 1976.

Grham, Billy. *The Holy Spirit*, 「성령」 주인정 역. 서울: 보이스사 1982

H. H. 할레이 「성서 핸드북」-서울: 기독교문사 1980. 5. 30.

H. H. Halley's 「BIBLE HANDBOOK」-서울: 교문사. 1980. 5. 30.

Halley's *BIBLE HANDBOOK*, (성서 핸드북) 서울: 기독교문사 1980.

Hiltner, Seward. *Preface to Pastoral Theology*, 「목회신학 원론」 민경배 역.

서울: 대한기독교서회, 1981.
Hinn, Benny. *Good Morning, Holy Spirit*, 「안녕하세요 성령님」 안준호 역. 서울: 열린책들, 1992.
Hinn, Benny. *The Anointing*, 「성령님의 기름 부으심」 안준호 역. 서울: 열린책들, 1992.
John H. Walton, *Chronological and Background Charts of the Old Testament*, 「차트 구약」 김명호 역, 서울: 기독교문서선교회, 1995.
John W. Drane, *Old Testament Faith, Lion Publishing*, 「구약 신앙」 이중수 역, 서울: 두란노, 1989.
Kraft, Charles H. *Christianity With Power*, 「능력 그리스도교」 이재범 역. 서울: 나단, 1992.
Ralph D. Winter, *Mission Perspectives*, William Carey Library, 1999.
Lange, *Commantary*.
M. R. 디한 저 「성막」 —서울: 생명의 말씀사—1962. 1. 10.
Niesel, Wilhelm. *Die Theology Calvin*, 「칼빈의 신학」 이종성 역. 서울: 대한 기독교서회, 1973.
O. Palmer Robertson, 김의원 역, *The Christ of The Covenants*, 「계약신학과 그리스도」 서울: 기독교문서선교회, 1995.
Pink Arther W. *Gleaning from the Scriptures*, 「인간의 전적 타락」 서문강 역. 서울: 청교도 신앙사, 1989
R. C. H. Lenski., *The Interpretation of the Bible*, 차영배 역, 서울: 백합출판사, 1979.
Robert E. Coleman, *The master plan of Evangelism*, 서울: 생명의 말씀사 1980.
Scott, John R. W. *Christian Mission in the Mode World*, 「현대의 기독교선교」 서정운 역. 서울: 대한 기독교서회, 1982.
Sherman, Dean. *Spiritual Warfare*, 「영적 전쟁」 이상신 역. 서울: 예수 전도단, 1992.
Terry. Hall, *Bible Panorama*, 「성경종합연구」 김용호 역, 서울: 종합선교-나침반사, 1991.
Thurneysen, Eduard. *Die Lieder von der Sevenscore*, 「목회학 원론」 박근원 역. 서울: 성서교재간행사, 1979.
Thurneysen, Eduard. *Sevenscore in Vollzug*, 「목회학 실천론」 박근원 역.

서울: 한국신학연구소, 1979.
Unger. 김진홍 역, 구약개론,
김세윤, 「바울복음의 기원」 서울: 엠마오, 1994.
김영길 외 26명, 「자연과학」 서울: 생능출판사 1996.
박윤선, 이사야 주석, 서울: 영음사.
김일권. 「이스라엘 역사」(유대인 연구)-경기도: 총회신학교 교재 2004.
김재술, 「사도행전 강해설교」 서울: 세종문화사, 1982.
김희보. 「구약신악논고」 서울: 예수교문서선교회. 1980. 9. 31.
도날드 거쓰리 「신약신학」 서울: 기독교문서선교회 1993. 3. 10.
로버트 보이드 「종합성경연구」-서울: 나침반사 . 1984. 11. 1.
로버트 콜먼. 「주님의 전도계획」-서울: 생명의 말씀사 1980.
루이스 빌고프, 박수준 역, 『基督敎 敎理 要約』 서울: 소망사, 2002.
문희석 편, 오늘의 예언서 연구, 대한기독교서회, 1975.
박대선, 김정준, 전경역, 구약성서 개론, 기독교서회,
박형룡, 신학난제 선평, 백합서원, 1975.
보문출판사 편집부 Tompson Bible 「톰슨 설교자료사전」 대구: 보문출판사, 1982.
빌리 그래함, 홍동근 역 「12시 3분전」 서울: 한명문화사, 1969.
소재열, 「신구약성경 맥찾기」 서울: 갈릴리, 2003.
신성종. 「엠마오 성경연구」-서울: 정음출판사. 1983.
신정종, 「新約神學」 서울: 예수교문서선교회, 1981.
신학지남사, 신학지남, 1977. 여름호, 177호.
엉커, 김진홍역, 구약개론, 서울: 세종문화사, 1973
에드먼드 클라우니 「구약에 나타난 그리스도」 서울: 네비게이토. 1999.
에디 깁스, 임신희 역, 「미래목회의 9 가지 트렌드」 서울: 교회성장연구소, 2004.
오병세. 「구약성경신학 」-서울: 개혁주의신행협회. 1999
원용국 「구약예언서」 서울: 생명의 말씀사 2000. 1. 9.
원용국, 구약고고학, 성광문화사, 1977.
윌밍턴. 「로고서 성서 가이드」-서울: 로고스 출판사. 1983.
이능성. 「아브라함의 언약에 나타난 선교적 의미」-1984.
이순한, 「성서 히브리어」 서울: 한국기독교교육연구원, 1997.
이정우, 「헬라어 문법」 서울: 영문, 1996.
정문호, 「성경도표강해」 서울: 보이스사, 1984.

정순균, 「기독교인의 생활백과사전」(The Christian Life Encyclopaedia) 하권 정원문화사. 1984.
존 윔버 「성령님의 은사」 서울: 나단, 1993.
존. 칼빈「기독교강요 1권」 서울: 혜문사, 1982. 역자: 김문제
존 패터슨, 「선지자 연구」 이호문 역,
최옥석, 「주제별: 영적성경연구」 서울: 복음문화사, 1993.
최한구, 「기독교 커뮤니케이션론」 서울: 태학사, 1985.
테리 홀 「성경종합개관」 서울: 나침반사, 1991.
토마스 맥코미스키, 김의원 역, 「계약신학과 약속」 서울: 기독교문서선교회, 1996.
폴임 「책 속의 책」 서울: 우리문화사 1995.
헤롤드 윌밍턴(H. L. Willmington) 「로고스 성서가이드」 서울: 로고스출판사, 1983. P.218

IV. 성경주석

Frank E. Gaebelein, *The Expositor's Bible Commentary*, Zondervan Corporation Grand Rapids, Michigan, U. S. A. 1988.
John B. Taylor, Ezekiel, The Tyndale Press, London, 1969.
Matthew Henry's Commentary, 「매튜헨리 주석」 이사야 편, 황장욱 역, 서울: 기독교문사, 1996.
Matthew Henry's Commentary, Vol. IV. Fleming H. Revell Company
Matthew Poole, A Commentary on the Holy Bible, Vol. 2. The Baner of Trust, 1968.
The Chokmah Commentary, 「호크마 주석」 이사야 편, 강병도 역, 서울: 기독지혜사, 1989.
The Grand Bible Commentary, 「그랜드 종합주석」 이사야 편, 서울: 성서교재주식회사, 1998.
곽안현, 표준 예레미야주석, 총회종교교육부. 1964.
그랜드 종합주석-이사야 편-성서교재주식회사-1998.
매튜헨리 주석「요한복음 주석」-디럭스 바이블 프로그램.
박윤선 「신구약 주석」들 영음사-1997.

이상근, 「로마서 주석」 총회교육부, 1980.
이상근, 「마태복음 주석」 총회교육부, 1980.
이상근, 「요한복음 주석」 총회교육부, 1980.
크레이크 키너, 정옥배 역, 「IVP성경배경주석:신약」 서울: 한국기독학생회, 1998.

V. 사전

Benjamin Davidson, *The ANALYTICAL HEBREW AND CHARLEE LEXICON*, 1982.
Britannica *World Encyclopaedia*, 서울: 한국브리태니커 역, 1970.
E. F. Harrison, *Baker's Dictionary of Theology*, Baker Book House, 1969.
GERANIUMS' HEBREW AND CHARLEE LEXICON, Baker Book House Grand Rapids, Michigan. 1981
Haroldk. Moulton, *The ANALYTICAL GREEK LEXICON REVISED*, 1978.
James Strong, *STRONG'S EXHAUSTIVE CONCORDANCE COMPLETE AND UNABRIDGED*, Baker Book House Grand Rapids, Michigan. 1981.
Joseph H. Thayer, *THAYER'S GREEK-ENGLISH LEXICON OF THE NEW TESTAMENT*, Baker Book House Grand Rapids, Michigan. 1981
LOGOS MATERIALS DICTIONARY OF BIBLE, 「로고스 원어 대사전」 서울: 로고스, 1996.
M.E. Unger, *Bible Hand Book*, Moody Press, 1967.
Smith, *Dictionary of Bible*.
The COMPACT OXFORD ENGLISH DICTIONARY, Clarendon Press. Oxford, 1993.
The International Standard Bible Encyclopedia, Vol. II. Wm. B. Eerdmans Publishing Co.
The Interpreter's Dictionary of the Bible, Vol. II. New York, Abandon Press, 1962.

the Random House Dictionary, 시사영어사, 「英韓 大辭典」 서울: 시사영어사, 1998.
The Zondervan Topical Bible, Zondervan, *Theological Dictionary of the New Testament*, Edited by Gerhard Friedrich, 1974.
Unger's Bible Dictionary, Moody Press Chicago, 1972.
고영민, 「성서원어대사전」 서울: 기독교 문화사, 1973.
기독교대사전, 기독교서회, 1960
「기독교인 생활 백과사전」 —정원문화사. 1984.
김성호, 「간추린 성서대사전」 성지사, 1982.
두산, 「두산세계대백과사전」 서울: 두산동아, 1998.
보문출판사 편집부, 「톰슨 설교자료사전」 —보문출판사, 1982.
운평어문연구소, 「국어대사전」 서울: 금성, 1996.
이성호, 「성구대사전」 서울: 혜문사 1983.
정순균, 「기독교인 생활백과사전」 —정원문화사. 1984.
정훈성, 박기원, 「그라페 낱말사전」 서울: 영문출판사, 2003.
조두만, 「성경어구대사전」 —성광문화사. 1981.
포켓영환사전, 개정 신판, 민중서관, 1971.
한영제, 「기독교백과사전」 서울: 기독교문사, 1995.

VI. 논문 및 교재

김일권, 「이스라엘 역사」(유대인 연구) —총회신학교 교재, 2004.
이능성, 「아브라함의 언약에 나타난 선교적 의미」 —1984.
이길근, 「치유하는 목회」 —풀러신학대학원 목회학 박사 학위논문—1994.
전성구 「성경에 나타난 언약사상 연구」 책. —1993
류광수 목사 전도 강의 중에서
류광수 핵심예배 메시지 녹취

VII. 컴퓨터 프로그램

디럭스 바이블 (성경프로그램)
(주) 미션소프트, 경기도 고양시 일산구 장항동 852번지 현대에뜨레보 728호
☎ 031-906-6230 http://w.w.w.misoft.co.kr.

메시아 언약신학

초판 1쇄 발행 / 2006년 3월 20일
초판 4쇄 발행 / 2021년 9월 10일

지은이 / 강 은 중
펴낸이 / 김 수 관
펴낸곳 / 도서출판 영문
122-070 서울시 은평구 역촌동 10-82
☎ (02) 357-8585
FAX • (02) 382-4411
E-mail • kskym49@daum.net

출판등록번호 / 제 03-01016호
출판등록일 / 1997. 7. 24

파본은 교환해 드립니다.
본 출판물은 저작권법으로 보호 받는
저작물이므로 출판사나 저자의 허락없이
무단 전재나 무단 복제를 할 수 없습니다.

정가 13,000원
ISBN 89-8487-193-1 03230
Printed in Korea